全国教育科学规划国家一般项目“民族地区义务教育公用经费合理配置的机制与策略研究——以广西为例”（BFA130033)研究成果

Study on Allocation of Compulsory Education Resources IN ETHNIC MINORITY AREAS

民族地区义务教育资源配置研究

马佳宏 等◎著

科学出版社
北京

内 容 简 介

民族地区义务教育发展事关人民群众对美好教育和美好生活的需要，而其均衡发展、内涵发展和优质发展有赖于教育资源的合理配置。研究民族地区义务教育资源配置问题，对提高教育资源的配置效率和使用效益，促进民族地区义务教育的持续健康发展，具有重要的现实意义和深远的历史意义。

本书运用多种理论和研究方法，以广西壮族自治区为例，从民族地区的经济、文化、人口、教育等的特殊性、差异性、地域性出发，分别探讨了义务教育资源合理配置的内涵与原理、现状与问题，提出了义务教育学校内涵发展、公用经费管理改革、县域义务教育优质均衡等诸方面的实践策略，并对义务教育学校“大班额”、教师待遇和权益保障、校外培训机构治理等问题及其对策进行了深入分析和探究。

本书适合高等院校教育学、管理学、经济学等专业的学生，以及从事教育经济、教育管理、民族教育等领域研究工作的专家学者、学校教师、行政干部和工作人员阅读参考。

图书在版编目（CIP）数据

民族地区义务教育资源配置研究/马佳宏等著. —北京：科学出版社，2021.5
ISBN 978-7-03-068776-0

Ⅰ. ①民… Ⅱ. ①马… Ⅲ. ①民族地区-义务教育-教育资源-资源配置-研究-中国 Ⅳ. ①G522.3

中国版本图书馆 CIP 数据核字（2021）第 088268 号

责任编辑：崔文燕 黄雪雯 / 责任校对：彭珍珍
责任印制：李 彤 / 封面设计：润一文化

科学出版社 出版
北京东黄城根北街 16 号
邮政编码：100717
http://www.sciencep.com

北京建宏印刷有限公司 印刷

科学出版社发行 各地新华书店经销

*

2021 年 5 月第 一 版 开本：720 × 1000 1/16
2021 年 5 月第一次印刷 印张：14
字数：240 000

定价：89.00 元

作 者 简 介

马佳宏，广西师范大学教授，硕士研究生导师，中国教育学会教育经济学分会理事、广西教育学会教育管理专业委员会常务理事、广西中小学校长和教师培训专家。主要从事教育经济学、教育管理学、职业教育学等领域的教学和研究工作。

主持完成全国教育科学规划国家一般项目“民族地区义务教育公用经费合理配置的机制与策略研究——以广西为例”、广西教育科学规划重点课题“新农村建设中学校布局结构调整与优化研究”、广西“人文强桂”教育专项课题“民族地区城乡义务教育的协调与可持续发展研究”等9项；作为主要成员，参与国家社会科学基金项目、全国高等学校教师培训专项项目、广西自然科学基金项目等16项。

出版《教育新视野：教育与经济关系的多维研究》等著作、教材（含主编和参编）18部；在《教育与经济》《教育发展研究》等学术期刊上发表（独自发表或以第一著者发表）了《偏差与平衡：城乡义务教育财力资源配置问题研究》《义务教育学校内涵发展：时代需要与方略构想》《城市中小学布局结构调整问题探讨——基于桂林市的调查与思考》等60多篇论文。获得广西社会科学优秀成果奖、广西高等学校优秀教学成果奖、中国教育学会优秀成果奖等20多项奖项。先后被评为广西师范大学优秀教师、广西高等学校先进教学管理工作者、全国教育硕士优秀指导教师。

目　　录

绪　论

《国家中长期教育改革和发展规划纲要（2010—2020 年）》《广西壮族自治区实现县域义务教育均衡发展规划（2010—2020 年）》都强调，均衡发展是义务教育的战略性任务。要建立健全义务教育均衡发展保障机制，推进义务教育学校标准化建设，均衡配置教师、设备、图书、校舍等资源，加快缩小城乡差距，就要建立城乡一体化义务教育发展机制，在财政拨款、学校建设、教师配置等方面向农村倾斜。

推进义务教育均衡发展，首先要从优化教育资源配置入手。对于教育资源的配置是否合理，国际上公认的原则有五个：①资源分配均等原则，即保证同一学区、税区内所有学校和学生都享有基础教育财政公平；②财政中立原则，即每个学生在公共教育经费开支上的差异不能与本学区的富裕程度相关；③调整特殊需要原则，即对少数民族学生、偏远地区学生、贫困学生、身心发展有障碍的学生要给予更多的关注和教育财政拨款；④成本分担和补偿原则，即在非义务教育阶段要求获益者分担教育成本，或补偿国家为他们支付的部分教育成本；⑤公共资源从富裕流向贫困原则。[①]有学者提出，教育资源配置首先要合理，其次要有效，合理性和有效性是判断教育资源配置状况的双重标准。[②]义务教育阶段教育资源的配置不仅要公平、合理，而且要科学、有效。2015 年，《国务院关于进一步完善城乡义务教育经费保障机制的通知》中提出，“建立城乡统一、重在农村的义务教育经费保障机制，是教育领域健全城乡发展一体化体制机制的重大举措”。要继续加大义务教育投入，统一城乡义务教育经费保障机制，统一城乡义务教育学校生均公用经费基准定额，统一城乡义务教育“两免一补”（免杂费、免书本费、补助寄宿生生活费）政策，促进城乡义务教育均衡发展。2018 年 8 月发布的《国

① 翁文艳. 教育公平与学校选择制度[M]. 北京：北京师范大学出版社，2013：24-25.

② 高丽. 教育公平与教育资源配置[M]. 北京：中国社会科学出版社，2009：118.

务院办公厅关于进一步调整优化结构提高教育经费使用效益的意见》则进一步强调，要“改革完善教育经费投入使用管理体制机制……切实提高教育资源配置效率和使用效益，促进公平而有质量的教育发展”。

公用经费的配置是义务教育资源配置的重中之重。21 世纪初以来，我国先后出台了相关政策，首先决定在全国范围内改革农村义务教育经费的旧体制，建立新的保障机制，将农村义务教育经费纳入国家财政预算，由中央和地方共同分担。之后，国家又在全国范围内免除了城市义务教育学校学生的学杂费。2015 年，国务院决定统一城乡义务教育经费的保障机制，要求各地实现并落实“两免一补”政策，以及相关教育经费可携带。同年，《国务院关于进一步完善城乡义务教育经费保障机制的通知》发布，决定“从 2016 年春季学期开始，统一城乡义务教育学校生均公用经费基准定额。中央确定 2016 年生均公用经费基准定额为：中西部地区普通小学每生每年 600 元、普通初中每生每年 800 元；东部地区普通小学每生每年 650 元、普通初中每生每年 850 元。在此基础上，对寄宿制学校按照寄宿生年生均 200 元标准增加公用经费补助，继续落实好农村地区不足 100 人的规模较小学校按 100 人核定公用经费和北方地区取暖费等政策”。国家鼓励各地区根据实际情况在国家规定的标准的基础上进一步提高公用经费的补助标准，以促进义务教育全面、均衡发展。2017 年春季学期，国家免除了义务教育学校所有学生的学杂费、书本费，并对家庭经济困难的寄宿生给予了生活费补助，让贫困家庭的孩子也能上得起学，促进了义务教育更为全面的普及。随着义务教育经费保障机制的不断改革，我国义务教育公用经费存在的问题在很大程度上得到了改善。

然而，目前西部民族地区义务教育资源配置依然存在着较多问题。以公用经费的配置为例，存在着投入总量尚不能满足义务教育发展的需要、各级政府经费分担的比例不够合理、学校在经费管理上的权责不够明确等问题，这些问题都值得我们深入地思考和研究。我国现有的义务教育公用经费标准及配置方式未能充分体现民族地区的特性，公用经费的覆盖范围、拨付方式以及使用管理等方面也存在着缺陷或不足。因此，本书基于民族地区特性、民族地区义务教育均衡与协调发展的公用经费标准及其合理分配、拨付和使用制度，提出了“体现民族特点、考虑城乡差异、兼顾公平效益、促进均衡发展”的义务教育公用经费配置新思路、新机制、新模式、新方略，既具有现实意义，也具有长远意义；既具有理论意义，也具有实践意义。

本书主要采用文献法、调查法、比较法、预测法等研究方法，特别选取作为民族地区代表的广西为研究对象开展调查研究，在收集、了解和掌握民族地区义务教育发展及其公用经费配置的有关数据和信息资料的基础上，分析民族地区义务教育公用经费在投入和支出方面存在的问题及其原因，然后综合考虑民族地区经济、社会、文化、人口、地理等各方面的情况以及义务教育学校布局状况、规模大小、发展趋势等，通过多种方法和手段及多门学科知识与理论的运用，寻找和发现民族地区义务教育发展上存在的差异及对公用经费配置上的特殊需要，进而分析和制定适应民族地区义务教育均衡与协调发展的教育资源合理配置机制与策略。本书的研究内容主要聚焦民族地区义务教育资源合理配置的内涵与原理，民族地区义务教育发展与资源配置的现状、问题与原因，民族地区义务教育资源配置的国外经验借鉴，民族地区义务教育资源合理配置的实践策略，等等。

第一章

民族地区义务教育资源合理配置的内涵与原理

义务教育是国民教育体系的重要内容，是整个教育事业的奠基工程，是教育工作的重中之重，关系国民素质的提高和广大人民群众对美好教育、美好生活的向往。推进义务教育均衡发展既是义务教育工作的战略性任务，也是全面建成小康社会的基础性工作，对促进教育公平、实现发展成果由人民共享具有重大意义。民族地区义务教育均衡发展的推进有赖于教育资源的合理配置。本章就民族地区义务教育资源合理配置的内容与特性、理论基础、基本原则、目标要求等进行了分析和探讨。

第一节 民族地区义务教育资源合理配置的内容与特性

一、民族地区义务教育资源合理配置的概念解释

（一）民族地区的含义

民族地区通常是指长期以来某个或某些少数民族聚居的地区。我国是一个多民族的社会主义国家，民族自治区、聚居区、杂居区、散居区等各种表现形式都存在，因此，民族地区可以是我国民族区域自治地方的总称，也可以是少数民族聚居区的总称，或者特指某个或某几个自治区、自治州、自治县（旗），甚至是自治乡。广义的民族地区主要具有以下几个特点：①特定的一个或几个少数民族世代生活的地方；②少数民族人口较为集中，人口占比较大的地方；③拥有浓郁的民族特色和民族文化的地方；④享有一定自治权以及一定的法律制定权的地方。狭义的民族地区是指我国的五大自治区，即西藏自治区、内蒙古自治区、新疆维吾尔自治区、宁夏回族自治区以及广西壮族自治区。①截至2018年，我国共建立了155个民族自治地方，包括5个自治区、30个自治州、120个自治县。②

本书所指的民族地区既是少数民族聚居区、自治区，也是根据国家政治制度和行政区域的界定，在民族区域自治制度下实行民族区域自治的地区。广西是多民族聚居的自治区，世居民族有壮族、汉族、瑶族、苗族、侗族、仫佬族、毛南族、回族、京族、彝族、水族、仡佬族等12个，另有满族、蒙古族、朝鲜族、白

① 郭璇. 少数民族地区义务教育阶段标准化学校建设的问题研究——来自新疆尼勒克县的个案研究[D]. 东北师范大学硕士学位论文，2006.

② 王佳. 中国少数民族中已有44个建立民族自治地方[EB/OL]. http://www.huaxia.com/xw/dlxw/2008/08/1109325.html，2008-08-17.

族、藏族、黎族、土家族等 44 个其他民族成分。2016 年末，广西常住人口中，少数民族人口有 2185.32 万，其中壮族人口有 1809.36 万，分别占自治区常住人口总数的 45.17%和 34.40%。[①]广西壮族自治区是民族地区的典型。

（二）义务教育的含义

义务教育是根据法律规定，适龄儿童和青少年都必须接受，国家、社会、家庭必须予以保证的国民教育。目前，我国实行覆盖小学六年、初中三年的九年制义务教育。《中华人民共和国义务教育法》第二条明确规定："义务教育是国家统一实施的所有适龄儿童、少年必须接受的教育，是国家必须予以保障的公益性事业。实施义务教育，不收学费、杂费。国家建立义务教育经费保障机制，保证义务教育制度实施。"此外，义务教育具有强制性、普及性和公益性的特点。①强制性，又叫义务性，就是所有适龄孩童不得以任何理由拒绝入学，义务教育学校不得以任何理由拒绝接受适龄儿童、少年入学。国家、社会、家庭必须严格依照法律的要求保障义务教育制度的有效实施，任何破坏或阻碍义务教育制度实施的学校、家庭或个人都必须接受法律的问责与制裁。②普及性，就是义务教育是所有适龄儿童和少年必须接受的教育，不分性别、民族、种族、家庭经济状况、宗教信仰等，依法享有平等接受义务教育的权利，并履行接受义务教育的义务。③公益性，就是义务教育是一种公益性事业，免收学杂费，任何义务教育学校都不得以营利为目的。国家专门制定了义务教育阶段教育经费的有效保障机制，明确规定义务教育学校不得收取学杂费，以此来保证义务教育长期、有效的实施和发展。

（三）教育资源的含义

关于教育资源的理解，有学者认为，就狭义而言，教育资源仅指学校以及相关教育机构的教育资源；就广义而言，教育资源则包括学校以外的家庭教育、成人教育、社会教育、终身教育等各种教育资源。[②]这里所谓的狭义和广义的教育资

① 广西壮族自治区人民政府门户网站[EB/OL]. http://www.gxzf.gov.cn/mlgxi/gxrw/ftrq/t1003601.shtml, 2020-06-19.

② 顾佳峰. 中国教育资源非均衡配置研究——空间计量分析[M]. 北京：光明日报出版社，2012：58.

源，说的是资源在各种教育形态上的体现，或者说是教育资源所属范围的界限；但就教育资源本身的属性来说，其更多是指有哪些“内容”的资源，这同样可以从狭义和广义两方面来界定。其中，狭义的教育资源是指各种具有教育价值的、能够保障教育活动运行的物质条件，包括人力、物力、财力等资源；广义的教育资源除了包括人、财、物等之外，还包括时间、空间、信息、文化、环境、技术、政策等非物质条件。

本书所指的教育资源是狭义的教育实物资源，也就是在教育过程中所使用的人力和耗费的财力及物力资源的总和，包括教育投入、办学的硬件条件、师资等。教育过程中的人力资源，主要包括教学、行政、工勤等人员。人力资源是教育过程中的重要资源，人力资源的质量与利用效率会对教育的总体水平、质量、效率以及效益产生直接的影响。教育过程中的财力资源的本质为消耗的人力资源与物力资源的货币表现，也就是教育经费如何配置的问题。它不仅包含以货币形态反映出的教育过程中一切物质资源的消耗，也包含所支付的劳动报酬。教育过程中的物力资源，是各教育主体用于各级各类教育的经费的物化形式，主要包括实物化的教育教学仪器、设备、图书刊物资料以及文体器材等。它为各级各类专业人才的培养提供了不可或缺的物质技术条件，也是教育过程中对物化劳动的占有和消耗的体现。教育资源是保障教育能够完整实施所必须具备的基础和条件。

（四）教育资源配置的含义

教育资源配置是指各级政府或其他投资主体在一定时期内，将其所拥有的教育资源通过不同的渠道、方式和程序配置到各级各类学校中，也就是“在教育资源数量一定的情况下，如何将有限的人力、物力、财力等在教育系统内部各组成部分，或在不同子系统之间进行分配，以期投入教育的资源得到充分有效的使用，求得教育持续、协调、健康发展”[①]。教育资源配置可划分为三个层次：①社会总资源在教育部门和非教育部门之间的分配，即教育资源的宏观配置；②教育资源在教育部门内部各级各类教育之间的分配以及在区域之间的分配，即教育资源的中观配置；③教育资源在各级各类教育不同主体（包括学校、个人等）之间的分

① 范先佐. 论教育资源的合理配置与教育体制改革的关系[J]. 教育与经济，1997（3）：7-15.

配，即教育资源的微观配置。[①]

教育资源配置的实质是不同利益主体间的利益博弈，追求的目标是实现教育公平和提高资源配置效率。对教育资源进行配置，就是各利益主体之间的相互博弈，表现在权利的分配及使用上，就是对人、财、物与事权进行分配。众所周知，资源具有稀缺性，那么如何使有限的、稀缺的教育资源得到充分合理的利用，便成为教育资源配置中不容忽视的重要问题。在对教育资源进行分配的过程中，需要明确的是教育资源在定量的社会总资源中所占的比例，以及在整个教育系统中，其在各级各类教育之间或者是在各个子系统间是以什么方式进行分配的。教育资源配置方式，即以一定方式将教育资源分配到国民教育各个组成部分中去，保证教育正常运行和教育资源得到合理配置和使用，以满足人们对教育的不同需要。[②]在现代经济条件下，教育资源作为社会总资源的一个有机组成部分，在具体配置方式上主要有三种，即计划方式、市场方式和计划与市场相结合的方式。均衡和短缺是教育资源合理配置的两种基本状态。所谓合理配置，就是要达到相对均衡的状态，均衡和短缺是处在不断发展与变化的过程中的，资源优化配置是一个长期的过程。

二、民族地区义务教育资源合理配置的主要内容

（一）教育经费的合理配置

义务教育经费包括公用经费和人员经费，其来源主要是国家和政府的财政预算。其中，公用经费是指满足义务教育学校教学需求及基本发展所耗费的基本费用。公用经费支出主要包括经常性公用经费支出与资本性公用经费支出。按照相关文件的规定，具体支出范围涵盖教学业务与管理、教师培训、教学实验、文体活动、水电、取暖、交通差旅、邮电、仪器设备、图书资料购置、房屋及仪器设备的日常维修维护等。教育经费的合理配置，首先要保证政府对教育经费的投入，健全以政府投入为主、多渠道筹措经费的教育投入保障体制，大幅度增加教育投

① 郭雅娴. 中国教育资源配置效率研究[M]. 北京：人民出版社，2012：9.

② 成云，杨年芳. 基于公共产品理论的教育资源优化配置研究[J]. 当代教育论坛（管理研究），2010（10）：18-19.

入；其次要确保财政教育拨款的增长高于财政经常性收入的增长，确保财政教育经费支出占一般预算支出的比例不低于核定标准，并显著提高按在校学生人数平均拨付的教育费用，保证教师工资和学生人均公用经费逐步增长。为确保区域内义务教育均衡发展，教育经费的投入应有所选择、有所侧重，政府教育经费的分配应着重投向薄弱学校和寄宿制学校。同时要规范教育经费的管理，规范各级各类学校的收费行为，加大对教育经费收支的审计和监管力度，建立和完善教育经费使用的绩效考评和审计制度，并使教育经费的使用绩效成为经费预算安排的重要依据，将教育经费的使用绩效评估与拨款机制改革相结合，与办学能力评估相结合，与财政性教育资源配置、共享相结合，从而全面提高公共教育经费的使用效益。在义务教育阶段，坚持勤俭办学，建设节约型学校，也是教育经费合理配置需要考虑的重要问题，学校不仅要“开源”，也要“节流”，要把教育经费管好、用好，用在“刀刃”上。

（二）教师资源的合理配置

教师资源的合理配置包含教师数量的合理分布、教师质量的提高、教师结构的优化。在数量上，主要是健全和完善教师编制管理制度，落实国家规定的城乡教师编制标准，按照生师比和班师比核定中小学教师编制，实行总量控制，动态管理。在质量上，主要是健全和完善教师准入制度，严格教师招聘程序，严把选人标准和质量，吸引优秀人才到中小学任教。同时要改革和完善教师职称评审制度，加大教师培训力度，通过“立师德、强师能、修师表”等强化师德师风建设，通过集中培训、校本培训、在线培训、岗位竞赛、课题研究等提高教师队伍的整体素质。在结构上，主要是优化教师队伍的年龄结构、性别结构、职称结构、学科结构等。目前，我国民族地区乡村师资队伍老龄化、学科结构不合理等问题较为突出，是教师队伍配置急待解决的关键问题。在实践中，各地实施的农村义务教育学校教师特设岗位计划（以下简称“特岗计划”）、农村小学全科教师定向培养计划、地方免费师范生项目等补充乡村教师的做法，以及通过教师合理流动机制引导优秀人才向农村学校、薄弱学校流动的政策和城镇优秀教师到乡村学校支教、走教等制度，都是教师资源合理配置与共享的体现。此外，教师资源的合理配置还包含稳定师资队伍。例如，健全和完善教师工资福利保障制度，保证教师工资待遇逐步提高，建立和完善教师绩效工资总量调整与公务员工资调整的联动机制，着力提高民族地区乡村教师薪资水平，按政策落实好乡村教师补助计划、乡镇工作补贴和绩效奖励等教师待遇等。

（三）教学设备的合理配置

教学设备是保障学校教育教学活动正常进行和提高教学质量的物质资源，充足、完善、标准化、现代化的教学设备配置，是现代中小学必备的条件。依照《中华人民共和国教育法》的规定，义务教育学校必须有符合规定标准的教学场所及设施、设备，必备的办学资金和稳定的经费来源、合格的教师等条件。其中，教学设施设备包括校园占地面积、校舍建筑面积、体育场地、实验室面积、图书资料、文娱场所等。由于地区间、学校间的发展水平存在差异，国家对不同地区、不同层次学校的办学条件要求也不同，但义务教育是具有公益性、公平性的教育，地区间、学校间在教学设备的配置上应符合要求、标准。例如，学校生均校舍面积、教育技术装备等教学设施，学生食堂、宿舍等生活设施，运动场等体育设施，都要达到基本办学标准。标准化学校建设的根本目的就是通过建立每个学校应达到的最基本的办学标准来保证义务教育办学水平，以此来缩小城乡间、地区间及学校间的办学水平差距，实现义务教育的均衡性和公平性。当前义务教育学校的教学设备配置，特别需要根据各地各校的原有基础和现实需要，加强学校功能室的建设，配备标准化实验室、计算机室、仪器室、体育场馆、文体器材、教研基地等；还应根据现代教育教学技术手段发展的实际与趋势，加强优质信息资源库的建设，建立数字图书馆和虚拟实验室，以实现基础设施、教学资源、学校管理和学生活动等的全面数字化，实现各学校间的资源共享，以及区域间、班级间、师生间的互相交流与沟通，增强学生和教师运用信息技术工具自主学习和探究解决问题的水平和能力。

（四）城乡学校的合理布局

学校布局结构是否科学合理，直接关系到教育资源的利用效率和学校的教育教学质量。不合理的中小学布局，不仅不便于学龄儿童上学，影响他们接受教育的机会，而且不利于办学效益的提高，影响义务教育的均衡发展和教育公平的实现。因此，城乡义务教育学校布局结构的合理与优化，是教育资源合理配置应考虑的重要内容。城乡义务教育学校布局的关键，是要在对市区和农村人口的现状与发展趋势进行准确把握的基础上，坚持质量与效益相统一、全局与个体相统一、近期目标与长远利益相统一的原则，根据社会对教育的有效需求提供规模适度和结构合理的教育。对现有学校布局结构进行调整以及新建、改扩建学校，既要与经济社会发展的需求和趋向相适应，也要适应城乡人口变化的趋势和人们对教育质量、教育公平不断提高的要求，同时要把握好不同层级学校间的关系，协调各级学校的发展规模与速度，不仅要着眼于化解当前教育供需上的矛盾，更要适应未来社区和社会对学校教育发展的需求，具有适度的超前性、前瞻性。[①]城乡义务教育学校合理布局的根本目的是提高办学效益，这种效益既应包括经济效益，也应包括社会效益、文化效益、政治效益等。例如，农村中小学布局调整在考虑办学规模的经济效益的同时，应该考虑布局调整可能带来的全面影响，包括对农村低龄儿童受教育机会和九年义务教育普及的影响，以及对农村文化保护、传承、再生及村民精神生活、乡村精神文明的影响等。[②]义务教育学校结构的布局及优化，还需要加强农村地区、民族地区、边境地区薄弱学校、寄宿制学校、小规模学校和教学点的建设，进一步改善办学条件，整体提高义务教育学校标准化建设水平，缩小区域内学校间办学条件的差距，在增加学位容量的基础上增加优质教育的供给，实现优质资源共享，努力保障学生就近入学，并接受公平而有质量的教育。

三、民族地区义务教育资源合理配置的基本特征

（一）政府主导性

合理配置义务教育资源，实现义务教育均衡发展，关键在政府，政府是义务教育均衡发展的责任主体。2018 年修订的《中华人民共和国义务教育法》第六条明确规定："国务院和县级以上地方人民政府应当合理配置教育资源，促进义务教育均衡发展，改善薄弱学校的办学条件，并采取措施，保障农村地区、民族地区实施义务教育，保障家庭经济困难的和残疾的适龄儿童、少年接受义务教育。"

---

① 马佳宏，王贤．城市中小学布局结构调整问题探讨——以桂林市为例[J]．教育发展研究，2008（21）：52-56.

② 马佳宏．农村中小学布局调整应注意的几个问题[J]．基础教育研究，2012（10）：6-8.

协调推进民族地区城乡义务教育一体化发展，努力缩小城乡、区域间义务教育资源配置的差距，让民族地区民众享受优质而公平的义务教育，真切地享受改革开放的成果，是我国进入全面建成小康社会时期各级政府的重要使命。过去，义务教育资源配置存在区域、城乡及校际不合理甚至失衡的问题，这种失衡虽然有经济、政治、文化、历史、环境等多方面的原因，但教育政策的偏差和政府主体性作用发挥不足，是其中的重要原因。因此，进一步明确政府的责任，建立教育补偿机制，并搭建以政府为主导、多种主体共同参与的教育资源共享平台，是当务之急。[①]从义务教育资源的来源渠道和配置方式看，义务教育资源的配置主体主要包括中央政府、省级政府和县级政府。其中，中央政府和省级政府主要是从宏观上统筹义务教育资源配置，如将教育资源划拨到县级政府并委托其在县域内配置，而县级政府则是义务教育资源配置的具体操作主体，如城乡间、学校间具体采用什么样的方式进行资源配置，是由县级政府负责的。因此，只有改革和完善“地方负责、分级管理、区县为主”的基础教育管理体制，进一步明确县级政府发展义务教育的职责和任务，加强民族地区县级政府对辖区内的义务教育资源的统筹规划、指导和调控，合理调整义务教育学校布局及人力、物力和财力的配置，努力办好每一所学校，服务好每一个孩子，才能促进义务教育均衡发展和可持续发展。

（二）统筹共享性

义务教育资源的合理配置旨在推进义务教育的均衡发展和优质发展，提供更加优质、更加公平的义务教育，解决人民群众日益增长的对优质教育资源的需求与优质教育资源供给不足之间的矛盾。目前，我国教育发展的不平衡主要表现在区域、城乡、本地区校际等诸多方面，而教育发展不充分则主要表现在教育公平推进、教育内涵发展、依法治教实现等各个层面。[②]民族地区义务教育发展的不平衡、不充分问题，比我国其他地区更加明显。要解决这些问题，需要各级地方政府的通力合作，协同应对，需要通过搭建各种形式的教育资源共享平台，充分发

① 雷晓云. 政府的责任及其实现：关于义务教育阶段教育资源合理配置的探讨[J]. 教育研究与实验，2013（1）：54-58.

② 陈子季，马陆亭. 着力解决好教育发展不平衡不充分问题[J]. 人民教育，2017（21）：18-21.

挥优质教育资源的辐射作用。从统筹发展的角度来说，民族地区义务教育的资源配置，既需要国家政策的支持，也需要各级政府的重视，还需要发达地区的帮助。广西在促进义务教育优质均衡过程中，鼓励各级政府、有关部门和学校通过政府债券、旧校区土地处置、政府融资、政府购买服务、政府与社会资本合作、银行贷款等方式，依法依规、多元化筹集学校发展资金，鼓励社会力量通过举办民办学校、参与公办学校办学、捐资助学等合法合规方式支持教育发展，充分体现了统筹兼顾的特点。从资源共享的角度来说，义务教育资源的合理配置包括宏观层面的区域之间的优化组合，中观层面的城乡之间的优化组合和微观层面的学校人力、物力、财力资源的优化组合，只有整体规划、协调安排、优化组合、共享利用，才能达到应有的目的和效果。当前，民族地区义务教育不仅存在资源配置不均衡的问题，还存在优质教育资源不足的问题，因此，如何通过教育资源的合理配置和优化整合，促进学校之间的资源共享和融合提升，扩大和增加优质教育资源，充分发挥优质教育资源的示范、辐射和带动作用，以实现整体义务教育的良好发展，可以说是值得特别关注的要点。

（三）民族特色性

民族地区义务教育的发展及其资源配置，不能不考虑民族地区经济、社会、人口、文化以及教育本身的特殊情况，不能没有民族特色。这种特色突出表现在两个方面：一是民族地区义务教育资源的配置，需要国家和政府给予特别关注和照顾。2010 年 5 月，国务院常务会议审议通过的《国家中长期教育改革和发展规划纲要（2010—2020 年）》就明确强调，要努力缩小区域差距，加大对革命老区、民族地区、边疆地区、贫困地区义务教育的转移支付力度。2017 年 1 月，国务院印发的《国家教育事业发展“十三五”规划》进一步强调，新增教育资源重点向中西部、贫困地区、革命老区、民族和边疆地区倾斜，加快提高这些地区的教育发展水平，缩小区域发展差距。可见，为全面提高少数民族和民族地区的教育发展水平，中央和地方政府一直重视对民族地区教育，特别是义务教育的经费投入和学校建设。这种在资源配置上对民族地区的特别关注与倾斜性支持的主要目的是补齐区域不平衡的短板，改善教育发展中的薄弱环节。在对同样的群体、同样的学校同等对待、一视同仁的同时，也要考虑对不同的群体、不同的学校差别对待，尤其是要从弱势群体的利益出发，通过差别性的补偿缩小贫富差距，实现实质正义。[①]

（四）创新发展性

改革创新是教育发展的强大动力，是新时代义务教育发展应有的特征，也是民族地区义务教育资源配置应有的特征。民族地区义务教育资源配置，不仅要通盘考虑与全国其他地区之间的关系，还要考虑本地区城乡、区域、学校之间的关系；不仅要关注当前义务教育发展的现状和条件，还要着眼其发展的动态与趋势，着力推进关键领域和重点环节的改革，着力破解群众反映强烈的教育热点难点问题，这就需要不断探索新路径，寻找新模式，实现新发展。发展是第一要务，优先发展教育、办人民满意的教育是各级政府和广大教育工作者的责任，而优化资源配置，提高教育质量，不断推进义务教育科学发展、内涵发展和可持续发展，既是义务教育资源合理配置的出发点和落脚点，也是促进教育与区域经济、社会协调发展以及教育内部各类教育、各级学校、广大师生协调发展，切实提高教育的育人功能和服务能力的根本要求。

第二节　民族地区义务教育资源合理配置的理论基础

一、科学发展观理论

科学发展观是党的十八大确立的我们党必须长期坚持的指导思想，是我们党在继承和发展马克思列宁主义、毛泽东思想、邓小平理论、“三个代表”重要思想之后，面对国际错综复杂的形势，立足中国社会的当代国情，把握新时代的发展脉搏，创新性地提出和形成的重大理论，是我国各项事业改革与发展必须遵循的指导思想和行动指南。民族地区义务教育的发展及其资源配置，同我国其他各

① 李五一，杨艳玲．有质量的教育公平：理论分析与政策安排[J]．国家教育行政学院学报，2015（8）：44-50.

项事业和建设一样，自然离不开科学发展观的指引，需要按照科学发展观的本质要求，依照创新、协调、绿色、开放、共享的发展理念，适应新情况，解决新问题，谋划新思路，寻求新对策。

“科学发展观，第一要旨是发展，核心是以人为本，基本要求是全面协调可持续，根本方法是统筹兼顾。”[①]因此，民族地区义务教育资源的配置，必须坚持以人为本，以维护广大人民群众的根本利益和社会的公平正义为出发点和归宿，致力于不断满足人民群众对优质教育和美好生活的需要；必须坚持以学生和教师的发展为本，不断提高教育教学质量，促进学生和教师的全面发展、和谐发展；必须坚持全面、协调和可持续发展，从全局、系统、动态的高度，科学合理地配置教育资源，不断缩小城乡、地区和学校之间的教育差距，使各义务教育学校办学水平和教育质量基本均衡，使整体的义务教育在规模、质量、结构等方面协调推进，确保义务教育的优质发展、创新发展和特色发展。党的十八届五中全会提出“创新、协调、绿色、开放、共享”的发展理念，党的十九大报告提出要坚持“新发展理念”，强调“发展是解决我国一切问题的基础和关键，发展必须是科学发展，必须坚定不移贯彻创新、协调、绿色、开放、共享的发展理念”。这进一步为民族地区义务教育资源的优化配置、科学配置指明了方向。当前，广西教育改革与发展正在全速推进，提升义务教育均衡发展水平、扩大优质教育资源供给，已被纳入重要工程，因此，按照科学发展观要求，本着“促进公平、提高质量”和“补短板、优结构、惠民生、保供给”的思路和方略，优化义务教育资源配置结构，增加义务教育优质资源的有效供给，改变义务教育发展中的不平衡现象，促进义务教育整体质量的提升，满足人民日益增长的对优质教育的需要，是值得认真思考和研究的课题。

二、习近平关于教育的重要论述

党的十八大以来，习近平总书记对我国教育事业高度重视，对推进教育改革与发展做出了一系列重要论述。习近平总书记关于教育的重要论述从根本上回答了中国特色社会主义教育发展的一系列方向性、根本性、全局性、战略性的重大

---

① 中共中央宣传部. 科学发展观学习纲要[M]. 北京：人民出版社，2013：2.

问题，集中体现了对我国教育事业规律性认识的深化[①]，为当前和今后整个教育事业的发展，以及加快推进教育现代化、建设教育强国、办好人民满意的教育，提供了科学指南和行动指引，也是民族地区义务教育资源配置的根本性指导和理论依据。

习近平总书记关于教育的重要论述对民族地区义务教育资源配置的科学指导，尤其体现在优化教育资源配置，推进实现教育公平上。习近平总书记十分重视教育公平，他在 2016 年 9 月 9 日考察北京市八一学校的讲话中强调："教育公平是社会公平的重要基础，要不断促进教育发展成果更多更公平惠及全体人民，以教育公平促进社会公平正义。"[②]党的十九大提出大力推进教育公平，并把教育放在民生和社会建设的重要位置，这充分体现了以习近平同志为核心的党中央对教育公平在保障民生、推进社会建设中的重大作用的高度重视。[③]然而，要推进和实现教育公平，关键问题和前提条件就是要优化教育资源配置，缩小教育发展差距。在这方面，习近平总书记多次强调要注意教育资源的合理配置和优化配置，要加大统筹城乡发展、区域发展力度，要求对教育资源稀缺地区加大教育投入力度，补齐西部等经济落后地区教育短板。他说，"教育短板在西部地区、农村地区、老少边穷岛地区，尤其要加大扶持力度"，"革命老区、贫困地区抓发展在根上还是要把教育抓好，不要让孩子输在起跑线上。要重视教育，重视基础教育尤其是老区的基础教育，财政资金要向这方面倾斜"。[④]他还指出，"要优化教育资源配置，逐步缩小区域、城乡、校际差距，特别是要加大对革命老区、民族地区、边远地区、贫困地区基础教育的投入力度，保障贫困地区办学经费，健全家庭困难学生资助体系"[⑤]，要"让贫困地区每一个孩子都能接受良好教育，让他们同其他孩子站在同一条起跑线上，向着美好生活奋力奔跑"[⑥]。习近平对贫困地区、民族地区教育的高度重视，对民族地区教育发展及资源配置的一系列讲话，是推动民族地区义务教育发展的指导思想，也是推进教育资源配置工作的行动引领。

---

① 本书编写组. 习近平总书记教育重要论述讲义[M]. 北京：高等教育出版社，2020：10.

② 本书编写组. 习近平总书记教育重要论述讲义[M]. 北京：高等教育出版社，2020：134.

③ 本书编写组. 习近平总书记教育重要论述讲义[M]. 北京：高等教育出版社，2020：148.

④ 转引自：刘春田，马运军. 习近平教育思想探析[J]. 中共南京市委党校学报，2015（5）：101-104.

⑤ 习近平. 全面贯彻落实党的教育方针 努力把我国基础教育越办越好[N]. 人民日报，2016-09-10（1）.

⑥ 习近平. 携手消除贫困 促进共同发展：在 2015 减贫与发展高层论坛的主旨演讲[N]. 人民日报，2015-10-07（1）.

三、教育公平理论

教育公平是社会公平的重要组成部分，是社会公平的重要基础和前提。教育公平的思想由来已久，我国古代伟大的教育家孔子“有教无类”的主张，就体现出了教育公平的思想。16世纪初期，西方教育界提出的“教育机会均等”的主张，也体现出了学者对教育公平的关注。但作为一种理论，教育公平产生于20世纪60年代，代表人物是美国学者科尔曼（James S. Coleman）。他认为教育公平主要包括四层含义：向人们提供达到某一规定水平的免费教育；为所有儿童，不论社会背景如何，提供普通课程；为不同社会背景的儿童提供进入同样学校的机会；在同一特定地区范围内教育机会一律平等。[①]总的来说，他们都认为教育公平包括起点公平、过程公平和结果公平三个方面。其中起点公平是指所有适龄儿童在教育的起始阶段就能公平地接受相应的教育，每个人都有机会、条件和权利享受同等的教育资源；过程公平是指学生平均占有的教育资源，无论是硬件资源还是软件资源，应是均等的；结果公平是指教育产出公平，这是最高级别的公平，它实质上是指如何保障受教育者通过接受高质量的教育，而使自身的发展成就达到最终与其努力程度相符的目标需求的一种平等结果。要实现教育公平，特别是教育结果公平，不但要注重对外部教育资源的公平分配，还要注重对个体发展的关注，要让每一个学生都能在教育过程中享受自身充分发展的公平待遇。因此，在公用经费的划拨和补助上，不但要关注形式起点上的公平，更为重要的是要关注实质结果上的公平，以缩小由历史原因积累下来的城乡及校际差距。

目前，我国教育不平等突出表现在教育资源上的不平等，即资源配置的不均衡。只有实现了教育资源的均衡配置，才能实现教育发展的均衡。然而，当前我国民族地区义务教育资源配置在城乡、区域间和学校间都存在差别和不公平，因此，要保障义务教育公平和入学机会均等，就要保障民族地区所有义务教育学生享受相同水平的学习条件以及同等的教育资源。对此，李贞提出，中国财政体制在促进义务教育公平时应遵循六个原则：①政府责任原则（义务教育是国家的事业，国家是义务教育经费的主体，增加教育投入是各级政府义不容辞的责任）；②义务教育优先原则（义务教育是一个国家持续发展的基石，在安排财政支出时，

① 转引自：李贞. 公平义务教育与中国财政体制改革研究[M]. 北京：经济科学出版社，2009：22-23.

应将其放在优先位置）；③依法筹资原则（义务教育经费的筹措，必须有法可依，依法办事，违法必究）；④同质与差异公平原则；⑤公平参与原则；⑥有效使用财政资金原则。[①]只有遵循这些原则，才能确保教育资源配置过程公平，才能使资源配置均衡贯穿于整个教育阶段的始终，从而在实现教育机会、过程公平的基础上达到教育结果的公平。

四、公共产品理论

公共产品理论是建立在边际效用价值理论基础之上的一种对财政学的分析。英国古典政治经济学奠基人亚当·斯密在其著作《国富论》中提出了关于政府执行的国家职能等理论，成为公共产品理论的雏形。现代公共产品理论的创立者是著名的经济学家萨缪尔森（Paul A. Samuelson），他在1954年发表的《公共支出的纯理论》（The pure theory of public expenditure）一文中给出了公共产品最为经典的定义，即“每一个个人对某物品的消费不会造成其他个人对该物品消费的减少”。依据公共产品理论，与私人产品相比，公共产品具有以下三个特征：①效应上的不可分割性，指的是公共产品是提供给整个社会的，全体社会成员应该共享；②消费上的非竞争性，指的是社会成员对公共产品的消费不会因为其他社会成员的消费而减少；③受益的非排他性，指的是消费公共产品的社会成员不能够排除其他社会成员同时消费此产品。基于公共产品具有的特性，仅靠市场来提供不能满足社会成员的需求，政府为了弥补市场的失效，提供公共产品便成了其主要的活动内容。

依据公共产品的特性，义务教育既不具有消费上的竞争性，也不具有受益上的排他性，同时还具有正外部性。大量研究表明，义务教育具有很强的正外部性，接受义务教育的人在自身获得收益的同时，也能给国家和社会带来效益，做出贡献，如增加税收收入、减少政府福利救济支出、提升国民素质、增强综合国力、提高民主意识等。这表明义务教育应属于典型的公共产品，这种产品属性必然要求政府成为其核心的资源投入主体。因为义务教育在受益上具有非排他性，如果由私人部门提供，容易产生“搭便车者”，会造成私人部门无法获得足够的资金

① 李贞. 公平义务教育与中国财政体制改革研究[M]. 北京：经济科学出版社，2009：122-126.

来提供相应的义务教育。从根本上说，政府对义务教育阶段学校进行投资的过程也是对教育资源进行配置的过程；政府不仅是义务教育资源的投入主体，而且是配置主体。当然，在当前义务教育的提供模式中，政府通常以财政力量来保证全体公民享受最基本的义务教育服务；若不同地区和群体对义务教育有多样性需求，如学生想接受高于基本标准的义务教育服务，其家长则需要付费。同时，政府通过直接投资、补贴和“教育券”等方式对低收入家庭和薄弱地区、薄弱学校进行转移支付，以保证不同收入阶层和地区的学生享有平等接受义务教育的机会，也是重要的促进教育公平的有益举措。

五、公共选择理论

公共选择理论是运用经济分析方法研究政府决策的方式和过程的一种理论，主要研究那些与政府行为有关的集体选择问题。该理论发源于 20 世纪 50 年代，主要代表人物有布坎南（James M. Buchanan）、缪勒（Dennis C. Mueller）和奥尔森（Mancur Olson）等。所谓公共选择是指在市场经济条件下，以个人利益最大化为内在动力，通过民主程序投票等实现的对公共经济的理性决策。公共选择理论应用于财政领域，主要是确定公共项目的种类、公共项目成本的分摊方式、国家预算规模等。公共选择理论通常研究两个市场：经济市场和政治市场。经济市场上的经济决策是理性的经济人通过货币来选择能给其最大满足的私人物品，而政治市场上的政治决策是人们通过政治选票来选择能给其带来最大利益的法律制度、政策法案和政治家。

公共选择理论认为，人们通常是通过民主决策的政治过程来决定公共物品的需求、供给和产量的，是利用非市场决策的方式对资源进行配置的，所以公共选择的过程本质上也是一种政治过程。教育特别是义务教育本质上属于上层建筑，与政治有着密切关系，其投入、举办、改革与发展在某种意义上就是政府的选择行为。其中，义务教育属于公共产品中的一种，其资源投入的主体是各级人民政府，同时政府也是公共产品的提供者。但作为公权的行使者，政府是一个由相应官员组成的组织，政府决策也必然要考虑组织自身的利益。政府要承担的社会公共事务众多，义务教育资源的投入量及配置结构，也只能依靠政府官员做出理性的选择，但政府官员在资源配置过程中，难免存在为了追求自身效用最大化或“寻租”行为而扭曲资源配置方式，或者为了追求某些群体的利益而致使教育政策向该群体倾斜之嫌，因此，“要想提高政府在优化义务教育资源配置、提高配置效率中的效能，不能仅指望它为公共利益而奋斗的公共管理者的觉悟与努力，需要进行一系列‘宪制’改革，以制度、法规规范政府机构设置并强化对政府官员‘自利人’的监督，保证义务教育资源配置方式的规范化、法制化、科学化”[①]。

六、人力资本理论

人力资本理论是20世纪50—60年代在西方形成和发展起来的关于人力资本的形成、作用和收益的理论，主要代表人物有舒尔茨（Theodore W. Schultz）、丹尼森（Edward F. Denison）、贝克尔（Gary S. Becker）等。舒尔茨是人力资本理论的奠基人，他提出劳动者通过教育和训练所获得的技能和知识是资本的一种形式，即人力资本，人力资本存在于人的身上，表现为知识、技能、体力（健康状态）价值的总和，一个国家的人力资本可以通过劳动者的数量、质量以及劳动时间来度量。教育可以提高人的认知能力，从而可以提高劳动生产率，教育投资的最大特点是对人的劳动不是从量的层面去判断，而是从质的层面去衡量。[②]舒尔茨认为，人力资本的提高对经济增长的贡献远比物质资本、劳动力数量的增加重要得多，因此，人力资本的作用大于物质资本的作用，资本积累的重点应从物力资本转移到人力资本。教育投资是人力资本形成的核心和关键，若要创造优质的人力资本，就必须增加对教育的投入。[③]

人力资本理论认为，教育与国家的收入和个人的收入都有密切的关系。对国家而言，投资教育可以促进国家经济的增长和国民素质的提升；对个人而言，投资教育可以提高生产能力，从而获得较高的收入。一个国家对各级教育投资的收益是不同的，一些学者的研究结果表明，发展中国家初等教育的投资收益率最高，然后依次是中等教育和高等教育。我国目前仍是发展中国家，经济发展所依靠的不仅包括高层次人才，也包括大量的初级、中级人才，而基础教育特别是义务教

---

① 贺民，杨公安. 公共选择理论视域下城乡义务教育资源配置效率的再思考[J]. 继续教育研究，2013（1）：141-143.

② 转引自：刘志民. 教育经济学[M]. 北京：北京大学出版社，2007：117.

③ 转引自：靳希斌. 教育经济学（第四版）[M]. 北京：人民教育出版社，2009：57-59.

育对人的性格、综合素质和基本能力的塑造，不仅对其一生的发展起着至关重要的作用，而且对国家经济增长和社会发展也具有深远的意义。因此，国家对教育的投入要尊重不同教育层次具有不同的人力资本收益率这一规律，优化教育投入结构，要特别重视对初、中等教育尤其是义务教育的投入。因此，从长远需求和整体利益出发，国家和政府应树立科学发展观，将人力资本开发作为夯实经济发展和社会发展的奠基工程，增加对教育特别是义务教育的投入，以促进经济和社会的可持续发展。

第三节　民族地区义务教育资源合理配置的基本原则

一、公平为先，均衡发展原则

义务教育是面向全体公民、所有适龄儿童的公共教育事业，公平性是它的首要标准，因此，义务教育资源的配置首先要立足于公平，其次要确保均衡发展。教育公平的前提是经济公平，真正的平等是资源的平等，要实现义务教育均衡发展，保障所有儿童接受公平的义务教育，在教育资源配置上，就必须遵循公平优先的原则。这里的公平优先，就是对处于相同情况地域的学校及其学生，应给予相同水平的教育资源，每所学校和每名学生获得的教育资源，如教育经费、教育补助等应大致平等，不应由于学校所处地域、环境、办学特征等的差别以及学生性别、种族、家庭出身、社会背景等的不同而在教育资源的分配上有偏差待遇。具体内涵包括如下几个方面：①资源分配均等（principle of distribution equality），即要保证同一学区、税区内所有学校和学生享有基础教育财政公平；②财政中立（fiscal neutrality），即每个学生的公共教育经费开支差异不能与本学区的富裕程度相关；③调整特殊需要（adjustments for special needs），即对弱势群体给予更多的关注和财政拨款；④成本分担与补偿（cost sharing cost recovery），即在非义务教育阶段对学生收取一定的教育费用，并对部分学生采取“推迟付费”的办法；⑤公共资源从富裕流向贫困（transmitting the public resource from the rich to the poor）。[①]要做到这几点，中央政府和地方政府需通过财政投入从总体上平衡义务教育的资源配置，不断缩小城乡、区域间的教育差距；同时要通过各种方式和途径，增加义务教育经费的来源，厚积资源存量，扩展资源增量，提高资源的配置效率。讲公平并不等于不要效率，公平与效率是相互依存的，只有不断提高义务教育资源的使用效率，才能让更多的学校和学生享受更多、更丰富的教育资源。

二、效益为重，结构优化原则

“效益”是效果与利益的统合，既包含经济效益，也包含非经济效益。义务教育的“效益”，主要是指非经济效益。效益又是效率和效果的统合，效率可理解为投入与产出之比、费用与效果之比，也就是指资源的有效使用和有效配置。[②]以效率的形成过程为依据，可将效率分为配置效率和生产效率，前者是指在固定投入量的情况下，投入要素的组合与产品数量组合之间的比率；后者是指在投入一定的情况下，制程的实际产出与最大产出之间的比率。以资源经济价值的发挥程度为依据，可将效率分为高效率和低效率。高效率是指在给定的投入和技术条件下，经济资源没有浪费或者是对经济资源做了能带来最大可能性满足程度方面的利用；低效率则与之相反。[③]教育资源的配置不仅要公平合理，还要管用有效，能否以尽量少的财力投入带来最大的成果，产生最好的效益，是判断教育资源配置是否合理的另一个重要标准。“在追求义务教育均衡发展的背景下，城乡学校之间在人力、物力、财力等方面达到了优化组合，即以投入要素的最佳组合生产出‘最优的’产品数量组合，才可谓义务教育资源配置的高效率；否则，为低效率。”[④]义务教育阶段教育资源配置要产生高效率、优效益，必须使资源的内部结构包括人力、物力、财力等的组合尽可能优化，以及各种资源达到协调互补。从教育经济

---

① 高丽. 教育公平与教育资源配置[M]. 北京：中国社会科学出版社，2009：4.

② 厉以宁. 经济学的伦理问题——效率与公平[J]. 经济学动态，1996（7）：3-13.

③ 杨公安. 县域内义务教育资源配置低效率问题研究——基于公共选择理论视角[D]. 西南大学博士学位论文，2012.

④ 贺民，杨公安. 公共选择理论视域下城乡义务教育资源配置效率的再思考[J]. 继续教育研究，2013（1）：141-143.

学的角度来说，结构优化的教育资源配置，必须做到人员结构合理、教学设施配套、经费使用恰当、投资重点明确等。

三、以县为主，统筹协调原则

《中华人民共和国义务教育法》明确规定，义务教育实行国务院领导，省（自治区、直辖市）人民政府统筹规划实施，县级人民政府为主管理的体制。县级以上人民政府教育行政部门具体负责义务教育实施工作；县级以上人民政府其他有关部门在各自的职责范围内负责义务教育实施工作。这就是说，我国从法律上强调了省级政府的统筹作用，明确了县级政府的主管作用。省级政府和县级政府是省、县级地方最高的行政机关，对包括义务教育在内的各项地方公共事业负首要责任，对推进义务教育资源合理配置起主导作用。民族地区义务教育资源的优化配置，也主要取决于民族地区政府公共服务导向及其职能的有效发挥，特别是民族自治区、自治县政府是确保义务教育资源在城乡之间、区域之间和学校之间均衡配置、合理配置的关键所在。义务教育资源的合理配置不仅需要教育部门职能的有效发挥，还需要政府多部门合作和共同参与。要形成义务教育资源均衡合理配置的良性局面，必须依靠各级政府特别是省、县级人民政府“合理运用政府行政权力和公共资源的调控能力，从制定区域发展规划、人才等要素流动的引导管理、对特殊群体实施特殊政策、创新现有财政税赋制度等途径入手，打破现有制度框架下义务教育生源、教师来源与配置、经费分配、软硬件办学资源调控等方面的边界条件”[①]。

四、因地制宜，灵活变通原则

义务教育资源特别是公用经费、人员经费等的配置，既要遵循一定的规则和标准，又要从实际出发，因地制宜，随着时代、社会和教育的发展而灵活变通。比如，随着义务教育的发展目标、教育内容、教育技术、质量要求等的变化，公用经费、人员经费等配置标准也要做出相应的调整；随着各地区义务教育学校的

① 张珏，张振助. 中国义务教育公平推进实证研究[M]. 北京：教育科学出版社，2011：53.

班级规模、办学条件、教学改革、环境因素等的变化，经费的预算、拨付、使用与管理也要随之做出调整；随着学校教学成本、当地物价水平、信息化智能化管理推进等新情况、新态势的出现，教育资源的配置也要相应地做出调整。杜育红等提出了制定中小学公用经费标准应遵循的三个基本原则，即与教育发展相协调、统一性与差异性相结合、稳定性与增长性相结合。①这就是说，公用经费的配置必须与各地义务教育发展的实际需要相适应，在确保统一性、稳定性的同时，还要关注地区及校际差异，使经费投入及其配置适应客观情况的变化，不论总量还是分类指标，都应该不断改进和调整。

第四节 民族地区义务教育资源合理配置的目标要求

一、民族地区义务教育资源合理配置的目标设想

义务教育资源配置目标与义务教育发展目标是密切联系在一起的，并且应该是协调一致的。2010 年 5 月，国务院常务会议审议通过的《国家中长期教育改革和发展规划纲要（2010—2020 年）》明确提出，我国教育发展的战略目标，是到 2020 年基本实现教育现代化，基本形成学习型社会，进入人力资源强国行列。具体目标包括实现更高水平的普及教育，形成惠及全民的公平教育，提供更加丰富的优质教育，构建体系完备的终身教育，健全充满活力的教育体制。其中，在义务教育方面，到 2020 年，要全面提高普及水平，全面提高教育质量，基本实现区域内均衡发展，确保适龄儿童少年接受良好义务教育。2017 年 1 月，国务院印发的《国家教育事业发展“十三五”规划》提出，“十三五”时期教育改革发展的总目标是：教育现代化取得重要进展，教育总体实力和国际影响力显著增强，推动我国迈入人力资源强国和人才强国行列，为实现中国教育现代化 2030 远景目标奠定坚实基础。其中，在促进义务教育均衡优质发展上，提出要加快推进县域内

① 杜育红等. 中国义务教育财政研究[M]. 北京：北京师范大学出版社，2009：51-52.

城乡义务教育学校的“四个统一”（即建设标准、教师编制标准、生均公用经费基准定额和基本装备配置标准的统一）和“两免一补”政策实现城乡全覆盖，基本实现县域校际资源均衡配置。

上述有关我国义务教育发展的目标要求，本身就包含对教育资源配置的目标要求。除此之外，我国政府对民族地区义务教育的资源配置也有比较明确的规定。例如，2015 年 11 月印发的《国务院关于进一步完善城乡义务教育经费保障机制的通知》就提出，要继续加大义务教育投入，优化整合资金，重点向农村义务教育倾斜，向革命老区、民族地区、边疆地区、贫困地区倾斜，统筹解决城市义务教育相关问题，促进城乡义务教育均衡发展。2016 年 12 月，《国务院关于印发“十三五”促进民族地区和人口较少民族发展规划的通知》提出，要推动民族地区义务教育均衡发展，支持民族地区义务教育学校标准化建设，全面改善义务教育薄弱学校基本办学条件，逐步提高义务教育学校经费保障水平。同时要加强寄宿制学校建设，因地制宜保留并办好必要的乡村小规模学校（含教学点），切实提升中小学办学质量。2016 年 6 月，《国务院办公厅关于加快中西部教育发展的指导意见》强调，国家在区域发展总体战略中，把民族教育摆在更加重要的位置，采取特殊支持措施，加大各项政策对少数民族和民族地区的倾斜力度，快速提升各级各类教育普及水平和办学质量，实现民族地区教育跨越发展。

根据上述国家和政府有关义务教育及教育资源配置的方针政策和总体规划，本书认为，民族地区义务教育资源合理配置的目标就是：坚持以毛泽东思想、邓小平理论、“三个代表”重要思想、科学发展观和习近平新时代中国特色社会主义思想为指导，牢固树立创新、协调、绿色、开放、共享的发展理念，根据民族地区经济、社会、文化、教育发展的基础条件和客观现实，结合民族地区义务教育发展的现状、特点、趋势与问题，按照“育人为本、促进公平、提高质量、注重效益”的基本原则，着力“补短板、优结构、惠民生、保供给”，打破城乡、区域及学校之间教育资源的壁垒，推进民族地区义务教育的统筹规划、合理安排、平衡发展和协调发展，使教育资源的配置更加科学合理、优化高效，切实增加民族地区义务教育的有效供给，进一步扩大优质教育资源，提升办学水平和教育质量，增强教育发展的后劲和潜力，从而显著提高民族地区教育发展水平，不断提升民族地区的教育治理能力，教育服务经济社会发展的能力有效增强，教育发展成果更好地满足人民日益增长的美好生活需要，推动民族地区义务教育在新的历史起点上科学发展、和谐发展、可持续发展，力争与全国同步基本实现教育现代化，为建设现代化教育强国打下坚实的基础。

二、民族地区义务教育资源合理配置的基本要求

（一）有助于义务教育的基本均衡乃至优质均衡发展

我国《国家教育事业发展“十三五”规划》指出，九年义务教育全面普及，进入均衡发展新阶段。“十三五”时期，我国义务教育实现基本均衡的县（市、区）比例达到95%，城乡、区域、学校之间差距进一步缩小，建成覆盖城乡、更加均衡的基本公共教育服务体系。教育均衡发展可以从狭义和广义两个方面来界定：狭义上是指教育责任主体通过获得相对均等的资源实现均衡、协调的发展；广义上是指受教育群体通过获得均等的受教育权利、条件和资源，从而实现均衡发展。[①]一般来说，义务教育均衡发展主要是指义务教育在城乡之间、区域之间和学校之间的发展基本均衡，这种均衡“从内容上来讲，应包括机会均等、投入均等、产出均等和受益均等”[②]。目前，我国评估义务教育发展是否均衡，主要以“县域”为对象和范围，因为县（市、区）作为我国具有相对稳定人口、土地和资源的区划单位，在整体上推进县域义务教育均衡发展具有现实可能性和可行性[③]；并且县（市、区）一级在人、财、事权等方面具有一定的相对独立性，县域内经济发展相对均衡，较容易实现义务教育的均衡发展。《国务院办公厅关于加快中西部教育发展的指导意见》明确要求，到2020年，中西部地区95%的县实现义务教育均衡发展。《广西教育提升三年行动计划（2018—2020年）》明确要求，推动义务教育基本均衡发展县县全覆盖，到2020年，全区义务教育基本均衡发展县达95%以上。要推进义务教育均衡发展，教育经费的投入与教育资源的配置是一个重要的关键因素。一方面，城乡、区域和学校间的义务教育资源配置应当大致相当、基本均衡；另一方面，城乡、区域乃至各校教育应当共同发展、整体发展、

① 杨海松. 关于“教育均衡发展”的思考[J]. 教育研究与实验，2009（5）：73-77，80.

② 薛军，闻勇. 城乡义务教育均衡发展内涵、现状及实现路径[J]. 学术探索，2017（1）：149-156.

③ 杨令平. 西北地区县域义务教育均衡发展进程中的政府行为研究[D]. 陕西师范大学博士学位论文，2012.

平衡发展。

义务教育的发展不能也不应停留在基本均衡的水平，而是要向更高水平推进。“以质量为核心的优质均衡是义务教育均衡发展的高级阶段，也是实现义务教育普及和资源配置初步均衡之后必然的发展方向”①，“在教育资源、资金投入等条件达到底线均衡的同时，我们下阶段所要追求的是教育质量的优质均衡，在县区范围内实现同类学校之间的各有特色的高质量的发展”②。2017 年 5 月，教育部在其发布的《县域义务教育优质均衡发展督导评估办法》指出，要在巩固义务教育基本均衡发展成果的同时，引导各地全面提高义务教育质量，推进义务教育向优质均衡发展。“优质均衡”是指实现全民教育质量的整体提升，是更高水平的均衡，强调促进公平与提高质量并重。③由公共财政支持的公共教育资源的配置要一视同仁，不搞三六九等，努力实现基本教育公共服务均等化，保证公民义务教育阶段入学机会的平等，以“就近入学”为原则，使接受义务教育的学生享受到质量均衡的教育。广西目前正在计划开展优质均衡发展督导考核评估，对义务教育优质均衡发展县将予以通报表扬。

（二）有助于义务教育学校的质量提高、效益提升和特色彰显

新中国成立以来特别是改革开放以来，我国教育事业与其他各行各业一样，经历了从粗放型发展到集约型发展、从规模速度发展到内涵质量发展的转移。注重教育的内涵发展、提高教育质量和办学效益，是当前我国教育领域深化改革的重要课题。从义务教育学校发展的角度看，就是要注重教育发展的内容和质量，从过去那种注重增加投入、扩大规模、拓展空间、加快速度的外延式粗放型发展，向注重挖掘各学校的内部潜力、增强教育实力和竞争力、提高教育教学质量、提升办学效益的内生化精细化发展转变。正如有的学者所说的，学校内涵发展就是“指学校在现有硬件条件不变的情况下，深入挖掘有利于自身发展的各种优势资源，寻求自我内在品质提升的发展模式”④，是学校“依靠结构优化、资源共享、

① 冯建军. 义务教育优质均衡发展的理论研究[J]. 全球教育展望，2013（1）：61，84-94.

② 张忠华，王伟. 我国区域内义务教育均衡发展研究综述与反思[J]. 教育科学研究，2014（11）：56-60.

③ 李五一，杨艳玲. 有质量的教育公平：理论分析与政策安排[J]. 国家教育行政学院学报，2015（8）：44-50.

④ 王晓妹. 中小学校内涵发展督导评估体系[M]. 北京：教育科学出版社，2016：40.

效能提高以及制度保障等措施使现有教育、教学资源达到最大利用率，从而提高教育质量和办学效益的一种发展过程”[①]。提高义务教育学校发展质量，不仅要提高教育教学质量、人才培养质量，还要提高管理经营质量，就是学校的人力、物力和财力资源应能得到优化配置，做到人尽其才、物尽其用、财尽其效；学校应做到既能盘活内部资源、挖掘内部潜力、增强内生动力，又能利用外部资源、拓展发展空间、协调公共关系。所有这些也意味着要提升学校的效益。效益包括经济效益和非经济效益，义务教育学校的效益主要指非经济效益，即办学效益和社会效益，也就是学校的有限投入能获得更多产出，学校的生产力、影响力和竞争力不断上升，学校的知名度、美誉度不断提高，学校能为所在社区的儿童提供优良的教育服务，满足广大家长对优质教育的需求，学校还能通过提供咨询服务、融合社区文化、参加社区活动、提供公共空间、建立学习组织等营造社区学习风气，促进社区精神文明发展，改良社区生活方式，推动社区健康发展。此外，义务教育学校发展是基于每所具体学校的自身条件和发展愿景，来达到同层次同类型学校基本要求和标准水平上的个性化、独特性发展的，因此，彰显特色是义务教育学校的特征，也是学校内涵发展和可持续发展的动力，“学校只有形成与众不同的品牌特色，才能在发展中引起较为广泛的关注，才能吸引优质生源，进而促进社会合力来推动学校各项工作的全面发展”[②]。

（三）有助于义务教育信息化水平提升和教育现代化实现

2018 年 4 月，教育部印发的《教育信息化 2.0 行动计划》提出，我国教育信息化的基本目标是通过实施教育信息化 2.0 行动计划，到 2022 年基本实现“三全两高一大”的发展目标，即教学应用覆盖全体教师、学习应用覆盖全体适龄学生、数字校园建设覆盖全体学校，信息化应用水平和师生信息素养普遍提高，建成“互联网+教育”大平台，推动从教育专用资源向教育大资源转变、从提升师生信息技术应用能力向全面提升其信息素养转变、从融合应用向创新发展转变，努力构建“互联网+”条件下的人才培养新模式、发展基于互联网的教育服务新模式、探索

① 焦楠. 从外延发展到内涵发展：学校发展观的时代转向[J]. 西北师范大学学报（社会科学版），2016（6）：103-108.

② 沈胜林. 论学校内涵发展与文化生成机制的建构[J]. 教学与管理，2015（9）：48-50.

信息时代教育治理新模式。该计划特别强调，各地要切实落实国家关于财政教育经费可用于购买信息化资源和服务的政策，加大教育信息化投入力度，将教育信息化 2.0 行动计划与“互联网+”、大数据、云计算、智慧城市、信息惠民、宽带中国、数字经济、新一代人工智能等工作统筹推进。《广西教育提升三年行动计划（2018—2020 年）》也提出，加快推进教育信息化基础能力建设，完成未联网的 1400 所中小学接入宽带网络，实现 9000 所中小学宽带网络提速升级，推进具备条件的教学点接入宽带网络，基本实现中小学宽带网络全覆盖；与此同时，建设教育资源公共服务平台，鼓励市县利用云资源平台整合、汇聚区域特色资源和校本资源，推进各级各类平台互联互通和协同服务，构建数字教育资源公共服务体系，优质数字教育资源基本满足信息化教学需求和个性化学习需求。在教育信息化推进过程中，广西积极探索在生均公用经费中列支购买资源服务费用机制，这也是教育资源配置上的一大新举措。

教育现代化“是指与教育形态变迁相伴的教育现代性不断增长和实现的过程”，要推进教育现代化，“必须促进教育发展方式的转变：使我国教育发展从主要依靠规模扩张、财力物力资源投入、时间投入（师生加班加点，牺牲身心健康）、强化考试技能（死记硬背，题海战术），转向主要依靠教育结构优化、培养方式改善、队伍素质提高、教育研究支持、管理方式创新的轨道上来，从而真正实现教育的健康发展”①。从这个意义上说，义务教育资源合理配置，正是适应加快实现教育现代化的需要。教育现代化包括教育思想观念现代化、教育管理制度现代化、教育技术条件现代化、教育内容方法现代化等诸多方面，而其核心是实现人的现代化。教育的本质在于促进人的发展，人的现代化应当是教育现代化的出发点及其归宿，而义务教育资源的合理配置，正符合教育现代化的要求。一方面，通过人力、物力、财力及其他资源的合理配置、优化融合，可以提高学校的管理水平、教育质量和办学效益，推进学校治理方式和人才培养模式的变革，推进学校教育教学的方式、手段、途径等的转变与创新，这本身就是教育现代化的表现；另一方面，教育资源的优化配置所要实现的是更好地培养人、塑造人，是为了提高教育的质量和成效，提高人才培养的效率和效益，体现的是“以人为本”，以学生和教师乃至学校的发展为本，致力于实现“人的现代化”。因此，

---

① 褚宏启. 推进教育现代化：如何从“表面”走向“本质”[J]. 人民教育，2017（2）：45-49.

提高义务教育资源的配置效率和效益，既是义务教育适应教育现代化趋势的需要，也是义务教育在教育现代化过程中应有的选择。只有合理化、科学化地管理和配置教育资源，才能确保义务教育的内涵发展和持续健康发展，也才能推动教育现代化的稳步发展和早日实现。

第二章 民族地区义务教育发展与资源配置现状分析

民族地区义务教育的发展是伴随我国整体义务教育的发展而发展的，也是我国义务教育发展的缩影。改革开放以来，民族地区义务教育发展取得了巨大的成就，同时也面临较多的困难，特别是教育资源投入不足的问题仍有待解决。随着我国教育投资体制改革的不断深化和各级政府对教育事业发展的越加重视，民族地区义务教育发展正日益呈现出勃勃生机。本章侧重对民族地区义务教育发展的成就与趋势、历史与现状以及进展与成效等展开分析和探讨。

第一节　民族地区义务教育发展的成就与趋势

一、民族地区义务教育发展取得的成就

民族地区义务教育发展涉及诸多方面，因此，其成就的表现也是多样态的，既有数量和规模的扩大，也有质量和水平的提高，还有内涵发展和社会效益的显现。

（一）实现了普及和免费，质量和水平不断提高

改革开放以来，特别是1986年颁布和实施《中华人民共和国义务教育法》以来，从文件颁布到开始实施，从局部落实到全面覆盖，从重点突破到全面普及，义务教育取得了辉煌的成就。到2011年，全国所有省级行政区、所有县级行政单位全部通过普及九年制义务教育和扫除青壮年文盲的国家验收，人口覆盖率达到100%，青壮年文盲率下降到1.08%。中国用25年时间完成了普及义务教育的目标。[①]根据教育部、国家统计局和财政部发布的2017年全国教育事业发展统计公报，2017年，我国小学学龄儿童净入学率达99.91%，全国及绝大多数地区男女童入学率性别差异已经消除，全国初中阶段毛入学率为103.5%，达到世界高收入国家平均水平。[②]近几年来，我国义务教育普及水平一直保持在高位，普及成果不断得到巩固和提升。值得说明的是，中国的义务教育普及不仅关注数量，而且重视质量，通过增加经费投入、改善办学条件、强化督导、扶贫改薄、提升教师素质、深化教学改革等，义务教育的质量和水平得到不断提高。

进入21世纪以来特别是在“十二五”期间，广西一方面致力于义务教育阶段

① 柳海民，王澍. 中国义务教育实施30年：成就、价值与展望[J]. 北京大学教育评论，2016（4）：175-184.

② 中华人民共和国教育部.中国教育概况——2017年全国教育事业发展情况[EB/OL]. http://m.moe.gov.cn/jyb_sjzl/s5990/201810/t20181018_352057.html，2018-10-18.

的“防辍保学”，提高普及程度；另一方面致力于加强学校文化建设，提高教育教学质量，把均衡发展作为推进义务教育改革发展的重要抓手和工作主线，一系列教育标准和引导措施陆续出台，教育投入持续加大，教育基础设施明显改善，教师队伍建设不断增强，教育教学效果取得新突破，特殊群体平等接受义务教育得到全面保障，义务教育发展水平逐步提升。2015 年，广西九年义务教育巩固率为 93.0%，比 2010 年提高了 8 个百分点，顺利完成《广西壮族自治区教育事业改革和发展“十二五”规划》确定的 2015 年与全国同步达到 93%的目标；2015 年，广西小学净入学率和初中毛入学率分别为 99.39%、108.87%，比 2010 年分别提高了 0.02 个百分点和 2.55 个百分点；2015 年，广西小学和初中辍学率分别为 0.37%和 1.87%，比 2010 年分别降低了 1.73 个百分点和 4.71 个百分点。①在推进义务教育发展过程中，广西不断扩大义务教育经费保障范围，从最初的“两免一补”扩大到目前的“三免两补”（免杂费、免书本费、免农村寄宿生住宿费、补助寄宿生生活费和营养膳食费），并且各种补助标准逐年提高，充分体现了义务教育的免费特征和国家对民族地区学生的特别关注。

（二）均衡发展工作持续推进，城乡差距逐步缩小

21 世纪初开始，我国政府面对义务教育发展的地区差异，特别是西部地区、贫困地区义务教育相对滞后的状况，一方面根据全国各地区财政供给能力的差别，将义务教育的发展水平分为较发达、欠发达和较落后三类地区，实施“梯度推进”战略；另一方面，在国家财力有限的背景下，集中优势财力重点支持西部贫困地区义务教育发展，通过实施农村中小学危房改造工程、东部地区学校对口支援西部贫困学校工程、农村中小学远程教育工程、大中城市学校对口支援本地贫困地区学校工程、农村义务教育薄弱学校改造计划、西部地区农村寄宿制学校工程、农村学校教育硕士师资培养计划、“特设计划”、西部农村教师国家级远程培训计划、中小学教师国家级培训计划等一系列操作性强的精准支持和精确援助，有效改善了落后地区的义务教育面貌，缩小了义务教育的地区差距。②为了扩大优质

① 谢琳琳．“十二五”广西教育经费投 3986 亿 十项指标超额达标[EB/OL]. http://h5.drcnet.com.cn/docview.aspx?version=edu&docid=4679222&leafid=18064&chnid=4693，2017-04-27.

② 邵泽斌．改革开放 40 年国家支持农村义务教育的政策经验与反思[J]．教育发展研究，2018（20）：1-7.

教育资源的辐射及覆盖范围，让更多学生享受更高质量的教育，2016年7月，《国务院关于统筹推进县域内城乡义务教育一体化改革发展的若干意见》提出，要通过城乡义务教育一体化、实施学区化集团化办学或学校联盟、均衡配置师资等方式促进义务教育学校的协同发展。学区化办学是根据地理位置（招生片区）相对就近原则，把相同或不同学段的学校结成办学联合体，创新学区组织与管理形式，突破校际壁垒，促进学校纵向衔接、优势互补，构建有利于学区教育品质整体提升、学校办学特色积极培育的生态环境；集团化办学是指在同一区域内或跨区县，由优质品牌学校牵头组建办学联合体，带动或辐射相对薄弱学校、农村学校、新建学校，共享先进的办学理念、成功的管理模式、有效的课程教学、优秀的教师团队等，较快增强薄弱学校自我发展、自我提升的“造血”机能，形成稳健发展的制度机制。①推行学区化集团化办学，不仅有利于扩大优质教育资源覆盖面，而且有利于全面促进义务教育均衡优质发展，以及满足人民群众接受优质教育的期待。

进入21世纪特别是2014年召开教育振兴大会以来，广西大力推进义务教育均衡发展工作。2014年1月，《广西壮族自治区人民政府关于深入推进义务教育均衡发展的实施意见》提出，要努力使每所义务教育学校达到自治区办学基本标准，着力破解“农村弱”“城市挤”“择校热”等突出难题，率先在县域内实现义务教育基本均衡发展，县域内校际差距明显缩小。该意见提出，到2020年，全区九年义务教育巩固率要达到95%，努力实现全区县域义务教育基本均衡发展。相应地，政府加大财政教育投入，均衡配置办学资源，合理配置教师资源，推动优质教育资源共享，保障特殊群体平等接受义务教育，通过实施农村义务教育薄弱学校改造工程、农村义务教育布局调整和寄宿制学校建设工程、农村中小学校舍维修改造工程、中小学校舍安全工程和义务教育均衡发展工程等，逐步改善了义务教育学校特别是乡村学校的办学条件。广西将国家连片特困地区县、自治区贫困县、边境县、少数民族自治县等最困难的4类县纳入中央改薄资金支持范围，将薄弱学校纳入“全面改薄”规划，统筹安排“全面改薄”项目资金，优先新建、改建、扩建乡镇中小学寄宿制学校的基础设施，切实解决县城学校“大班额”、

① 刘天，程建坤. 改革开放40年我国义务教育均衡发展的政策变迁、动因和经验[J]. 基础教育，2018（6）：22-31.

乡镇学校“大通铺”、村级小学“小规模”等问题。同时，以“三通”（宽带网络校校通、优质资源班班通、网络学习空间人人通）“两平台”（教育资源公共服务平台和教育管理公共服务平台）建设为载体，加快推进教育信息化发展，以农村教师队伍建设为重点，注重全面提升民族地区义务教育教师队伍的整体素质。这一系列举措使广西农村义务教育面貌发生了巨大变化，总体上城乡与区域的差距在逐步缩小。截至2018年底，广西已有85%的县通过国家义务教育均衡评估认定，实现基本均衡，比国家要求的中西部地区75%的目标高出10个百分点。到2020年末，广西95%的县将通过国家基本均衡评估认定，与全国同步实现基本均衡目标。①

（三）学校管理与教学改革不断深化，人民教育获得感增强

加强学校管理、规范办学行为，是义务教育改革与发展的重要任务，是解决义务教育发展中的各种问题，提高办学质量，促进教育公平，确保义务教育科学发展的必然要求。《中华人民共和国义务教育法》对学校、学生、教育教学、教师、经费保障等的管理都有严格而明确的规定，并向学校和教师提出了十个“应当”、十个“不得”的要求和规定，如学校应当按照规定标准完成教育教学任务，应当建立、健全安全制度和应急机制，应当保证学生的课外活动时间；学校不得分设重点班和非重点班，教师不得歧视学生，不得对学生实施体罚、变相体罚或者其他侮辱人格尊严的行为，不得侵犯学生合法权益；等等。2017年12月，教育部在总结各地实施《义务教育学校管理标准（试行）》实践经验的基础上，印发了《义务教育学校管理标准》，就义务教育学校管理的基本理念和基本内容等做出了全面而具体的规定，其中基本内容包括保障学生平等权益、促进学生全面发展、引领教师专业进步、提升教育教学水平、营造和谐美丽环境、建设现代学校制度等6大管理职责、22项管理任务、88条具体内容。《义务教育学校管理标准》作为义务教育学校管理的基本标准，在促进义务教育学校不断提升治理能力和治理水平以及逐步形成“标准引领、管理规范、内涵发展、富有特色”的良好局面上发挥了巨大作用，推进了学校管理的法治化、科学化和现代化。

近年来，广西非常重视义务教育学校管理工作，早在2009年，自治区教育厅

① 刘琴. 广西又有四十三个县市、区通过国家义教均衡发展评估认定[EB/OL]. http://www.gxzf.gov.cn/sytt/20190417-744142.shtml，2019-04-17.

就印发了《广西壮族自治区义务教育学校常规管理规定》，并在全区开展“义务教育常规管理年”活动。2013 年 8 月，在广泛总结经验和征求意见的基础上，自治区教育厅印发了《广西壮族自治区义务教育学校常规管理规定（修订）》。此后，各地各级义务教育学校进一步建章立制，理顺关系，建立学校常规管理的长效机制，促进学校常规管理的常态化。通过强化校长在学校管理中的责任意识和引领作用，调动全体教职工参与管理的积极性，引导和鼓励学生参与学校管理，加强学校自身管理能力的建设，健全和完善教育督导评估制度，建立和优化学校管理资源共享机制等，各学校制度化、人文化、科学化、精细化的管理运行模式逐步形成，学校管理水平和治校能力普遍提升，义务教育学校管理工作迈上新台阶，步入新轨道。

近年来，广西还十分重视义务教育教学改革，并取得了良好效果。广西积极实施基础教育学校教学改革试点项目，在 19 个试点县区及 330 所项目学校开展了教育教学改革[①]，大力推动中小学改进教学方法和学习方式，变革教学组织形式，创新教学手段，推进课堂教学改革。在发展素质教育，开展校外教育，推进中小学生“研学旅行”，培养学生创新精神和实践能力，以及改革学生评价方式，建立基于核心素养的综合评价体系，切实减轻学生过重的课业负担等方面，采取了一系列鼓励政策和措施。广西还鼓励学校积极探索远程协作、实时互动、翻转课堂、移动学习等信息化教学模式，充分利用信息化手段开展区域协同教研，推动形成“课堂用、经常用、普遍用”的信息化教学新常态。在改善留守儿童教育条件方面，广西大力改善农村义务教育学校办学条件，特别是加强农村寄宿制学校建设、办好必要的教学点；2015 年，自治区教育厅印发了《关于进一步加强农村中小学（幼儿园）留守儿童关爱教育工作的意见（试行）》，完善了适龄入学留守儿童的教育关爱政策体系，确保留守儿童进得来、留得住、学得好，切实有效地保障了留守儿童平等接受教育的权利。在保障进城务工人员随迁子女受教育权利方面，广西出台了《关于外来务工人员随迁子女和外省户籍学籍迁入人员在广西参加升学考试的意见》《关于进一步加强进城务工人员随迁子女义务教育工作的指导意见》等文件，从政策上给予了保障。上述一系列举措，不仅提高了学校的教育教学

① 教育部. 国家教育督导检查组对广西壮族自治区 8 个县（市、区）义务教育均衡发展督导检查反馈意见[EB/OL]. http://www.moe.gov.cn/jyb_xwfb/moe_2082/zl_2016n/2016_zl03/201601/t20160115_228075.html，2016-01-15.

质量和学生的能力素质，而且实实在在地惠及民生，使广大义务教育学生及其家庭受益，人民对教育的满意度不断提高，获得感不断增强。

二、民族地区义务教育发展面临的若干困难

民族地区义务教育的发展客观存在着民族性、区域性、差异性等特征，受经济、社会、文化、环境等背景条件的影响，因此，尽管经过各级政府和各级学校的共同努力，民族地区的义务教育取得了历史性的、令人瞩目的成就，但存在的困难和问题也是不容回避的。

（一）义务教育发展不均衡的问题仍有待破解

我国少数民族大多分布在较为贫困的地区，由于自然、地理以及社会发展等诸多因素的影响，经济发展缓慢，交通不便，地方财政比较困难，教育基础相对薄弱，教育欠账较多，公用经费紧缺，严重影响着义务教育的普及。[①]例如，云南省财政不能自给的 110 个县都在民族自治地区、边境地区和贫困地区[②]；全省 73 个国家级贫困县中，有 51 个县是民族地区，27 个县是边境县[③]；506 个贫困乡中，有 386 个乡是民族乡或民族聚居地[④]。多年来，虽然中央、地方各级政府在民族地区实施了一系列惠民政策，但民族地区地方财政收入低、自我发展能力不足、经济发展严重滞后、地方财政对义务教育发展的教育资源补给能力不足，导致普及民族地区义务教育存在客观的经济困难。民族地区因教育经费缺乏而存在的学校危房无法修复，教学设施设备无法完善，民族师生的生存环境、教学生活环境难以改善等问题，又加剧了民族地区义务教育发展的不平衡性。[⑤]

据笔者对广西某地城乡的调查，农村中小学的办学基础条件普遍差于城区中小学。在装备条件方面，大部分农村中小学的功能室以及各类教学设施的完善程

---

① 施涌，罗华玲. 云南省少数民族地区义务教育发展的问题研究[J]. 思茅师范高等专科学校学报，2010（1）：92-96.

② 王春懿，马佳宏. 民族地区义务教育发展问题研究的现状及对策[J]. 甘肃教育，2019（6）：22-23.

③ 周常春，和月月，操婷. 政府主导型扶贫模式对乡村旅游发展的影响研究——以云南 3 个民族村寨为例[J]. 南京财经大学学报，2019（4）：88-97.

④ 高力青. 云南民族地区扶贫怎么做[J].中国民族，2002（4）：62-65.

⑤ 刘璐，王世忠. 民族地区义务教育经费保障机制实施状况研究[J]. 贵州民族研究，2014（1）：161-164.

度和使用效果都比不上城区学校，而且学校间的差异也较大；在教师队伍方面，城区学校的师资结构更为合理，教师的学历水平、综合素质、工资待遇等普遍要优于农村学校教师。这些都说明在义务教育学校标准化建设过程中，农村和城区学校的差距还是比较大的。就教师编制而言，不少边远农村小学由于在校学生少、班额小，教师编制非常有限，除了语文、数学等学科外，艺术、体育、英语、心理等学科的教师配备严重不足。此外，即使同一城区的学校也存在差距，薄弱学校的基础设施较差、教学设备老化、教师结构不合理等更突出。总体上，这种城乡和校际义务教育发展不平衡的问题仍有待解决。

（二）办学条件和教学设备落后的状况还需要改变

民族地区义务教育学校的建筑大多为土木结构，加之处于自然灾害频发地区，每年都会有一定的新增危房，尤其是寄宿制学校，普遍存在建设起点低、数量少、条件差等问题，师生的基本生活设施条件，如食宿、饮水、洗浴、如厕等还存在许多不足。有些学校的教学仪器、图书资料等比较缺乏，与政府的配置标准相比还有较大的差距。例如，按照《广西壮族自治区义务教育学校办学基本标准（试行）》的要求，小学的生机比要达到 30∶1，初中要达到 15∶1，但笔者调查的某县的总体生机比实际上只有 23∶1；小学的生均藏书量只有 10.8 册，仅为规定标准的 36%，初中的生均藏书量只有 10.4 册，仅为规定标准的 26%。该县 105 所中小学的图书配备都没有达到自治区一类标准，且缺口较大。此外，按照要求，小学一般应配有科学仪器室、科学实验室、美术教室、音乐教室、图书室、阅览室、电教室、体育器材室、少先队活动室等功能室，然而，大多数小学的功能室配置不全。初中也大致如此，按照规定，初中的科学仪器室和实验室应分科设置，且物理、化学、生物均应配置实验准备室，但从实际情况来看，还有较多的初中达不到该要求。此外，仅有少数学校设有心理咨询室，但大都也不太规范。

（三）教师队伍结构优化和素质提升的任务还很艰巨

教师队伍数量不足、结构不合理、质量不够高的问题在民族地区比较突出。一方面，由于编制问题，很多小学和初中不能按标准的师生比配备教师，不能配齐校医和心理、艺术等学科教师，导致教师数量紧缺、结构不合理。多年前就有学者反映，民族地区教师队伍存在如下问题：①学科教师配备不足，音乐、体育、美术教师专职的少，兼职的多，英语和信息技术教育师资紧缺；②初中教师缺编较严重，加之县级财政负担不起，长期得不到补充；③老龄化现象严重，有的县（市、区）多年未引进新教师，导致教师年龄整体偏大；④由于少数民族地区条件艰苦、待遇较低，高水平教师不愿去，本地优秀教师大量外流。[①]根据笔者的调查，这些问题在民族地区依旧存在，甚至在某些地区还比较严重。另一方面，教师队伍的整体素质也有待提高，城区薄弱学校以及农村学校教师的整体学历偏低，大部分学校依旧缺乏骨干教师、优秀校长等。虽然民族地区教师的学历达标率越来越高，但是相当一部分教师是通过学历补偿教育达标的，而这部分教师所取得的达标学历与自己所教授的学科并非一致，更有甚者是通过各种名目繁多的“教育形式”取得学历的。表面上看，教师的学历是提高了，但其教学水平和能力并未得到相应提升，仍有一部分教师缺乏教育科学知识，课堂教学实践经验不足，教学设计能力有限，教学策略呆板，教育研究意识和反思能力不够，远不能适应当前国家教育改革与发展的需要。因此，要优化教师队伍，提高教师队伍的整体素质，还有很多工作需要做。

三、民族地区义务教育发展的主要趋势

党的十九大明确提出，中国特色社会主义进入了新时代。新时代我国社会主要矛盾发生了变化，相应地，义务教育领域面临的主要矛盾也在变化，实现人民群众对美好教育的向往，是义务教育发展的目标和方向。展望未来，民族地区义务教育同全国一样，必将在以下几个方面精准发力，行稳致远。

（一）更加重视教育公平，提升教育质量

促进教育公平、提高教育质量是近年来各国政府深化教育改革的主要内容。根据经济合作与发展组织（Organization for Economic Co-operation and Development，OECD）的《教育政策展望 2015》（Education Policy Outlook 2015）报告，截至 2015 年，OECD 各成员的教育改革方案中，约有 16%的措施聚焦教育公平和质量。2015

① 施涌，罗华玲. 云南省少数民族地区义务教育发展的问题研究[J]. 思茅师范高等专科学校学报，2010（1）：92-96.

年 11 月，联合国教育、科学及文化组织（即联合国教科文组织）第 38 次大会上通过的《教育 2030 行动框架》明确提出，到 2030 年确保所有青少年完成免费、公平及优质的小学和中学教育，并获得有效的学习成果。我国在义务教育实现全面普及后，未来的目标应当是更加重视教育的公平，从教育起点公平走向过程公平乃至结果公平。具体地说，不仅要使每个孩子拥有平等的入学机会，而且要为每个孩子提供大致相当的教育资源；不仅要确保每个地区的每一个孩子都“有学上”，而且要为不同地区的学校及学生提供均等的社会服务。要达到这些目标，最重要也是最根本的就是提高义务教育质量，真正实现从数量普及向质量提升的转变。

目前，我国民族地区的义务教育质量总体还落后于全国水平，与我国实现基本公共教育服务均等化的目标，以及不断推进义务教育优质均衡发展的战略部署，仍然存在一定的差距。这就需要民族地区教育部门和义务教育学校进一步加大教育投入力度，更新教育理念，提升教育管理水平和办学水平，特别是要不断提高教师队伍的综合素质、专业化水平和教育教学能力，通过现代信息技术变革教学模式和学生的学习方式，提高学生学习的效率、效果和效能，促进学生的全面发展、可持续发展和终生发展。当前，国家十分重视对民族地区、边疆地区教育事业的投入，为保障教育机会公平和加快缩小教育差距，各级政府采取了各种有效举措推进民族地区义务教育发展，如教育资源的配置向农村地区、边远贫困地区和民族地区倾斜，引导和鼓励社会力量参与民族地区教育的发展，对民族地区实行“两免一补”政策、对口支援项目、经费标准动态调整机制，向少数民族和民族地区家庭经济困难学生倾斜资助政策等。

（二）更加重视城乡统筹，实现优质均衡

党的十九大报告明确指出，“推动城乡义务教育一体化发展，高度重视农村义务教育”是决胜全面建成小康社会，夺取新时代中国特色社会主义伟大胜利的战略性任务之一。为统筹推进县域内城乡义务教育一体化改革发展，2015 年，《国务院关于进一步完善城乡义务教育经费保障机制的通知》发布，要求建立城乡统一、重在农村的义务教育经费保障机制，内容包括：整合农村义务教育经费保障机制和城市义务教育奖补政策，建立统一的中央和地方分项目、按比例分担的城乡义务教育经费保障机制。2016 年 7 月，《国务院关于统筹推进县域内城乡义务教育一体化

改革发展的若干意见》提出，要加快推进县域内城乡义务教育“四个统一”和“两免一补”政策城乡全覆盖，到 2020 年，城乡二元结构壁垒基本消除，义务教育与城镇化发展基本协调；城乡学校布局更加合理，大班额基本消除，乡村完全小学、初中或九年一贯制学校、寄宿制学校标准化建设取得显著进展，乡村小规模学校（含教学点）达到相应要求；城乡师资配置基本均衡，乡村教师待遇稳步提高，岗位吸引力大幅增强，乡村教育质量明显提升，教育脱贫任务全面完成。

广西在贯彻落实《国务院关于统筹推进县域内城乡义务教育一体化改革发展的若干意见》精神的同时，结合本地区实际，采取了相应的对策和措施来加快城乡义务教育一体化发展。《广西壮族自治区人民政府关于统筹推进县域内城乡义务教育一体化改革发展的实施意见》明确提出，到 2020 年，基本消除城乡二元结构壁垒，基本协调义务教育与新型城镇化发展，基本均衡城乡师资配置，明显提升乡村教育质量，全面完成教育脱贫任务，实现九年义务教育巩固率达到 95%，县域义务教育均衡发展和城乡基本公共教育服务均等化基本实现的总体要求。2018 年，广西壮族自治区人民政府决定实施《广西教育提升三年行动计划（2018—2020 年）》，其中包括“实施义务教育优质均衡工程”，统筹推进县域内义务教育城乡一体化改革发展，消除城乡二元壁垒和“大班额”“大通铺”等一系列意见和要求。值得注意的是，民族地区义务教育的城乡统筹和优质均衡发展，需要顺应时代趋势、回应相关农村教育利益主体的合理需求，设计更有针对性、更加科学合理的农村义务教育支持政策，尤其是要做好两个方面的平衡与协调工作：一是要在如何办好乡村小规模学校与支持农村学校适度集中方面寻求动态平衡；二是要在如何支持优秀教师到农村任教与满足农村教师对城市专业生活和家庭生活的需求之间寻求动态平衡。①就这两个方面工作，我国政府已有针对性的解决思路，如《国务院办公厅关于全面加强乡村小规模学校和乡镇寄宿制学校建设的指导意见》提出，按照“统筹规划，合理布局”，“重点保障，兜住底线”，“内涵发展，提高质量”的原则，到 2020 年，基本补齐两类学校短板，使两类学校布局更加合理，办学条件达到所在省区市确定的基本办学标准，师资配置满足两类学校教育教学和提高教育质量的实际需要，基本实现县域内城

① 邵泽斌. 改革开放 40 年国家支持农村义务教育的政策经验与反思[J]. 教育发展研究，2018（20）：1-7.

乡义务教育一体化发展，为乡村学生提供公平而有质量的教育。2018年，《中共中央 国务院关于全面深化新时代教师队伍建设改革的意见》提出，鼓励地方政府和相关院校因地制宜采取定向招生、定向培养、定期服务等方式，为乡村学校及教学点培养“一专多能”教师，优先满足老少边穷地区教师补充需要；大力提升乡村教师待遇，鼓励有条件的地方提高补助标准，努力惠及更多乡村教师；加强乡村教师周转宿舍建设，按规定将符合条件的教师纳入当地住房保障范围，让乡村教师住有所居；为乡村教师配备相应设施，丰富精神文化生活等。可以预见，伴随着乡村振兴战略的实施和城乡基本公共服务均等化的推进，民族地区城乡义务教育的优质均衡发展的步伐必将进一步加快。

（三）更加重视多样化发展，突出办学特色

随着我国义务教育均衡发展的基本实现和学校发展条件的不断改善，政府一方面倡导学校加强标准化建设，在教学设备、师资队伍、课程体系、管理方式、评价制度等方面，不断实现科学化、现代化、优质化；另一方面鼓励学校实现多样化发展，根据自身条件和优势，打造教育特色和品牌，为不同智力结构和发展需要的学生提供具有差异性的学习机会。在这方面，《国家中长期教育改革和发展规划纲要（2010—2020年）》已明确提出，要树立以提高质量为核心的教育发展观，注重教育内涵发展，鼓励学校办出特色，办出水平，出名师，育英才。近年来，各地诸多义务教育学校，在个性化发展和特色打造上有很多成功的经验。例如，成都市草堂小学建设的“诗歌校园”，倡导生活是诗，教师是诗，学生是诗，教育也是诗，匠心独运中国传统文化，打造了别具一格的学校“诗歌教育”特色[①]；重庆市谢家湾小学开展的课程与教学改革，将原有的10多门课程整合为阅读与生活、数学与实践、科学与技术、艺术与审美、运动与健康5门课程，实施“三段五环三生三动”教学模式[②]。类似这种多样化、特色化的改革与发展所取得的成效与影响得到了教育界的广泛认可，也预示着义务教育发展的未来走向。

---

① 成都市草堂小学[EB/OL]. http://baike.baidu.com/item/成都市草堂小学/6127408?fromtitle.

② 走基层·第一手调查——谢家湾小学课改：一次艰难的探索[EB/OL]. http://news.12371.cn/2014/04/07/VIDE1396869304680951.shtml，2014-04-17.

民族地区义务教育发展既应适应全国统一性要求，也应具有民族多样性特征，因此，在教育界普遍提倡多样化发展的趋势下，更要注重特色发展。一方面，西部民族地区需要通过挖掘教师潜能、丰富办学条件资源、转变学校组织资源方式等，实现义务教育的均衡、优质、可持续发展，达到真正意义上的均衡发展，既实现资源的均衡配置，也实现资源的充分利用。[①]另一方面，要根据民族地区客观存在的民族性、区域性、地方性、差异性等特征，在课程设置、教学安排、学生评价、学校管理等诸多方面体现出特色和创新。广西多年来一直鼓励和引导广大义务教育学校在多样化和特色化方面进行探索与创新，鼓励中小学根据所在区域和当地文化特点，结合现代教育发展形势，坚持走以促进学生教育公平、提高教学质量为重点的内涵式特色发展道路；在推进学校特色课程建设、丰富学校课程内涵、加强校本课程开发、构建多样性课程体系方面，以及优化学校的环境、挖掘学校的文化底蕴、凸显学校的办学特色、创建学校的教育品牌方面，做了许多颇有成效的工作，涌现出了不少典型案例。例如，广西桂平市下湾一中坚持以人为本、以美育人、以美优教，引领学生去发现美、感受美、选择美、践行美、欣赏美、创造美，为学生美好人生奠基。学校实施“美丽校园”“美丽班级”“美丽教师”“美丽学生”“美丽办学”等“五美”工程，打造“尚美”教育特色。桂林市七星区在集团化办学中强调“整合”“融合”，在缩小学区内校区间办学水平差距的同时，各学校结合自身原有的办学特色不断创新提升，进而形成育才教育集团的“吸引教育”、龙隐教育集团的“绿色教育”、华侨教育集团的“侨乡文化”、英才教育集团的“书香校园——阅、悦、跃”、樟木小学的“香樟文化”、合心中心校的“和文化”等各具特色的校园文化。需要强调的是，在学校特色发展上，民族地区义务教育学校既要着眼于内部的不断更新和潜力挖掘，也要注重与其他地区学校的互动、合作和交流。校际互动可以帮助西部地区的弱势学校在充分挖掘自身潜力的同时实现资源共享和优势互补，从而实现学校的内涵发展。从校际互动的组织形式来看，可以是校际共同教研、学校联盟、城乡教育共同体等。[②]

① 曹能秀，苟琳. 西部地区义务教育均衡发展：历程、特色与趋势[J]. 学术探索，2015（1）：147-151.
② 曹能秀，苟琳. 西部地区义务教育均衡发展：历程、特色与趋势[J]. 学术探索，2015（1）：147-151.

第二节 民族地区义务教育财政投入体制的历史与现状

一、新中国成立初期和“文化大革命”时期的义务教育财政投入体制

（一）新中国成立初期的义务教育财政投入体制

新中国成立初期的义务教育管理体制与当时统收统支的财政体制相适应。中央直接管理的学校经费列入中央预算，由财政部掌管；各大行政区、省（自治区、直辖市）预算包含其管理的县立中学以上的教育事业费；乡村小学、教育馆的经费可由县人民政府随国家公粮征收地方附加公粮解决；各城市可通过征收教育事业费附加的方式筹措小学教育经费。①在这一体制中，教育经费都是由各级政府统一筹划和支出的，后期经过改造的私立学校的经费也被纳入这个体系中了。新中国成立初期，国家财政比较困难，实行统一的财政政策和教育政策是为了保证财政的正常运转。在此阶段，学生上学要缴纳一定的学费，但是学费在教育经费中的占比是相当小的，教育经费主要采取的是政府统包的办法。“一五”（1953—1957 年）计划期间，基础教育经费被纳入国民经济计划，按中央、省（自治区、直辖市）、县三级财政管理，实行“统一领导，分级管理”的财政管理体制。

1953 年以后，我国进入有计划的经济建设时期，开始实行“统一领导，分级管理”的新财政管理体制。与此相适应，从 1957 年开始，国家对教育战线提出了“大力提倡群众办学，动员社会各单位集资办学”的方针，地方可以自行决定学校的设置、发展、定额标准和执行办法，义务教育经费完全被纳入地方预算。然而，

① 张学敏. 我国义务教育经费投入体制的变迁[J]. 教育科学，2003（4）：4-8.

教育的管理权限下放到地方之后，出现了挤占、挪用教育经费的问题。为了解决这些问题，1959 年，国务院要求各级财政部门和教育部门本着“条块结合，以块为主”的原则，对教育的管理权实行中央集权和地方分权相结合的体制，加强了地方对教育事业的领导和管理。之所以对教育事业的管理做出如此安排，是考虑到当时我国人口众多和经济发展落后的现实国情。

综观新中国成立初期我国义务教育财政投入的特点，主要表现在三方面：①统一列支，高度集中，即 1949—1952 年，实行统一列支、高度集中的财政管理体制；②统一领导，分级管理，即“一五”时期，实行“统一领导，分级管理”的财政管理体制，各级教育行政机构根据中央规定的财政系统，严格执行三级财政制度；③条块结合，以块为主，即从 1958 年开始，各级政府的财政部门和教育行政部门根据“条条”“块块”相结合、以“块块”为主的原则，共同管理教育经费。

（二）“文化大革命”时期的义务教育财政投入体制

“文化大革命”时期，我国经济社会发展受到较大影响，没有建立起合理的财政管理体制，因此，此时期的教育财政管理体制也处于混乱状态。为了改变这种混乱状态，从 1972 年起，中央政府在安排和下达财政预算时，将教育事业费支出单列一款，须专款专用，并要求各级政府的财政、教育部门密切协作，共同负责，在一定程度上加大了对教育经费的管理力度。1974 年，国家又提出，义务教育阶段的勤工俭学所得收入可以不用上缴财政部门，并给予税收上的适当照顾；对民办公助学校和民办教师，国家财政要多给予补助；对边远地区和少数民族地区也应给予一定的困难补助。这种教育财政管理体制强调了地方政府在教育管理中的作用，但是财政投资还是以中央政府为主。

二、改革开放以来民族地区的义务教育财政体制

（一）改革开放初期：地方负责，分级管理

党的十一届三中全会胜利召开，中国进入改革开放的新时代，教育事业也发生了历史性变革，迎来了新的春天。1985 年，《中共中央关于教育体制改革的决

定》发布，进一步明确指出实行九年制义务教育，实行基础教育由地方负责、分级管理的原则，为了保证地方教育事业的发展，除了国家拨款以外，地方机动财力中应有适当比例用于教育，乡财政收入应主要用于教育，允许地方征收教育费附加且在自愿的基础上，鼓励单位、集体和个人资助学。该决定还提出，国家要帮助少数民族地区加速发展教育事业，对于约占全国人口 1/4 的经济落后地区，要随着经济的发展，采取各种形式积极开展不同程度的普及基础教育的工作。对这类地区教育的发展，国家应尽力给予支援。然而事实上，民族地区的义务教育主要是由乡级政府负责的。1986 年颁布的《中华人民共和国义务教育法》以及 1992 年颁布的《中华人民共和国义务教育法实施细则》，除了将上述规定法律化以外，还对义务教育组织实施、筹资办法以及资金运用等方面做了更为细致和具体的规定。这时期的义务教育财政改革还有一项内容，那就是多渠道筹措教育经费，即将政府投入作为义务教育的主要经费来源，其他非政府投入作为辅助和补充，包括征收教育费附加、鼓励学校创收、动员社会资金发展民办教育等。1993 年 2 月中共中央、国务院颁布的《中国教育改革和发展纲要》和 1995 年审议通过的《中华人民共和国教育法》，都明确提出要逐步建立以国家财政拨款为主，以征收用于教育的税费、校办产业、社会捐集资等多种渠道为辅的经费筹措新体制。

（二）分税制改革时期：分级管理，以县为主

我国于 1994 年开始分税制改革，旨在进一步理顺中央与地方的财政分配关系，增强中央的宏观调控能力。分税制的主要内容为“三分一返”，即在划分事权的基础上，划分中央与地方的财政支出范围，按税种划分收入，明确中央与地方的收入范围，分设中央和地方两套税务机构，建立中央对地方的税收返还制度。分税制扩大了中央财政收入，但没有对支出结构进行调整，结果导致地方政府尤其是贫困地区县乡级政府的财政能力在一定程度上无法承担实施义务教育的责任。[①]尽管在 20 世纪 90 年代后期，中央加大了对地方的财政转移支付力度，增加了如“国家贫困地区义务教育工程”之类的重大教育项目，但农村地区、民族地区义务教育财政困难的境况未能得到改变。

为了克服农村地区、民族地区义务教育发展面临的经费困难，2001 年 6 月，

① 杜育红等. 中国义务教育财政研究[M]. 北京：北京师范大学出版社，2009：4.

《国务院关于基础教育改革与发展的决定》明确规定，义务教育“实行在国务院领导下，由地方政府负责、分级管理、以县为主的体制”。“以县为主”的新体制有两个显著的特点：一是中央和省级政府加大了对县级政府的转移支付力度；二是县级政府成为农村义务教育的主要管理者和提供者（以县为主），教师工资直接由县级财政部门发给教师个人，乡镇级政府在教育上的主要作用是作为县级政府的辅助者。[①]值得说明的是，虽然义务教育投入“以县为主”比“以乡为主”更有利于教育经费的保障和落实，但不少民族地区财力比较紧张，不能依靠自身力量提供充足的义务教育经费，义务教育财政仍然呈现出“吃饭财政”的特点，而没有走出教育经费紧缺的困境。

（三）21 世纪以后：义务教育保障新机制

为了提高义务教育质量和水平，推动义务教育在全国范围内特别是在经济欠发达地区实现均衡发展，2005 年 12 月，《国务院关于深化农村义务教育经费保障机制改革的通知》要求，将农村义务教育全面纳入财政保障范围，全面免除农村义务教育阶段学生的学杂费和书本费。2006 年和 2018 年修订的《中华人民共和国义务教育法》都明确规定：“实施义务教育，不收学费、杂费。国家建立义务教育经费保障机制，保证义务教育制度实施。”2007 年起，国家又对中、东部地区义务教育阶段的农村学生全部免除杂费，实现了全国农村义务教育免收学费。2008 年 8 月，《国务院关于做好免除城市义务教育阶段学生学杂费工作的通知》指出，从 2008 年秋季学期开始，全部免除城市义务教育阶段公办学校学生学杂费。在民办学校就读的学生，按照当地公办学校免除学杂费标准，享受补助。2008 年，我国城乡义务教育全面进入免费时代。新机制完善了“以县为主”的义务教育体制，不仅在很大程度上解决了义务教育经费不足的问题，而且使得各级政府在义务教育供给方面的责任更加明确，为义务教育事业改革迈向深水区奠定了坚实的基础。

义务教育保障新机制使义务教育回归其本义，真正体现了义务教育的强制性、公益性、免费性、普及性的特点。同时，该机制明确了各级政府的责任，规范了经费保障制度，特别是以县为主、多级政府共同负担的义务教育财政责任体制得

① 刘惠林. 中国农村教育财政体制[M]. 北京：社会科学文献出版社，2012：108.

到不断强化，中央和省级政府的转移支付由主要采取各种工程性的专项转移支付向主要采取定向于正常经费性质的转移支付过渡，政府负担的增加和个人负担的降低及学杂费的免除，使得我国义务教育真正实现了由“人民教育人民办”向“人民教育政府办”的转变。①当然，新机制实施之后，如何确保在国家和地方经济持续和稳定增长的基础上，不断激励各级政府的制度创新并使义务教育经费的收入水平不断上升、分配使用更加公平合理，是需要长期改进和完善的事情。例如，如何加强和完善经费由省级统筹、管理以县为主，以及“校财局管”的义务教育经费投入与使用制度，提高教育经费的配置效率和使用效益，就是一个值得研究和改进的问题。

自新机制实施以来，中央财政不断加大对包括民族地区在内的中西部地区义务教育投入的转移支付力度，民族地区政府也积极筹措义务教育经费，保障义务教育投入，从总体上说，民族地区义务教育的教师工资、公用经费及相关建设资金都能足额按时到位，民族地区的义务教育面貌发生了巨大的改变。但由于自然、历史、社会等多方面的影响，多数民族地区仍然普遍存在着地方各级公用经费负担较大、省内各县（市、区）资金投入差距较大、“校财局管”资金管理制度运行不畅、国家专项资金和省级配套资金不能及时到位、教师工资和校舍维修资金被截留挪用、资金使用效益低下等问题。②为解决这些问题，国家采取了一系列对策措施。例如，2015 年的《国务院关于进一步完善城乡义务教育经费保障机制的通知》、2016 年的《国务院办公厅关于加快中西部教育发展的指导意见》都强调重视发展民族地区的义务教育，继续增加对民族地区的义务教育投入，努力实现民族地区义务教育的跨越式发展。2016 年，《广西壮族自治区人民政府关于加快发展民族教育的实施意见》也明确提出，大力推进义务教育均衡发展，加强少数民族聚居县（市、区）学校基础设施、教育资源和师资队伍建设，优先安排学校建设项目和资金，特别是在信息化建设、寄宿制学校建设、教师队伍建设等方面予以重点扶持。我们相信，随着国家和各级政府对民族地区义务教育工作的日益重视以及投入保障机制的不断健全和完善，民族地区义务教育的发展必将迈上新台阶，达到更高水平。

---

① 杜育红等. 中国义务教育财政研究[M]. 北京：北京师范大学出版社，2009：12-13.

② 王世忠. 民族地区义务教育财政法制保障问题的思考[J]. 财政监督，2011（36）：50-52.

第三节 民族地区义务教育公用经费配置的进展与成效

一、民族地区义务教育公用经费配置的重要进展

（一）投入体制日趋改进，经费不断增长

2006 年和 2018 年修订的《中华人民共和国义务教育法》都规定“国务院和县级以上地方人民政府应当合理配置教育资源，促进义务教育均衡发展”。这便从法律层面明确了政府对义务教育经费投入的责任，地方政府不仅要做到预算单列，而且要确保“三个增长”[①]。2010 年，《国家中长期教育改革和发展规划纲要（2010—2020 年）》提出，进一步增加对农村、边远贫困地区、民族地区的教育投入。中央财政通过加大转移支付力度，支持农村欠发达地区和民族地区教育事业发展，加强关键领域和薄弱环节，解决突出问题。2012 年，我国国家财政性教育经费支出占国内生产总值（gross domestic product，GDP）的比例首次超过 4%，教育部在此基础上启动了“做好教育经费筹措、使用和管理工作”，采取多项措施，进一步巩固 4%的建设成果。[②]2013 年以来，我国义务教育经费投入水平不断提高。如表 2-1 所示，2013—2017 年，国家财政性教育经费投入逐年增长，其占 GDP 的比重总体也是呈增长趋势的。随着总体教育经费投入的不断增长，义务教育经费自然也会增长。根据 2017 年全国教育经费执行情况统计公告，当年全国义务教育经费总投入为 19 358 亿元，比上年增长了 9.06%。

---

① 国务院和地方各级人民政府用于实施义务教育财政拨款的增长比例应当高于财政经常性收入的增长比例，保证按照在校学生人数平均的义务教育费用逐步增长，保证教职工工资和学生人均公用经费逐步增长。

② 教育部. 教育部 2013 年工作要点[EB/OL]. http://old.moe.gov.cn//publicfiles/business/htmlfiles/moe/s5987/201301/147136.html，2013-01-23.

表 2-1 国家财政性教育经费与全国教育经费总额的对比及其占 GDP 的比例

年份	全国教育经费总额（亿元）	国家财政性教育经费（亿元）	全国 GDP（亿元）	国家财政性教育经费支出占 GDP 的比例（%）
2013	30 364.72	24 488.00	568 845.2	4.16
2014	32 806.46	26 420.58	636 139.0	4.15
2015	36 129.19	29 221.45	685 505.8	4.26
2016	38 888.39	31 396.25	744 127.2	4.22
2017	42 562.01	34 207.75	827 122.0	4.14

资料来源：教育部、国家统计局、财政部关于 2013—2017 年全国教育经费执行情况统计公告，具体参照 http://www.moe.gov.cn/srcsite/A05/s3040，余同

近年来，广西不断加大财政教育经费投入力度，千方百计拓宽经费来源渠道，多方筹措义务教育经费。根据 2013—2017 年广西教育公用经费统计，广西普通中小学生均预算内公用经费支出在不断增加，虽然与全国平均水平相比仍偏低，但进步还是十分明显的。其中，2017 年，广西普通小学的生均预算内公用经费支出为 2414.22 元，比 2013 年的 1439.85 元增长了 974.37 元；2017 年，广西普通初中的生均预算内公用经费支出为 3128.55 元，比 2013 年的 2238.77 元增长了 889.78 元。与当年全国公共财政预算公用经费支出的绝对值相比，广西虽然赶不上全国的水平，但是其增长速度超过全国水平（图 2-1）。

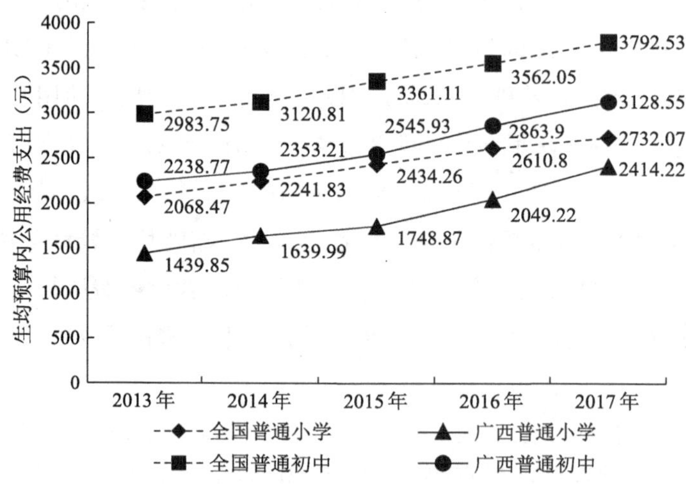

图 2-1 2013—2017 年全国、广西普通中小学生均预算内公用经费支出增长情况

资料来源：教育部、国家统计局、财政部关于 2013—2017 年全国教育经费执行情况统计公告

（二）经费管理逐步规范，制度不断完善

近年来，我国各级政府和教育管理部门对公用经费的管理都非常重视，专门制定了相应的规章制度予以明确规定，如财政部、教育部印发的《中小学校财务制度》，财政部办公厅、教育部办公厅印发的《关于进一步加强义务教育学校公用经费管理的通知》等文件，对公用经费的预算和支出都做了比较详细的规范。例如，在经费支出管理上，要求公用经费的支出必须先制定预算，然后按预算进行支出。在制定预算时，要按照轻重缓急、统筹发展的原则进行，既要考虑到学校的基本发展，又要兼顾学校改善办学条件及学生全面发展的需求。各学校在根据自身情况制定出年度预算后要报该地区的教育部门及财政部门进行审核，如果不符合相关支出规定会被退回调整。各学校要根据相关规定制定出本学校公用经费支出的计划和具体支出范围、标准，经相关部门同意后再严格执行。对于学校购置教育设备和办公用品、修葺校舍等属于政府采购范围的，要统一向教育部门和财政部门申请进行政府采购。学校在每一年度结束后，应当将该年度公用经费的具体支出情况在学校进行公开公示，接受教职工的监督。一方面，教育部门和财政部门要加强对学校公用经费支出的管理，建立切实有效的资金使用绩效考评机制和追踪问责机制。另一方面，教育部门和财政部门要定期对公用经费的使用进行检查，对不符合公用经费使用管理规定的，要及时予以纠正；对违反相关法律的，要坚决予以查处和问责。

以某市区为例，为做好“校财局管”的财务管理工作，规范学校公用经费支出，该区教育部门按照上级要求和相关文件精神，在报账规定中，除了要求学校按照《中华人民共和国会计法》和会计基础规范做好会计核算及填制原始凭证，以及按照《现金管理暂行条例》《中华人民共和国票据法》做好现金管理及票据管理等之外，还细化了对学校涉及财务开支行为的具体规范要求。具体做法有：①规范公用经费的预算、支出流程。该区教育部门要求义务教育学校公用经费预算要遵循量入为出、收支平衡、统筹兼顾、保证重点的原则。预算编制以学校为基本单位，按照既促进学校的基本发展，又兼顾学校的长远需求，参考往年公用经费支出的具体情况，测算出公用经费各支出项目的预计数额，然后把该预计数额报教育部门审核汇总后再报财政部门，经法定程序审核后，由财政部门下达后执行。在公用经费下拨到学校后，由各学校校长或学校领导开办公会议

决定具体的支出。当支出发生后，由报账员（出纳）收集整理单据后交校长签字，然后将单据报教育财务结算中心记账。会计员对单据进行形式审查后，向结算中心主任报送。若发现问题，会计员将向学校报账员反馈并要求其整改，对于有较严重问题的，将记录备案。②细化区结算中心各岗位人员的具体职责。为有效发挥区结算中心对公用经费的宏观管理和监督作用，区教育部门对结算中心各岗位人员的职责做了进一步细化。其中，中心主任负责审核、监督各单位的财务收支情况，制定财务结算中心工作计划和相关管理制度，以及与财政、税务、工商和物价部门的联系和协调工作；会计员主要负责处理会计日常事务，严格审核原始凭证，定期对学校进行财务状况分析，及时向领导层提供真实、合法、准确、完整的会计信息，并对学校财务管理提出可行性建议和必要的指导；报账员主要是严格执行财政收支两条线的管理制度，按要求及时向区结算中心报送财务收支原始凭证，编制现金及银行收付报告单并与会计员做好资金核对核算工作，办理学校日常报销事务和资金结算，以及监督学校资金的收支情况并及时向结算中心反映学校的资金状况等。

二、民族地区义务教育公用经费配置的主要成效

（一）义务教育学校办学条件不断改善

民族地区义务教育经费投入的不断增加，极大地改善了当地义务教育学校的办学条件。例如，据不完全统计，甘肃省的“全面改薄”自2014年启动以来，截至2017年，共投入195亿元，惠及257万学生；同期，云南省总投入303.32亿元，已开工面积达1369万平方米，竣工面积达1254.57万平方米，开工面积和竣工面积均居西部地区首位。[①]在财政支出压力增大的背景下，广西全区各级政府优先保障义务教育经费，努力落实“三个增长”，依法足额征收教育费附加和地方教育附加，进一步拓宽了义务教育投入渠道，初步建立了城乡统一的义务教育经费保障机制。“十二五”期间，广西的教育经费投入为3883.3亿元，年均增长14.8%，高于同期本地区生产总值增幅的1.5个百分点，比“十一五”期间增加2164亿元，

① 陈怡希. 云南省全力改善贫困地区义务教育学校办学条件[EB/OL]. http://www.gov.cn/xinwen/2018-01/03/content_5252853.htm，2018-01-03.

同比增长 125.8%。①“2017 年，全区小学生均公共财政预算教育事业费为 7897 元，比上年增长了 2.7%；初中生均公共财政预算教育事业费为 10 028 元，比上年增长了 5.48%。全区小学、初中生均公共财政预算公用经费分别为 2414 元、3128 元，较上年分别增长 17.8%、9.24%。”②随着教育经费保障水平的不断提高，义务教育学校标准化建设稳步推进，薄弱地区、薄弱学校办学条件得到大幅改善。以桂林市为例，通过实施教育信息化水平提升工程，积极推进教育信息化建设和标准化实验室、示范性图书馆（室）建设工作，所有县（市、区）学校已实现“宽带网络校校通”“优质资源班班通”，绝大部分农村初中和部分农村小学实现“宽带网络校校通”“优质资源班班通”。近年来，桂林市多渠道筹集经费为农村义务教育学校整修运动场所、更新课桌椅、装备无尘黑板、购置现代化图书管理设备和图书及计算机和多媒体教学设备、装备实验仪器等，使城乡学校面貌焕然一新。

（二）城乡义务教育学校的差距逐步缩小

民族地区通过统筹城乡发展，优化教育一体化布局，积极推进新型农村城镇化建设，以及将义务教育教学点的规划和学校布局纳入新型城镇化建设中，促进了城乡义务教育的协调发展。部分地区在义务教育发展过程中，不仅抓城市学校配套建设，而且将农村学校的合理布局及现代化建设放在重要位置上，实现了城乡教育统筹发展。特别是通过“全面改薄”、校园文化建设和农村中小学改善工程等，农村学校的办学环境和教育条件逐步得到有效提升，由原有的“乡土化”办学向“现代化”“信息化”办学转变；通过城乡信息资源共享，农村学校搭建起多媒体、远程教学平台。例如，广西桂林市灵川县将教育经费全额列入每年财政预算，并坚持做到“四个”确保：确保教育经费投入做到“三个增长”、确保征收的教育费附加和地方教育附加按规定全部用于教育、确保农村税费改革转移支付资金用于教育的比例不低于 65%、确保从土地出让收益中按 10%比例足额计提教育资金并全部用于教育。该县的义务教育预算内经费拨款、生均预算内教育

① 广西壮族自治区人民政府.广西壮族自治区人民政府关于印发广西教育事业发展“十三五”规划的通知[EB/OL]. http://www.gxzf.gov.cn/zwgk/zfwj/zzqrmzfwj/201703/P020170316410032355417.pdf，2017-03-16.

② 广西壮族自治区教育厅. 广西新增 43 个县（市、区）通过国家义务教育基本均衡发展督导评估认定[EB/OL]. http://jyt.gxzf.gov.cn/jyxw/jyyw/jyt/t3261399.shtml，2019-04-10.

事业费、生均预算内公用经费、教职工年人均工资等各项支出连续多年增长，并先后投入 3 亿多元为全县义务教育学校，特别是农村薄弱学校整修运动场所、更新教学设备、提升信息化水平、提高教师队伍素质。[①]为了能让适龄儿童就近“上好学”，该县按照实际需求调整学校布局，不进行大拆大建式的撤点并校，而是在保持中小学原有生态的基础上，在县城及镇区实施扩校增容工程，来提高城区学校的容纳力。与此同时，该县实施“中心提升”与“一体发展”机制，一方面，着力扩建中心学校、增加城区学位；另一方面，实行城乡学校捆绑式发展模式，通过中心学校在教学、管理和制度上与村小实行“一体化”发展的一系列措施，努力“办好每一所学校、发展好每一位教师、教育好每一个学生”，从而缩小城乡学校间的差距，促进办学质量的整体提升。广西桂林市雁山区为加快教育均衡发展步伐，在大力争取上级及社会各界支持的同时，将义务教育学校经费全额纳入年度财政预算，实行单列，按在校生人数均衡安排义务教育经费，并向薄弱学校倾斜；同时打破原有学区界限，整合全区教育资源，理顺管理体制，提高资源使用效益；针对农村学校标准化水平不高的问题，该区加快新建教学楼、学生食堂宿舍综合楼和运动场地改造等项目进度，并添置了一批教学仪器装备，进一步改善了义务教育学校办学条件。2016—2018 年，广西河池市都安瑶族自治县财政拨给教育部门的义务教育经费分别为 6.02 亿元、6.64 亿元、6.83 亿元，年年有增长。同时，向农村学校和薄弱学校倾斜教育资金，教育费附加投入农村学校的比例占 80%以上。先后投入资金近 8 亿元多元用于缩小城乡学校的差距，实现了贫困学生“全上学、全资助、上好学、促成长”的目标。[②]

（三）县域义务教育均衡发展工作持续推进

20 世纪 90 年代以来，经过 20 多年的发展，我国已基本实现了义务教育普及，但由于政策、经济及教育本身等因素的影响，义务教育城乡、区域发展不平衡的矛盾也比较突出。为了缓解这一矛盾，2002 年，《教育部关于加强基础教育办学管理若干问题的通知》指出：“积极推进义务教育阶段学校均衡发展。坚持义务

① 灵川县教育局：广西壮族自治区灵川县义务教育学校布局专项规划（2020—2030 年）[EB/OL]. http://www.lcxzf.gov.cn/xxgk/zdlyxxgk/jyxx/jydd/201911/t20191118_1587328.html，2019-11-18.

② 高东风. 坚持教育初心 推进教育公平 都安义务教育均衡发展驶入“快车道”[EB/OL]. http://www.duan.gov.cn/ywdt/t503146.shtml，2019-06-20.

教育阶段公办学校就近免试入学，任何民办和各类进行办学体制改革的小学、初中也不得以考试的方式择优选拔新生。”“均衡发展”一词首次出现在政府规章文件中，标志着我国开始从国家层面对义务教育均衡化发展提出要求。2006 年修订后的《中华人民共和国义务教育法》首次以法律条文形式确定了“义务教育均衡发展”的目标，这为义务教育均衡发展提供了法律保障。2007 年，《国家教育事业发展“十一五”规划纲要》指出：“坚持教育的社会主义性质和公益性原则，把促进教育公平作为国家基本教育政策。”至此，义务教育发展的要求由“普及”转向了“均衡”。

2010 年，《国家中长期教育改革和发展规划纲要（2010—2020 年）》颁布，提出了“建立健全义务教育均衡发展保障机制”，“推进义务教育学校标准化建设，均衡配置教师、设备、图书、校舍等资源”，“率先在县（区）域内实现城乡均衡发展，逐步在更大范围内推进”等重大决策，并把推进均衡发展作为巩固及提升义务教育发展的战略性任务。2012 年，《国务院关于深入推进义务教育均衡发展的意见》指出，“推进义务教育均衡发展的基本目标是：每一所学校符合国家办学标准，办学经费得到保障”，并就均衡配置办学资源、教师资源、加强和改进学校管理、全面提高义务教育质量等给予了指导性意见。近几年，国务院和教育部连续出台了一系列教育政策和措施，如建立地方政府责任制、实施薄弱学校改造工程、实施免费师范生计划和“特岗计划”、统筹推进县域内城乡义务教育一体化改革发展等，极大地推动了义务教育均衡发展进程。

根据教育部2017年公布的数据，自2013年启动义务教育发展基本均衡县（市、区）督导评估认定工作以来，“截至 2017 年底，全国实现义务教育发展基本均衡的县累计达到 2379 个，占全国总数的 81%。其中东部地区 819 个，中部地区 782 个，西部地区 778 个”。在民族地区相对集中的西部地区，内蒙古与宁夏两个自治区通过认定县的比例超过了 80%。[①]据 2019 年 3 月 26 日教育部召开的新闻发布会提供的数据，“2018 年全国有 338 个县（市、区）通过了国家义务教育基本均衡发展督导评估认定，其中广西有 43 个县（市、区），也是 2018 年度通过国家评估认定的县（市、区）最多的省区。目前，广西已有 85%的县通过国家义务

① 教育部. 2017 年全国义务教育均衡发展督导评估工作报告[EB/OL]. http://www.moe.gov.cn/jyb_xwfb/xw_fbh/moe_2069/xwfbh_2018n/xwfb_20180227/sfcl/201802/t20180227_327990.html，2018-02-27.

教育均衡评估认定，实现基本均衡，比国家要求的中西部地区 75%的目标高出 10 个百分点，超额完成目标任务，成功甩掉全国排末位的'帽子'，实现上档进位的阶段性目标。未来两年，广西将继续加大保障力度，对尚未实现基本均衡目标的 17 个县（市、区）予以重点支持，确保到 2020 年 95%的县通过国家评估认定，与全国同步实现基本均衡目标"[①]。

综上所述，在我国着力推进教育现代化、加快民族教育发展的背景下，民族地区义务教育经费配置水平得到不断提升，并对义务教育发展发挥着至关重要的支撑与保障作用。义务教育经费配置水平在一定程度上决定着义务教育的发展质量，进而成为民生工程的重要组成部分，对提升人民群众的教育获得感具有积极的社会意义。

---

① 督导办. 广西新增 43 个县（市、区）通过国家义务教育基本均衡发展督导评估认定[EB/OL]. http://www.ict.edu.cn/news/gddt/jydt/n20190411_57830.shtml，2019-04-11.

第三章

民族地区义务教育资源配置的问题分析

民族地区义务教育发展同全国特别是发达地区义务教育发展的差距，在很大程度上可以归因于教育资源配置的差距。目前，民族地区义务教育在资源配置上存在较多问题，揭示和正视这些问题，有助于我们反思和检讨，从而谋求应对和突围。本章基于笔者对广西的实证调查资料，就民族地区义务教育公用经费的投入与使用、学校办学条件、县域义务教育均衡发展等方面存在的突出问题进行了分析研究。

第一节　民族地区义务教育公用经费投入与使用问题

义务教育公用经费的支出水平、配置状态和使用结构，是反映义务教育经费投入程度及其配置和使用效率的重要分析指标，也是反映义务教育发展水平和均衡化程度的重要指标。广西壮族自治区是我国五个少数民族自治区之一，也是全国少数民族人口最多的省区。伴随着全国义务教育事业的蓬勃发展，广西近年来不断推进义务教育均衡发展，教育质量和办学水平得到不断提高。但受老少边穷等多种历史和现实因素的影响，广西的义务教育总体上还比较落后，仍存在城镇学校学位不足、农村学校寄宿条件差、教学仪器设备短缺、教学点问题较多、学生课业负担过重等问题。[①]这些问题与公用经费的投入、分配、使用、管理等有着密切关系。

一、公用经费的投入相对不足，区域配置不平衡

（一）公用经费投入与全国平均水平相比仍然偏低

应该说，随着广西经济社会发展速度的加快以及各级政府对义务教育发展的日益重视，广西义务教育生均预算内公用经费支出在逐年增加。根据广西 2008—2012 年的教育经费统计，广西普通小学生均预算内公用经费支出从 383.9 元增加到 1339.14 元，增长了 248.83%，年均增长率为 36.66%；普通初中生均预算内公用经费支出从 589.20 元增加到 2222.64 元，增长了 277.23%，年均增长率为 39.36%。[②]然而，与全国平均水平相比，广西义务教育生均预算内公用经费支出水平仍然偏低。根据 2008—2012 年的全国教育经费执行情况统计公告，2008 年，广西普通小学生

① 广西教育振兴目标体系研究课题组. 广西教育事业改革发展的问题、路径和目标研究（2014—2017）[M]. 北京：教育科学出版社，2015：225-226.

② 广西壮族自治区教育厅教育数据分析中心. 2013 广西教育事业数据分析[M]. 桂林：广西师范大学出版社，2014：115，127.

均预算内公用经费支出排在全国31个省区市（不包括港澳台）的倒数第3位，即第29位，2012年虽然上升到第28位，但仍处在倒数第4位；2008年，普通初中生均预算内公用经费支出排在全国第30位，2012年有较大的提升，位居全国第22位，但仍处在比较靠后的水平。

表3-1为2015—2017年广西义务教育生均公用经费与全国平均水平的比较，其中，普通小学生均公用经费支出2015—2017年分别比全国平均水平少685.39元、561.58元、317.85元；普通初中生均公用经费支出2015—2017年分别比全国平均水平少815.18元、698.15元、663.98元。虽然差距在不断缩小，但差距的绝对值仍较大。

表3-1 2015—2017年广西义务教育生均公用经费与全国平均水平的比较 单位：元

项目	学段	2015年	2016年	2017年
全国平均	小学	2434.26	2610.80	2732.07
	初中	3361.11	3562.05	3792.53
广西	小学	1748.87	2049.22	2414.22
	初中	2545.93	2863.90	3128.55

资料来源：教育部、国家统计局、财政部关于2015—2017年全国教育经费执行情况统计公告

（二）公用经费在各地区之间的配置不平衡

公用经费在区域内的配置是否均衡，是衡量义务教育发展是否均衡的重要标志之一。从广西各市义务教育预算内公用经费的支出情况看，区域性差距较为明显。从2008年与2012年的比较看，广西各市义务教育预算内公用经费支出总体上都有大幅度增长，但增长速度有快有慢，增长额度有多有少。其中，广西各市普通小学生均预算内公用经费支出中，增长速度最快的是崇左市，增长了466.43%，增长额度最多的是百色市，增加了1546.84元，而增长速度最慢和增长额度最少的是贵港市，只增长了134.34%，增加了350.82元（图3-1）；广西各市普通初中预算内公用经费支出增长速度最快和增长额度最多的是防城港市，增长了742.04%，增加了3980.53元，而增长速度最慢和增长额度最少的是贵港市，只增长了99.18%，增加了444.20元（图3-2）。①

① 广西壮族自治区教育厅教育数据分析中心. 2013广西教育事业数据分析[M]. 桂林：广西师范大学出版社，2014：118，130.

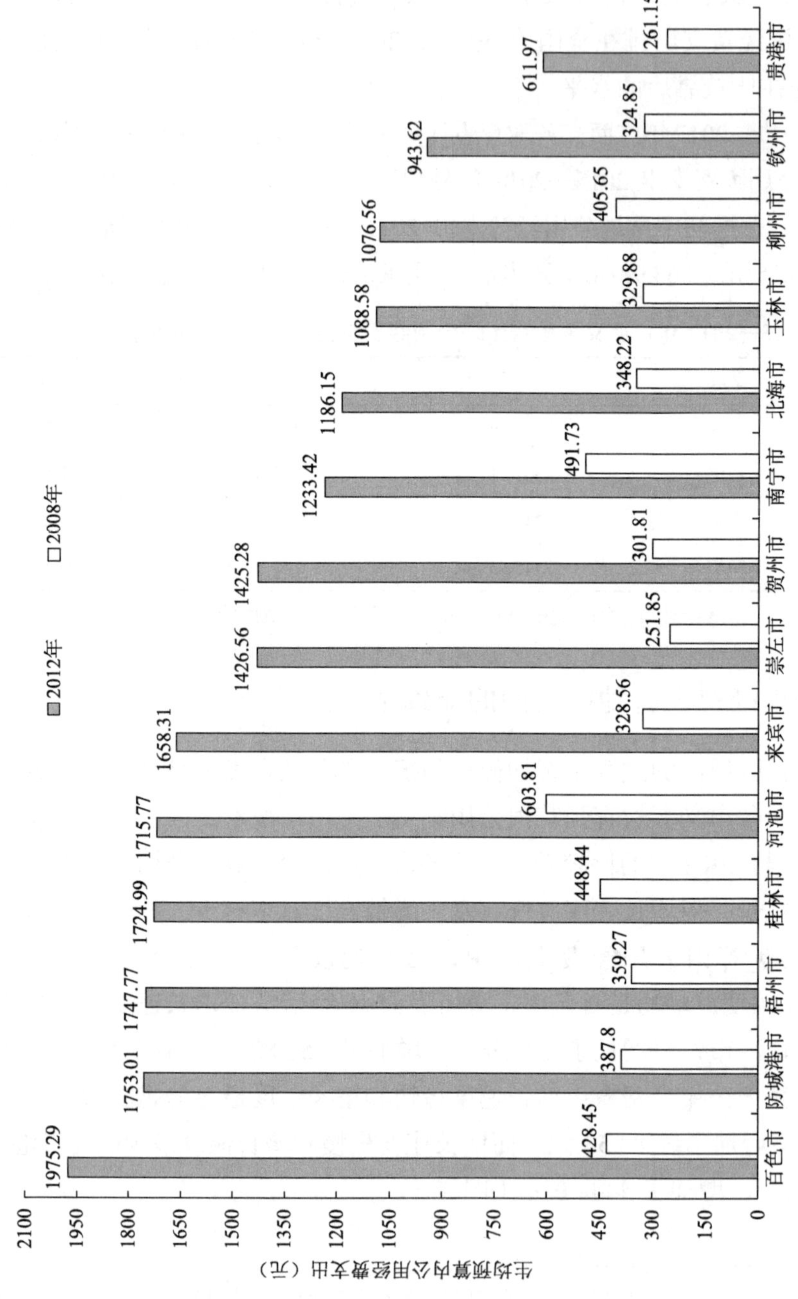

图 3-1 广西各市普通小学生均预算内公用经费支出情况图

资料来源：2008 年、2012 年广西教育经费统计报表

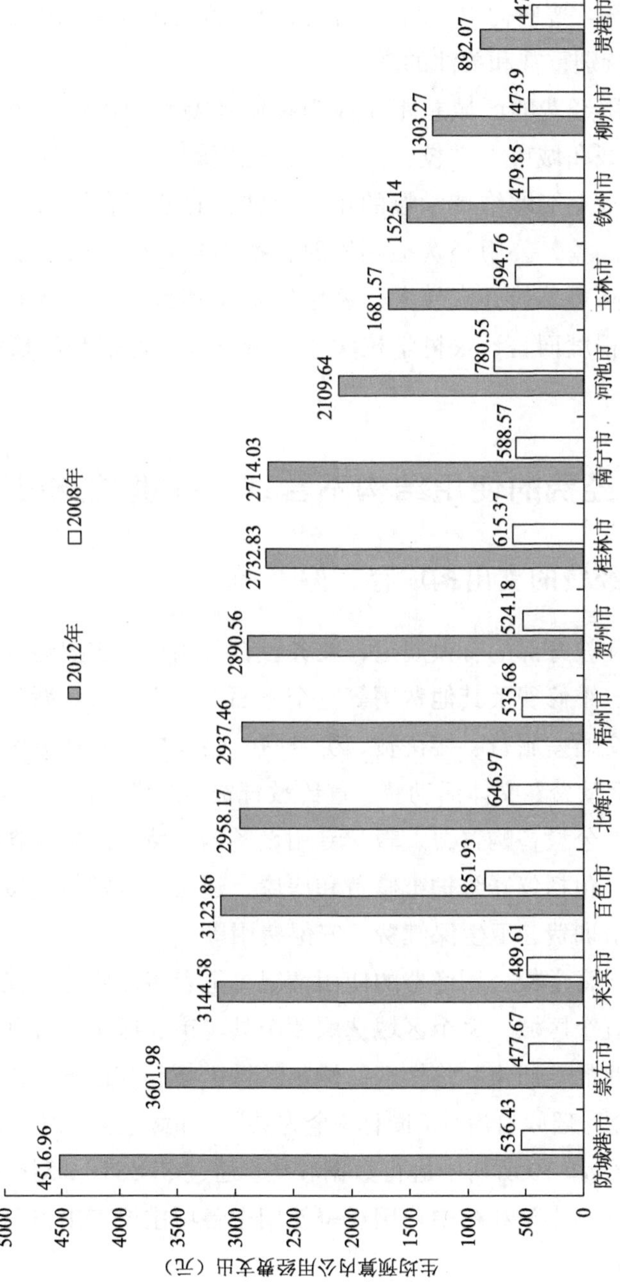

图 3-2 广西各市普通初中生均预算内公用经费支出情况图

资料来源：2008 年、2012 年广西教育经费统计报表

值得注意的是，广西各市义务教育生均预算内公用经费支出尽管在 2008 年也存在不同程度的差距，但总体而言差距不大，而到了 2012 年，各市间的差距进一步扩大，甚至悬殊。普通初中生均预算内公用经费支出在不同市之间有如此明显的差距，是值得特别重视和关注的现象。

义务教育公用经费的区域差距还体现在城乡差距和校际差距上。根据笔者的调查，处于县城和城市的学校，由于学校规模较大、办学基础较好，公用经费相对充裕，基本上能够维持学校的正常运转；而处于农村的学校，由于学生人数少、办学条件差，公用经费捉襟见肘，特别是农村寄宿制学校，由于水电费、管理费、维修费等的开支较大，公用经费尤其紧张。总体上说，就公用经费的紧张或短缺程度而言，农村学校大于县城学校，寄宿制学校大于非寄宿制学校。

二、公用经费的使用结构不合理，关键性支出难保障

（一）公用经费的支出构成存在偏差

根据财政部和教育部的有关规定，义务教育公用经费主要包括公务费、业务费、设备购置费、维修费及其他费用等五个方面。其中，公务费包括办公费、水电费、邮电费、交通差旅费、接待费、劳务费、会议费等；业务费包括实验等专用材料费、教育活动费、文体活动费、宣传教育费、网络运营费和其他业务费等；设备购置费包括办公设备购置费、教学专用设备购置费、图书资料购置费、其他购置费等；维修费包括仪器维护维修费和房屋、建筑物日常修缮费两个方面；其他费用包括教师培训费、卫生保健费、安保费用等。

为了解义务教育学校公用经费的使用情况，笔者将广西分为桂南、桂北、桂东、桂西和桂中五个区域，每个区域选取两个县（市、区），分别是桂南的隆安县和大新县、桂北的荔浦市和临桂区、桂东的钟山县和苍梧县、桂西的巴马县和乐业县、桂中的金秀瑶族自治县（简称“金秀县”）和武宣县，然后在每个县（市、区）抽取 10 所小学和 10 所初中进行数据收集。通过 SPSS16.0 对获得的数据进行整理分析，分别计算小学和初中公用经费使用中各项主要支出占总支出的比例，结果如图 3-3 所示。

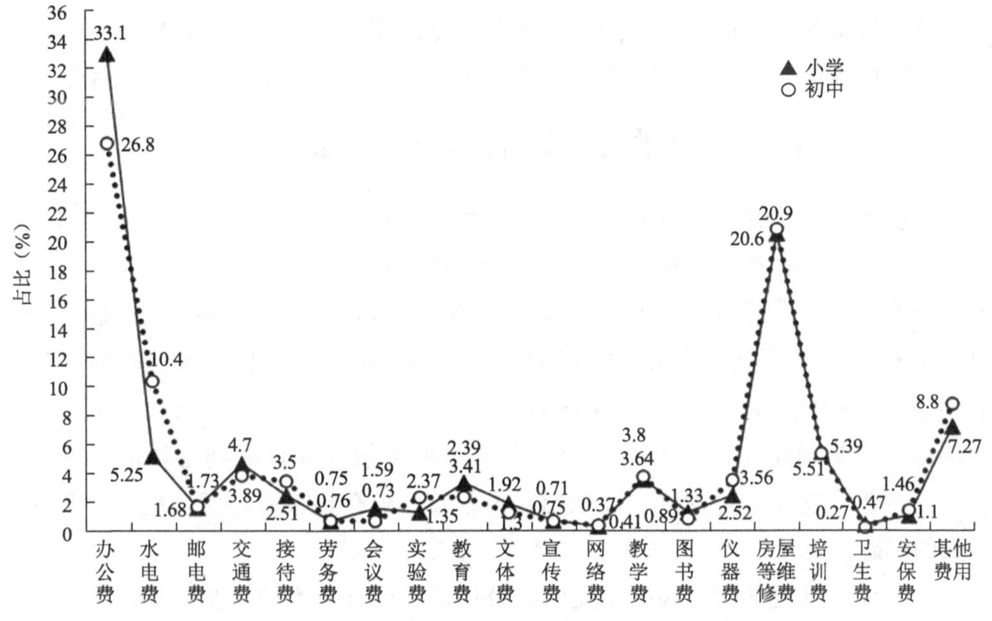

图 3-3 广西小学、初中公用经费主要支出项目占总支出的比例

从图 3-3 中可以看出，广西义务教育学校的公用经费开支主要包括办公费、水电费、邮电费、交通费、接待费、劳务费、仪器费、安保费等。其中，办公费、水电费、房屋等维修费是学校开支中较大的几笔费用，这几笔费用相加占到学校公用经费总支出的一半。多数学校特别是寄宿制学校反映，随着水电价格的上涨以及使用量的增加，水电费开支有些不堪重负。之所以房屋等维修费所占比重较大，一方面是因为南方雨水多，比较潮湿，房屋、仪器等容易受损；另一方面是因为随着实验设备、多媒体设备和计算机的普及，这方面的维修费也随之增加。

在公用经费的实际开支中，有一项费用值得我们关注，那就是培训费。根据政府部门有关文件的规定，教师培训费只能占公用经费总额的 5%①，但实际上大部分学校都超出了规定的限额，占到了 10%—15%。近年来，随着各级教育部门对教师培训的日益重视，越来越多的小学和初中把对教师的定期培训作为提高教学质量及办学水平、促进教师专业发展、为学校注入活力的举措和途径，每年都希望安排一

① 教育部等. 教育部等五部门关于印发《教师教育振兴行动计划（2018—2022 年）》的通知[EB/OL]. http://www.moe.gov.cn/jyb_xwfb/xw_zt/moe_357/jyzt_2018n/2018_zt15/zt1815_yw/201803/t20180323_331063.html，2018-03-23.

定数量的教师外出培训学习，同时开展多样化的校本培训活动，但仅占公用经费5%的培训经费，对于广大教师不断增加的培训需求来说，可谓是杯水车薪。

（二）公用经费的开支未能突出教学等主要业务

学校教育经费的合理有效使用，事关教育经费的使用效率和学校的办学效益，也事关学校的教育教学质量。但如果花费同样的资金在不同的学校产生的结果却大相径庭，如花费资金多的学校，教学质量反而不高，或者学校虽不缺资金，但用不到“刀刃”上，那么花的资金越多，则浪费越大。从现实情况看，近年来国家和各级地方政府对义务教育的投入逐年增加，学校办学条件也不断得到改善，但教学质量不高、教育效果不明显、办学效益欠佳的问题依旧存在，甚至较为严重，这在一定程度上反映出义务教育学校存在教育经费使用效率和效益不高的问题。

从学校是以教学为中心的角度看，公用经费的开支大致可归纳为两大块，即教学经费和辅助经费。前者主要是完成教学任务、提高教学质量方面的开支，如教学业务费、教师培训费、实验实习费、课改教研费等；后者主要是学校的日常管理、后勤服务、设备维护等以及业务招待、会议差旅等非教学性开支。“相对于教育经费的需求来说，经费投入是有限的，因此，对教学等主要业务支出，其经费保障应该放在第一位；辅助性支出，可视财力情况酌情安排。”[①]但从笔者了解到的情况看，在一些学校的公用经费支出结构中，辅助经费所占比重偏大，而教学经费所占比重偏小，说明这些学校花在管理活动、公务活动等方面的费用过多，而投入到教学活动中的经费偏少，特别是与提高教学质量密切相关的教学改革与研究、课程建设与开发、教师培训与研修等的经费不足。

此外，在推进义务教育均衡发展中，一些学校不同程度地存在对“硬件”方面的差距比较重视，而对“软件”方面的差距关注不够的现象。例如，一些学校在校舍装修、场馆建造、设备购置等方面的投入比重较大，而在更新办学理念、完善管理制度、丰富文化活动、开展校本教研、优化课程体系等方面的投入不足。有学者提出，“要推进区域内义务教育的均衡发展，需要的不仅是在硬件建设、师资力量、财政拨款上大致趋于均衡，而且更需要的是根据不同区域内学校的文

① 王蓉，魏建国．中国教育财政政策咨询报告（2010—2015）[M]．北京：教育科学出版社，2015：488．

化现状，增进课程公平，让学生在相对均衡的‘软实力’条件下公平地接受教育，让更多的学生切实享受到教育改革的成果”[①]。课程开发、制度建设、活动开展、校风学风等是学校的“软实力”，也是学校的“文化”和“品质”，事关学校的内涵发展和教育效能，不重视这方面的“投资”，就很难有相应的“回报”。

三、公用经费的预算约束力不强，监管还不到位

近年来，各级政府在加大义务教育公用经费投入的同时，陆续通过实行“校财局管”的模式，即各学校设置报账员，并定期到教育局和财政局指定的会计核算机构进行报账，来确保各学校能规范使用公用经费，进而提高公用经费的使用效益。但是在实际工作中，也出现了一些基层地区教育部门、会计核算中心和学校在公用经费的管理与使用中自身职能定位不清的问题，如一些本该学校充分参与的没有让学校参与，一些本该对学校进行监督的又没有监督到位。

（一）公用经费预算编制对支出缺乏规范约束作用

义务教育公用经费的预算编制，是保障经费按计划科学合理使用的前提。义务教育公用经费预算应该与地区义务教育发展实际相适应，与学校办学标准和发展需要相适应。只有这样才能确保经费的开支能够达到义务教育发展的预期目标，才能结合实践中出现的问题及时予以纠偏，并为今后的经费预算提供一个良好的数据参考。但从目前各地义务教育经费预算来看，仅能看到其预算总数及各个科目的预算数，而预算编制依据并没有公开，各学校也普遍对预算的编制过程及其依据不太了解，甚至有的学校在预算编制过程中出现科目支出比例与学校教学发展实际不匹配或经费项目归口不准确的情况，造成预算与实际执行情况不相符。之所以出现这些情况，与地方教育管理部门每年只是要求学校配合提供一些相关数据进行参考，却没有对学校的具体情况进行详细调研，也没有按照程序邀请专业人士对相关支出进行具体测算，以及对每年各科目的支出绩效进行科学的总结和评价密切相关。由此可见，一些学校的公用经费预算编制的科学性仍然不足，还存在编制粗糙、应付了事等现象，以致无法发挥预算对支出的

---

① 张忠华，王伟. 我国区域内义务教育均衡发展研究综述与反思[J]. 教育科学研究，2014（11）：56-60.

约束及规范作用。

（二）主管部门对学校公用经费使用的监管尚不到位

根据笔者对某区的调查，该区每年都以各学校的学生人数为依据，按照该年国家确定的生均经费标准把每个季度的经费一次性划拨到各学校，除了重大教学科研设备及重大维修项目需要学校向教育局结算中心打报告申请政府采购，由上级部门审核同意后再实施外，其他公用经费支出都由各学校自行按相关规定进行。主管部门对各学校公用经费支出的监管，只是要求它们每个月到结算中心报账一次，由结算中心进行审核和记账。但记账员设在各学校，经费也在各学校账户上，因此，往往是由学校领导决定如何使用这些公用经费，从而造成了一些不符合规定的支出，而学校又多，各项支出繁杂，报账审核只能进行形式审查，很难对学校的具体支出是否符合规定做出实质审查。这就导致很多不符合规定的支出，因为只要有符合规定的单据，有相关人员的签名即可通过，以致上级部门设立的专门机构对公用经费使用过程进行监管的目标难以实现，公用经费使用制度难以得到有效贯彻落实。

（三）学校在公用经费管理中的主体作用发挥不足

作为公用经费的直接使用者，学校同时应当作为管理主体参与到公用经费的管理中来。但在实践中，由于学校并非一级预算单位，且学校领导和相关财务人员缺乏培训，对公用经费预算的认识不到位，许多支出项目机械地照搬以往的支出情况，缺乏科学的统筹规划，教育主管部门即使想让学校参与预算工作也无能为力。在公用经费支出的执行上，教育主管部门一再要求学校严格执行其确定的年度开支计划，但仍有一些学校出现学期初资金充足，学期中后期资金紧张，甚至影响教学活动正常开展的情况。有些学校的资金利用效率偏低，支出项目分配不合理。例如，学校领导往往注重对一些“看得见”的项目进行投入，如教学楼的修缮；而忽视对一些“看不见”的项目进行投入，如教师培训。还有一些学校的公用经费支出重运转、轻发展，没有将公用经费花在“刀刃”上。在审计方面，教育主管部门虽然想让学校参与对公用经费的效益审计，但一些学校领导和公用经费人员缺乏效益审计意识，不会对公用经费使用进行分析，只凭过往经验进行惯性开支。

第二节　民族地区农村义务教育办学条件存在的问题

民族地区的义务教育同全国义务教育的情况一样，重点在农村，难点也在农村。相对于城市来说，民族地区农村义务教育的办学条件要差得多。因此，本节重点分析民族地区农村义务教育办学条件存在的主要问题。数据资料来自广西农村（乡镇及以下）小学和初中校长（包含部分书记或副校长）的问卷调查，问卷内容包括学校的基本信息、办学条件现状、面临的主要困难、希望与建议等。本次调查先后发放问卷 800 份，回收问卷 787 份，其中有效问卷为 763 份。笔者运用 SPSS 16.0 统计软件，对 763 份有效问卷进行了加工处理，主要对办学条件的总体状况以及各级各类学校（小学与初中、较小规模与较大规模、寄宿制与非寄宿制等）办学条件的差异进行定量与定性相结合的分析。

一、农村义务教育学校资源配置相对欠佳

在过去相当长的时期内，由于城乡二元结构和国家财政政策向城市倾斜，农村义务教育投入相对不足，无论是办学条件还是教育质量，都与城市存在较大差距。进入 21 世纪特别是党的十八大以来，党和国家致力于全面建成小康社会，着眼于城乡一体化发展，农村教育特别是义务教育的发展迎来了春天。2006 年，国务院深化农村义务教育经费保障机制改革，对农村学生实行“两免一补”政策，出台了农村学校公用经费基准定额，建立健全了农村学校校舍安全和维修改造长效机制，巩固完善了农村教师工资保障机制，农村义务教育学校的办学条件得到明显改善。2015 年底，《国务院关于进一步完善城乡义务教育经费保障机制的通知》发布，决定建立城乡统一、重在农村的义务教育经费保障机制，强调继续加大义务教育投入，重点向农村义务教育倾斜，向革命老区、民族地区、边疆地区、贫困地区倾斜。这些政策的实施，加快了城乡二元结构的破除，推动了农村义务教育发展。

近年来特别是2014年初召开全区教育发展大会之后，广西全面实施了教育振兴行动计划，出台了《广西教育振兴行动计划总体方案》《广西壮族自治区人民政府关于进一步加大教育投入加快教育发展的意见》《广西壮族自治区人民政府关于深入推进义务教育均衡发展的实施意见》等多个与义务教育发展相关的文件并强化落实，建立健全了义务教育经费保障机制，通过教育资源的合理配置尤其是以政府财政投入为主的公共教育资源重点向农村及贫困地区、民族地区倾斜，农村义务教育学校的标准化建设水平得到了较大提高，办学条件得到不断改善，城乡、区域间教育发展差距进一步缩小。

然而，由于众多因素的影响，虽然农村义务教育学校办学条件总体有向好的趋势，但与城市同类学校相比，差距还是存在的，更何况人民对享受良好学校教育的需求是不断增长的。表3-2是校长对所在学校办学条件的评价，从中可以看出，农村义务教育学校的办学条件还是不尽如人意的，扭转这种“一般”、“较差”甚至“很差”的局面，仍需要下很大的功夫。那么，学校办学条件较差表现在哪些方面呢？从校长对“所在学校面临的突出问题”的回答中可以看出，学校存在的困难主要有“经费短缺”“教师不足”“设施落后”等。其中，接近一半的校长反映“经费短缺”，接近1/3的校长反映“教师不足”，反映“设施落后”的也不少（表3-3）。

表3-2　校长对所在学校办学条件的评价

办学条件	频数（人）	百分比（%）	累计百分比（%）
很好	8	1.0	1.0
较好	128	16.8	17.8
一般	459	60.2	78.0
较差	135	17.7	95.7
很差	33	4.3	100.0
合计	763	100.0	

表3-3　农村义务教育学校面临的突出问题

突出问题	频数（人）	百分比（%）	累计百分比（%）
经费短缺	372	48.8	48.8
设施落后	114	14.9	63.7

续表

突出问题	频数（人）	百分比（%）	累计百分比（%）
教师不足	218	28.6	92.3
生源较差	38	5.0	97.3
环境不良	8	1.0	98.3
管理欠佳	13	1.7	100.0
合计	763	100.0	

教育经费特别是公用经费是学校正常运行的基本保障，经费短缺势必影响学校教育教学活动的开展和教学质量的提高；教师是学校的主力军，其数量和质量事关学校的生死存亡，教师数量不足对学校来说是一个致命的短板；教育教学设施是学校的物质基础，无论是课程的实施还是教学活动的开展，如果设施设备跟不上，再美好的愿望也难以实现。因此，要从根本上改变农村义务教育的面貌，就要进一步改善其办学条件，尤其是要在经费、教师和设施等方面加大投入和支持力度。

二、农村义务教育学校办学条件的校际差距依旧存在

义务教育均衡发展是党和国家有关教育事业发展的重大战略部署，也是推动教育事业科学发展、促进教育公平的内在需求，是全面建成小康社会、满足人民对美好生活需要的重要内容。近年来，广西把义务教育均衡发展纳入经济社会发展总体规划，并将其作为推进教育改革发展的重要抓手和工作主线，在持续增加教育投入的基础上，统筹人力、财力、物力资源，陆续出台了一系列教育标准和引导措施，来加强义务教育学校标准化建设，推动薄弱学校的建设和改造，逐步缩小城乡间、区域间、学校间的教育差距。特别是在农村义务教育上，通过进一步完善义务教育学校布局规划，合理规划县域内教学点、村小、中心小学、初中学校布局，以及寄宿制学校和非寄宿制学校的比例；通过运用全科教师、特岗计划、支教走教、轮岗交流等多种渠道，补充农村学校紧缺学科教师，确保开足开齐国家规定的课程；通过采用政府购买服务的方式，补充农村寄宿制义务教育学校工勤人员；通过学校联盟、集团化办学等方式，发挥优质学校对薄弱学校、城

区学校对农村学校的带动和辐射作用等，学校整体条件和教育质量有了较大程度的改观，农村义务教育均衡发展水平得到逐步提升。

然而，由于农村学校所处地理位置、原有基础、师生规模、学校类型等的不同，各学校拥有和获得的资源也存在明显差异，校际办学条件的差距依旧存在，并在一定程度上影响着农村义务教育学校的科学和健康发展。影响农村义务教育学校发展的因素众多，既有内部因素，也有外部因素。从内部因素看，主要有人的因素，如领导、教师、学生等；物的因素，如设备、场地等；文化因素，如办学历史、教育理念、管理质量等。从外部因素看，则主要有学校所处环境、当地经济发展水平、家校关系与合作等。在关于“导致义务教育校际存在差距的主要原因”的回答中，接近 60%的校长认为“办学条件”是最主要的原因，排在第二位和第三位的分别是“教学水平”“领导水平”，另有 9.3%的校长认为是生源质量（表 3-4）。由此可见，要缩小农村义务教育校际差距，促进校际均衡发展，首先要解决的是学校办学条件的差距问题。

表 3-4　导致义务教育校际差距的主要原因

最主要原因	频数（人）	百分比（%）	累计百分比（%）
领导水平	86	11.3	11.3
教学水平	156	20.4	31.7
办学条件	434	56.9	88.6
生源质量	71	9.3	97.9
其他	16	2.1	100.0
合计	763	100.0	

学校办学条件的差距，既有人力资源，如教师数量和质量的差距，也有物力资源，如教学设备数量和质量的差距，更有财力资源，如教育经费数量和分配的差距。其中，教育经费是影响学校物力资源配备和师资队伍建设的经济基础，其差距在很大程度上决定着校际办学条件的差距，因此，虽然农村义务教育学校在人力、物力和财力等诸方面都有不断改善的必要，但最为紧要的还是教育经费的增加，尤其是公用经费的增加和教师工资的提高。通过对校长关于“义务教育学校公用经费方面需要解决的问题”的回答进行统计发现，主张“增加公用经

费”的比例最高，超过半数，排在第二位的是“增加教师工资”，其他依次为“改进拨付方式”“优化使用结构”“加强经费管理”“其他”（表 3-5）。为什么要增加公用经费呢？学校在公用经费开支上都紧张吗？如果增加公用经费，主要将其用在哪些方面？不同类型学校校长对这些问题的回答不太一致，如小学校长与初中校长的回答有所不同，寄宿制学校校长与非寄宿制学校校长的回答也存在差异。这不仅反映出不同学校在办学条件上存在差距，也反映出不同学校各自面临复杂而特有的困难和问题。

表 3-5　义务教育学校公用经费需要解决的问题

需要解决的问题	频数（人）	百分比（%）	累计百分比（%）
增加公用经费	383	50.2	50.2
增加教师工资	326	42.7	92.9
改进拨付方式	33	4.3	97.2
优化使用结构	15	2.0	99.2
加强经费管理	5	0.7	99.9
其他	1	0.1	100.0
合计	763	100.0	

三、农村小学与初中办学条件的差异较大

本次调查的农村义务教育学校校长所在学校主要是小学和初中，也有极个别的九年一贯制学校，出于统计上的便利，笔者对九年一贯制学校忽略不计。根据对 763 份有效问卷学校层级方面的统计，小学和初中的数量大体相当，分别为小学 405 所、初中 358 所。下面从几个方面对小学和初中办学条件的差异情况进行分析。

（一）面临的问题大致相同，但初中生源和师资问题更突出

本次调查显示，农村小学和初中面临的主要问题集中在经费、师资、设施等几个方面，其中最突出的就是经费短缺，其次是教师不足，再次是设施落后（图 3-4）。

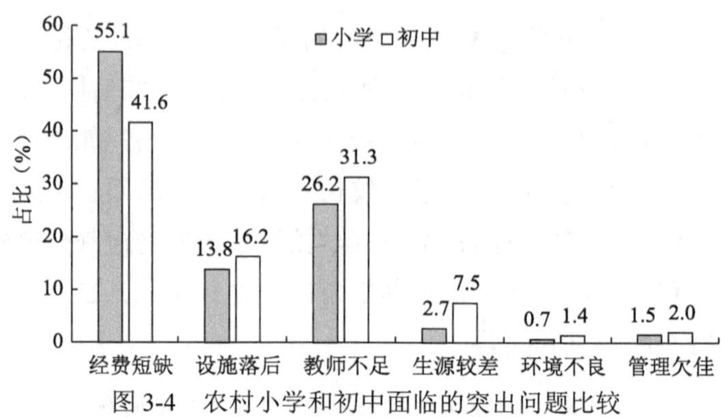

图 3-4 农村小学和初中面临的突出问题比较

农村义务教育学校发展最主要的经费来源就是政府拨款，各地区义务教育的发展水平通常取决于各地区的经济发展水平和地方政府的财政收入状况。近年来，虽然各级政府在不断加大教育投入，农村义务教育学校的办学条件也在不断改善，但其处境困难的状况并未得到彻底改变。经费短缺导致学校的设施落后，工作和生活条件艰苦。面对这种境遇，不少教师也只能望而却步。一些家长也因为农村学校环境不佳、师资力量薄弱，选择送自己的孩子去城区读书，导致农村学校的生源质量有所下降。由于初中在教师和生源方面的需求远远高于小学，所以增加初中教师人数、提高初中教学质量是当下急需解决的问题

（二）小学和初中的经费支出结构不合理，管理制度有待加强

义务教育学校的公用经费是指为保证学校正常运转，在教学活动和后勤服务等方面所产生的费用，包括教学业务与管理费、教师培训费、文体活动费、水电费、交通差旅费、邮电通信费、仪器设备费及图书资料等的购置费、仪器设备的日常维修费等。根据本次调查，农村义务教育学校在公用经费支出中，使用结构不合理的小学占 73.3%，初中占 70.9%（图 3-5）。可见，使用结构不合理已经成为公用经费开支方面存在的最主要问题。

建立完善的管理制度是学校良好运行的基础。农村中小学在财务管理方面存在领导对财务政策不够了解、不够重视，财务人员不够专业等问题。如图 3-5 所示，22.7%的小学、28.2%的初中存在管理制度不健全的问题，初中的情况比小学略微突出。

本次调查发现，一些学校在公用经费的使用和管理上仍存在不少问题，影响了经费的使用效益，阻碍了学校的健康发展。因此，如何加强公用经费支出管理、提高公用经费的使用效益成为农村中小学迫切需要解决的问题。

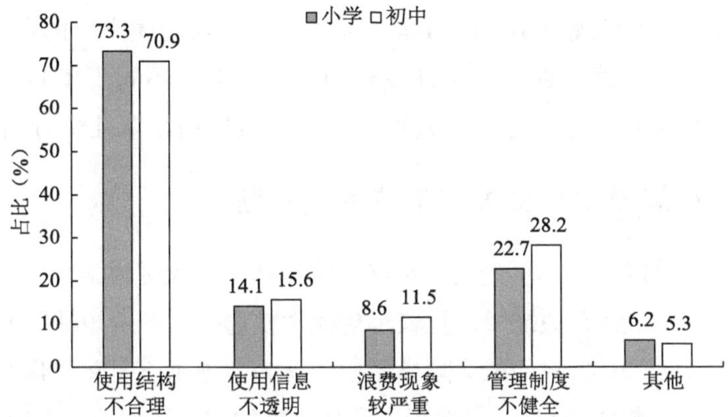

图 3-5 小学和初中公用经费开支方面存在问题的比较

在经费分配中，农村小学对教学活动费及文体活动费的需求大于其他选项，由于初中和小学在课程方面的需求不同，初中对网络运营费和实验耗材费的需求明显高于小学（图 3-6）。

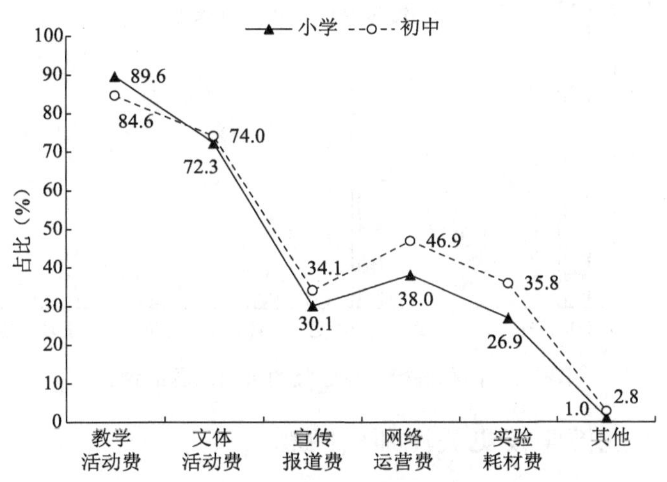

图 3-6 农村义务教育教学业务开支需增加费用比重

四、农村义务教育较小规模与较大规模学校的差异较大

通过对 763 份有效问卷中有关学校规模的统计分析，可以大致将本次接受调查的学校划分为较小规模学校（学生在 500 人以下）和较大规模学校（学生在 500

人以上），其中，较小规模学校的数量为 413 所，较大规模学校的数量为 350 所。虽然农村地区学校普遍存在办学条件较差的问题，但是不同规模的学校在该问题的表现程度及其影响力上还是有所差别的，具体表现在以下几个方面。

（一）较小规模学校更关注学校生存问题

从图 3-7 中可以看到，不论是较小规模学校还是较大规模学校，都认为学校面临的最突出问题是“经费短缺”，且较小规模学校选择“经费短缺”的比重明显高于其他选项，占到 56.4%；而较大规模学校中认为“教师不足”是最突出问题的比重也非常高，占总体的 36.0%，仅次于占最高比重的“经费短缺”（39.7%）。这说明在农村地区经济发展落后的这个大背景下，较大规模学校的运行和发展不仅受办学经费短缺的财力限制，还受教师供给不足的人力限制。然而，较小规模学校由于师生人数少，按人均下拨的经费往往也较少，有时下拨经费只是在比例运算上符合条件，但在实际运用中会受到压缩，因此，这类学校的办学经费常常捉襟见肘。

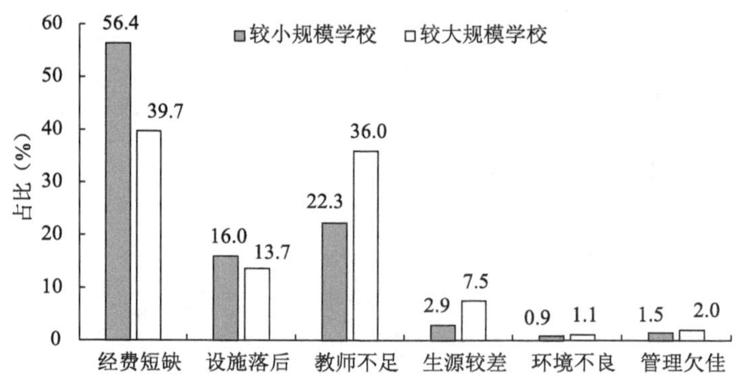

图 3-7　两种规模学校面临的突出问题的调查

（二）较大规模学校更关注师资问题

从图 3-8 中可以看到，在对学校公用经费开支中较为紧缺、有待增加的项目调查中，较小规模学校认为是“教学活动费”和“办公运行费”，分别占 75.1%和 66.8%；而较大规模学校认为是“教学活动费”和“教师培训费”，分别占 80.3%和 63.7%。由此可见，除了办学最基本的以教学活动为主这个关注点相同之外，较小规模学校更关注学校是否能正常办公、是否具有一定的后勤保障等；而较大规模学校则更关注学校的教学活动、教师的培训能否有足够的经费支撑。相对于较小规模学校而言，较大规模学校的办学条件是比较好的，可以分散一定的精力去管理和提升学校的师资水平，而较小规模学校则还处在花费大量精力努力办学的阶段。

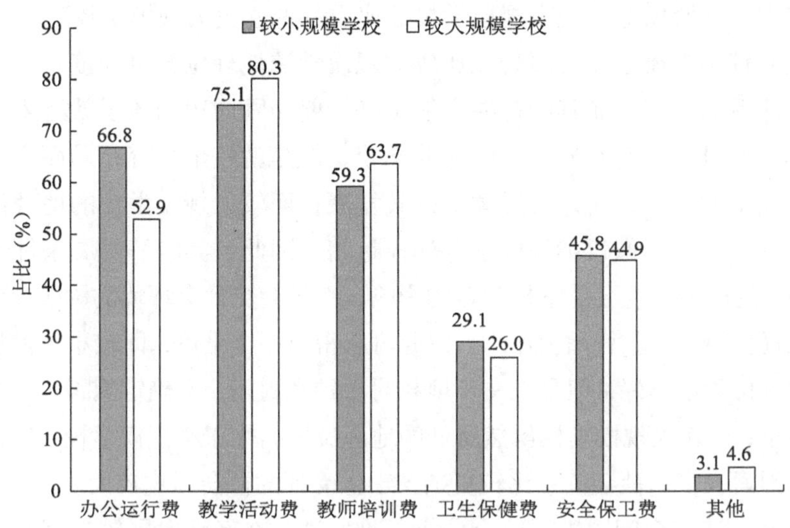

图 3-8　两种规模学校的公用经费开支中较为紧缺、有待增加的项目调查

（三）两种规模学校的物理、人文环境呈负相关

根据对影响学校发展的主要外部因素的数据统计（图 3-9），可以仔细地对比“经济发展落后”“社会风气不佳”“地理位置偏僻”“人口流动较大”“家校关系欠佳”这五项数据在两类学校中的差异性。

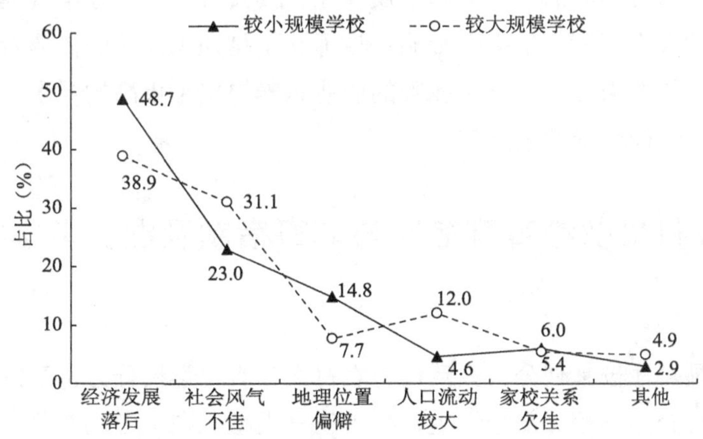

图 3-9　影响学校发展的主要外部因素的调查

从图 3-9 中的统计数据不难发现，在“经济发展落后”“地理位置偏僻”这两项上，较小规模学校的比重都高于较大规模学校；而在“社会风气不佳”“人口流动较大”这两项上，较小规模学校的比重都低于较大规模学校。

这说明较小规模学校更多处在比较大规模学校地理位置更为偏僻、经济发展水平更为落后的地区，而其的存在可能是基于要照顾周边的孩子就近入学。这些较小规模学校可能都是农村地区的薄弱学校，但是就整个教育布局而言，并不能对其进行简单的撤并，而是要继续扶持其发展；而较大规模学校的地理位置相对较好，所处环境并不像较小规模学校那样封闭，因此，其经济发展条件相对要好一些。孩子的成长不仅会受学校教育的影响，而且会受社会环境的影响，而社会风气不佳无疑会给学校教育增大压力。由此可以得出一个结论，即较小规模学校虽然所处的地理位置不够好，但是人文环境相对单纯和封闭，不确定因素少，学生受社会影响较小；而较大规模学校虽然所处的地理位置略优于小规模学校，但是人文环境不确定因素较多，社会关系比较复杂，学生受到的社会影响较大。

通过对上述三个问题进行综合分析不难发现，在经济发展较为落后的农村地区，不论是较大规模学校还是较小规模学校都存在着经费短缺的问题，但学校关注的侧重点还是有不同的。其中较小规模学校更关注学校的生存发展，虽然就学校布局而言有存在的合理性及必要性，但是学生人数少，加之地理位置较偏等，导致其运行经费来源单一且数量较少，如何让学校正常运转并有所发展就成了小规模学校更为关注的问题。而另一类较大规模学校则越来越重视师资问题。笔者认为，其重视师资问题的主要原因不仅仅在于其具有一定的办学规模，还在于外界相对复杂的人文环境对学生的影响。教师除了是知识文化的传播者外，还是学生积极健康成长的引导者，这对教师的职业素养提出了更高的要求，因此较大规模学校更关注学校教师的数量与质量。

五、农村义务教育寄宿制与非寄宿制及混合型学校的差异较大

按学生是否住校来划分，大致可将农村义务教育学校分为寄宿制学校、非寄宿制学校和混合型学校（部分学生寄宿）三种类型。在笔者调查获得的全部有效样本中，上述三类学校分别有 161 所、396 所和 206 所。这三类学校在办学条件

方面也存在一定差异。

（一）寄宿制学校办学条件比非寄宿制学校好，但生源相对较差

调查发现，经费短缺是所有类型学校面临的最突出问题，除此之外，三类学校在设施、生源上也存在一定的差异：①在设施落后问题上，非寄宿制学校和混合型学校要比寄宿制学校严重。原因在于，近年来国家加大了对农村义务教育寄宿制学校的关注和重视，2016 年，《国务院关于统筹推进县域内城乡义务教育一体化改革发展的若干意见》提出，要完善农村寄宿制学校办学标准，重点提高乡镇寄宿制学校管理服务水平，要求到 2020 年，乡村寄宿制学校标准化建设取得显著进展。所以寄宿制学校的设施优于其他两类学校，这也是国家教育政策实施成果的一个体现。②寄宿制学校生源较差的问题要比其他两类学校严重。原因在于，寄宿制学校主要位于地理位置比较偏僻的山区，有可能出现几个村寨只有一所寄宿制学校的情况，加之偏远地区的经济发展水平比较落后，家长的教育观念淡薄，对孩子上不上学、受不受教育持无所谓的态度，从而在一定程度上加剧了该类学校生源较差的问题（图 3-10）。

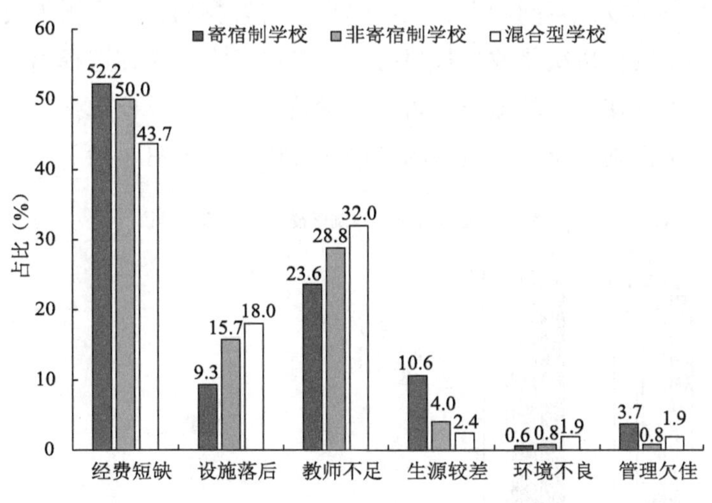

图 3-10 学校面临的突出问题的交叉对比分析

对于义务教育校际存在差距的最主要原因，大部分学校认为，首先是办学条件，其次是教学水平，再次是生源质量。三类学校选择领导水平和教学水平的差

异不大，选择办学条件和生源质量的存在一定差异，其中超过一半的非寄宿制学校和混合型学校选择了办学条件，而不到半数的寄宿制学校选择了该项；更多寄宿制学校选择了生源质量这一项，而其他两类学校选择该项的较少（图 3-11）。

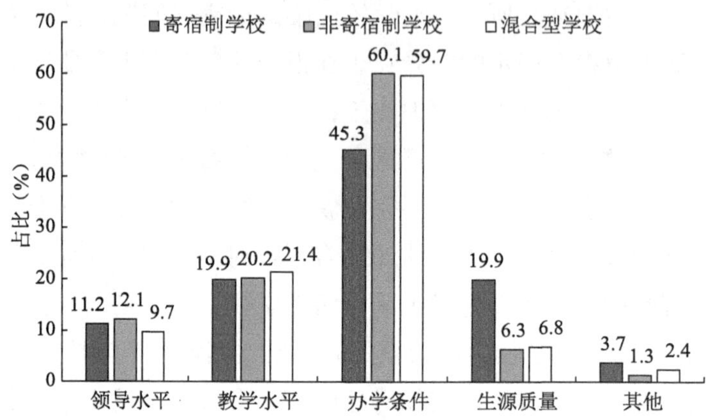

图 3-11 义务教育校际存在差距的主要原因的交叉对比分析

（二）寄宿制和混合型学校更需要提高教师的待遇和素质

在义务教育学校经费问题上，三类学校急待解决的首先是增加公用经费，其次是增加教师工资，再次是改进拨付方式。其中三类学校在选择增加公用经费和增加教师工资上存在一定的差异。寄宿制学校和混合型学校选择最多的是增加教师工资，而非寄宿制学校选择最多的是增加公用经费（图 3-12）。

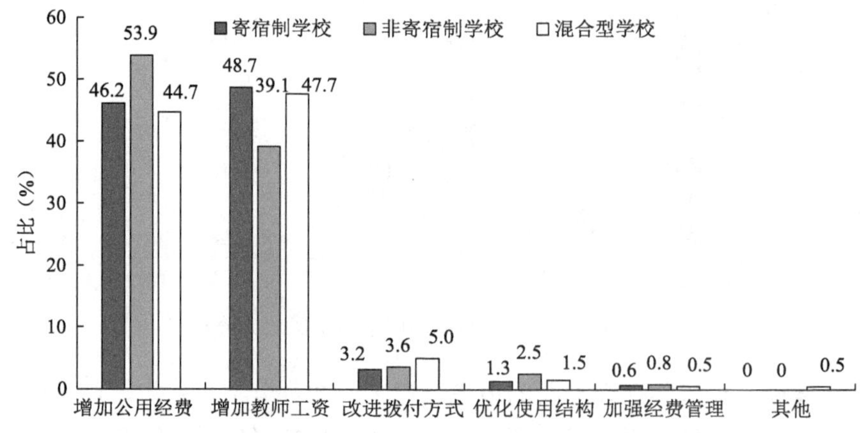

图 3-12 义务教育学校急待解决的经费问题的交叉对比分析

调查发现，增加公用经费是义务教育学校急待解决的经费问题，但三类学校间也存在一定的差异：①相对于其他两类学校，更多的非寄宿制学校选择了增加公用经费。由此可见，非寄宿制学校的公用经费相对于其他两类学校来说较少，原因可能是，近年来国家致力于推进城乡一体化建设，促进城乡教育均衡化发展，对偏远地区的义务教育寄宿制学校的经费投入比较多。②与其他两类学校相比，寄宿制学校选择增加教师工资的比重是最大的。原因在于，寄宿制学校所处地区的经济发展水平落后，教师待遇相对较低，并且很多寄宿制学校教师不仅要担任多科目的教学工作，还要担任学生的生活老师，付出的劳动与得到的报酬不成正比，从而影响了教师的教学动力和积极性，出现教师流失现象。因此，教师数量不足成为寄宿制学校急待解决的问题。

调查还发现，在学校利用公用经费的情况上，首要选择的是改善学校办公条件，其次是加强校园文化建设，再次是增加教育教学设备（图 3-13）。虽然改善学校办公条件是三类学校利用公用经费的首选，但三类学校间也存在一定的差异：①相对于寄宿制学校，非寄宿制学校和混合型学校更希望利用公用经费来增加教育教学设备。原因在于，非寄宿制学校和混合型学校一般位于交通比较便捷的乡镇，学校规模相对较大，学生人数也相对较多，所以对教育教学设备的需求也比较大。②相对于其他两类学校，寄宿制学校更希望利用公用经费来提高教师业务素质。原因在于，相对于其他两类学校，寄宿制学校的地理位置比较偏僻，教师多为当地人，学历层次也偏低，加之学校缺乏完整、科学的培养和培训体系，导致教师的业务素质不高。

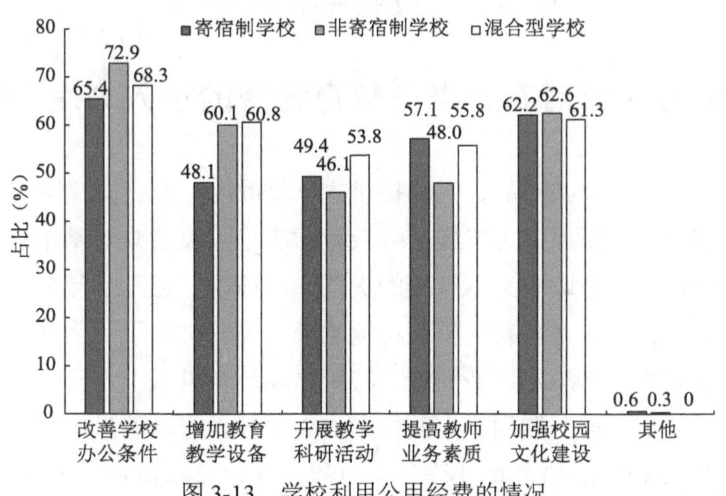

图 3-13　学校利用公用经费的情况

（三）寄宿制和混合型学校的水电费和通信费开支大

在需要增加的公务费开支中，绝大部分学校选择了办公费，其次是差旅费，再次是通信费（图 3-14）。三类学校在水电费的开支需求上存在一定的差异，其中寄宿制学校和混合型学校要明显高于非寄宿制学校。原因大致在于，寄宿制学校的学生吃住都在学校，为了保障学生的学习和生活，需要耗费更多的水电，而其他两类学校的学生基本是走读生，水电用量较少，所以水电开支需求远远少于寄宿制学校。

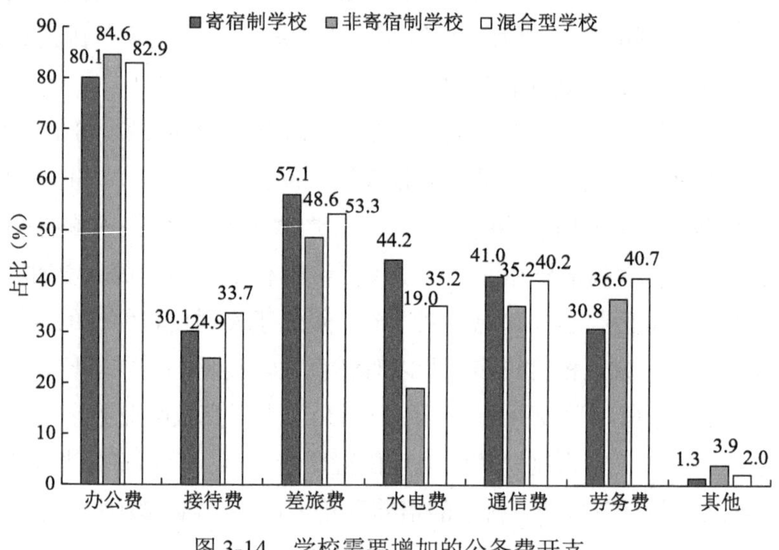

图 3-14　学校需要增加的公务费开支

六、地方政府对农村义务教育经费的投入力度仍需加大

义务教育属于准公共产品，它的提供主体是政府，而我国义务教育的发展主要由地方政府负责，所以大力发展义务教育，满足人民群众对基本公共服务的需要，是政府特别是地方政府义不容辞的责任。应该说，近几十年来，我国从中央政府到地方政府，对义务教育的重视程度越来越高，推出了一系列旨在保障义务教育发展的新战略、新思路、新措施，特别是在教育投入上有了大幅度的增加。以广西为例，“十二五”期间，广西持续加大义务教育经费投入，义务教育生均公用经费补助标准由 2010 年的小学每生每年 300 元提高到 600 元，初中每生每年

500 元提高到 800 元。此外，义务教育学生除了免杂费、免书本费、免农村寄宿生住宿费外，还补助寄宿生生活费和营养膳食费。其中，家庭经济困难寄宿生的生活费补助由原来的小学每生每年 500 元提高到 1000 元，初中每生每年 750 元提高到 1250 元。①2015—2018 年，广西先后投入 277 亿元用于改善中小学办学条件，重点建设了 26 923 所义务教育学校（含设备购置），办学条件得到极大改善。2018 年，广西筹措义务教育“两免一补”资金 76.77 亿元，为全区 668 万名中小学生免除了学杂费，为 145.43 万名中小学寄宿生发放了生活补助，为全区 668 万名以上的农村中小学生提供免费教科书。②教育投入的增加不仅使义务教育学校的基础设施得到明显改善，教育教学质量得到保证，也使义务教育阶段的入学率、巩固率得到大幅度提升，特殊群体平等接受义务教育得到全面保障。

然而，由于各地经济和社会发展不平衡，地方政府需要担负的公共服务也较多，按照公共选择理论，发展义务教育只是地方政府的职责之一，在总体公共财政经费有限的情况下，政府对教育的重视程度，难免会受到其他事业的牵制和影响。通过对校长关于“当地政府对义务教育学校的重视程度”的回答进行统计发现，有接近半数的校长认为地方政府一般重视发展义务教育学校，认为比较重视和非常重视的比例之和仅在 20%以上，还有接近 30%的校长认为地方政府对发展义务教育学校还不太重视或很不重视（表 3-6）。因此，如何进一步提高地方政府对义务教育的重视程度，仍然是一个值得研究的问题。

表 3-6　当地政府对义务教育学校的重视程度

重视程度	频数（人）	百分比（%）	累计百分比（%）
非常重视	22	2.9	2.9
比较重视	154	20.2	23.1
一般	374	49.0	72.1
不太重视	159	20.8	92.9
很不重视	54	7.1	100.0
合计	763	100.0	

① 贺波，罗琦. 努力让每个孩子上好学[N]. 广西日报，2015-12-30（3）.

② 广西壮族自治区教育厅. 广西新增 43 个县（市、区）通过国家义务教育基本均衡发展督导评估认定[EB/OL]. http://www.ict.edu.cn/news/gddt/jydt/n20190411_57830.shtml，2019-04-11.

政府对发展义务教育的重视体现在诸多方面，如提供政策支持、经费保障，解决人事关系等。概括地讲，就是学校办学条件的方方面面，这些方面的加强，需要学校自身的积极努力，但对于对当地政府的支持有着较强“路径依赖”的义务教育学校来说，自然离不开当地政府的保障和大力支持。在这方面，校长认为当地政府为义务教育学校提供经费保障做得“很好”和“较好”的还不多（分别为 1.8%和 15.2%），大多数校长认为当地政府的工作只是“一般”（56.9%），还有一部分校长认为“较差”甚至“很差”（分别为 20.4%和 5.6%）（表 3-7）。

表 3-7　当地政府为义务教育学校提供经费保障情况

经费保障情况	频数（人）	百分比（%）	累计百分比（%）
很好	14	1.8	1.8
较好	116	15.2	17.0
一般	434	56.9	73.9
较差	156	20.4	94.4
很差	43	5.6	100.0
合计	763	100.0	

第三节　民族地区义务教育县域均衡发展存在的问题

本节以广西梧州市岑溪市为例。截至 2017 年 12 月，该市共有义务教育学校 451 所，其中普通小学有 103 所，普通初中有 22 所，完全中学（含初中和高中）有 8 所，特殊教育学校有 1 所，小学教学点有 317 所。全市义务教育阶段学生共有 123 131 人，其中初中生有 37 727 人，小学生有 85 404 人；共有班级 3304 个，其中初中有 968 个，小学有 2336 个；全市共有义务教育阶段教职工 8349 人（含后勤工人 150 人），其中，中小学专任教师有 8165 人，特殊教育专任教师有 34 人。[①]该市义务教育均衡发展工作于 2016 年 12 月通过了自治区级督导评估，并于

① 岑溪市市志编纂委员会办公室. 岑溪年鉴（2018）[M]. 北京：方志出版社，2019：170.

2017年12月通过了国家督导评估。

义务教育是公益性产品，它的发展离不开政府在人力、物力、财力上的大力支持。为保障义务教育均衡发展，该市人民政府成立了以市长为组长，教育、财政、人力资源和社会保障等相关单位主要领导为成员的市推进义务教育均衡发展工作领导小组。除此之外，市政府还制定了《岑溪市国民经济和社会发展第十二个五年规划纲要（2011—2015年）》《岑溪市国民经济和社会发展第十三个五年规划纲要（2016—2020年）》《岑溪市教育事业“十二五”发展规划（2011—2015年）》《岑溪市教育事业“十三五”发展规划（2016—2020年）》《岑溪市中小学标准化建设发展规划（2013—2018年）》《岑溪市创建全国义务教育发展基本均衡县（市）实施方案》等加快义务教育均衡发展的政策措施，进一步明确了义务教育均衡发展的工作重点、目标和方向，有效加快了全市义务教育均衡化发展进程。市教育部门负责推进义务教育均衡发展工作的规划、组织实施、检查指导及学校管理工作。发展和改革部门将义务教育均衡发展纳入经济社会发展统筹规划，并在项目安排上给予重点支持；财政部门加大教育财政投入，为推进义务教育均衡发展提供经费保障；机构编制、人力资源和社会保障部门为优化教师资源配置提供政策支持；其他相关部门根据各自职能，密切配合，全力支持推进义务教育均衡发展。市政府把推进义务教育均衡发展工作纳入各镇、各有关单位绩效考评范围，并将其作为考核各镇、各有关单位主要负责人的重要依据。全市上下形成合力，确保推进义务教育均衡发展目标如期实现。但岑溪市在义务教育县域均衡发展中仍存在问题，主要表现在以下方面。

一、义务教育学校大班额的现象还比较突出

近年来，随着城镇化的发展，岑溪市城区中小学人数快速增长。虽然政府在城区新建了3所小学、1所中学，但2017年，笔者所调查的城镇小学的平均班额达55人，城区的第三小学的平均班额约为58人，岑溪市第五中学的平均班额约为55人。以《岑溪市创建全国义务教育发展基本均衡县（市）实施方案》的标准为参照，城市小学班额原则上以45人为标准，普通初中的班额不超过50人，农村小学的班额近期目标为45人，远期目标为40人，农村中学的班额近期目标为

50 人，远期目标为 45 人。但从实际情况看，该市 2017 年农村中学和城镇小学平均班额均超标严重，详见表 3-8、表 3-9。由此可见，该市义务教育学校大班额问题仍然没有得到彻底有效的解决。

表 3-8 岑溪市 132 所城乡学校规模情况

调查项目		2015 年		2016 年		2017 年	
		城镇	农村	城镇	农村	城镇	农村
初中	学生数（人）	28 815	7729	28 735	7593	29 518	7943
	教职工数（人）	2721	503	2938	547	2935	594
	班级数（人）	702	143	685	136	723	147
	平均班额数（人）	41.05	54.05	41.95	55.83	40.83	54.03
	生师比	11∶1	15∶1	10∶1	14∶1	10∶1	13∶1
小学	学生数（人）	39 104	24 120	40 968	24 449	43 241	24 685
	教职工数（人）	1920	1144	2115	1278	2149	1249
	班级数（人）	729	587	744	598	797	603
	平均班额数（人）	53.64	41.09	55.06	40.88	54.25	40.94
	生师比	20∶1	21∶1	19∶1	19∶1	20∶1	20∶1

资料来源：岑溪市教育局提供

表 3-9 岑溪市 132 所学校平均班额和生师比的城乡比

调查项目		2015 年	2016 年	2017 年
初中	平均班额的城乡比	0.76	0.75	0.76
	生师比的城乡比	0.69	0.70	0.75
小学	平均班额的城乡比	1.31	1.35	1.33
	生师比的城乡比	0.97	1.01	1.02

资料来源：岑溪市教育局提供

二、城乡学校办学条件的配置不太均衡

从该市的统计数据看，义务教育学校的办学条件如生均辅助用房、生均图书、生均计算机等的城乡差距在逐步缩小，甚至农村学校的某些指标还好于城区学校。但是在体育场所方面，按照《广西壮族自治区人民政府办公厅关于转发自

治区教育厅等部门广西壮族自治区义务教育学校办学基本标准（试行）的通知》的规定：6个班的完全小学的合格体育运动场地面积为4328平方米，12个班的为6438平方米，18个班的为6824平方米，24个班的为7482平方米；12个班的初中的合格体育运动场地面积为6724平方米，18个班的为11 138平方米，24个班的为11 138平方米。从表3-10中可见，该市生均体育运动场馆面积均偏低。根据《岑溪市义务教育发展基本均衡县（市）国家督导评估整改工作报告》，有73所学校的体育运动场地不足，占比为55%，共缺15万平方米；有62所学校的校舍面积不达标，占比为47%，共缺19万平方米。可见，城乡义务教育学校的办学条件还是不均衡。

表3-10　2017年岑溪市132所义务教育学校基本办学条件情况表

调查项目	在校学生数（人）	生均教学用房面积（平方米）	生均图书册数（册）	每百名学生拥有计算机数（台）	生均教学仪器设备值（元）	生均体育运动场馆面积（平方米）
城镇初中	29 516	4.76	26.78	7.84	1498	7.70
农村初中	7945	4.92	29.38	8.27	1565	7.03
城镇小学	43 241	3.62	14.13	9.8	1075	3.11
农村小学	24 471	4.96	11.89	9.7	1984	6.05

资料来源：岑溪市教育局提供

三、教师队伍数量不足，质量有待提高

根据2014年11月发布的《中央编办 教育部 财政部关于统一城乡中小学教职工编制标准的通知》，县镇、农村中小学教职工编制标准将被统一到城市标准，即小学的生师比为19∶1，初中的生师比为13.5∶1。但从表3-8中可见，2017年，岑溪市参与调查的城镇中学生师比为10∶1，农村中学为13∶1，达到要求；但城镇小学和农村小学的生师比都为 20∶1，未达到要求。由此可知，该地小学阶段的教师数量不足。另外值得注意的是，教师队伍的性别结构也不大合理，特别是城镇小学教师，女教师人数超过3/4（表3-11）。这一方面说明小学教师职业对男性的吸引力不大；另一方面也在一定程度上反映出教师队伍存在“缺陷”。这种“缺陷”在职称上的反映比较明显。从职称结构看，该地义务教育阶段教师具有高级职称的占比较小，特别是初中教师，2017年，城镇初中的高级职称教师仅占5%

多，而农村初中的这一比例还不到5%。无论是城镇还是农村，有相当数量的教师的职称还在二级及以下，初中教师的这个问题更为突出（表3-11）。教师职称上不去，原因是多方面的，其中也不乏由教师数量不足而带来的教学任务重、压力大以及进修培训机会少、教研科研水平不高等。这在一定程度上也反映出教师需要进一步提高素质和能力，特别是初中学科的专业性更强，教学要求更高，加上初中生的学习特点和身心特征，都对初中教师个体和整体的综合素质和业务水平提出了更大的挑战。

表3-11 义务教育城乡学校专任教师基本情况表

调查项目		2015年		2016年		2017年	
		城镇	农村	城镇	农村	城镇	农村
初中性别结构	专任教师数（人）	2660	495	2848	541	2846	558
	女教师数（人）	1459	215	1459	233	1485	243
	女教师占比（%）	54.8	43.4	51.2	43.1	52.2	43.5
小学性别结构	专任教师数（人）	1877	1145	2076	1274	2120	1256
	女教师数（人）	1412	624	1568	743	1599	721
	女教师占比（%）	75.2	54.5	75.5	58.3	75.4	57.4
初中职称结构	高级（人）	106	12	134	20	145	26
	一级（人）	1260	206	1335	256	1402	276
	二级（人）	1104	224	1202	234	1189	233
	三级（人）	50	19	29	6	23	5
	未评（人）	140	34	148	25	87	18
小学职称结构	高级（人）	743	454	1017	833	1082	639
	一级（人）	859	594	740	366	711	496
	二级（人）	108	37	175	40	224	77
	三级（人）	2	0	20	2	5	6
	未评（人）	165	60	124	33	98	38
初中学历结构	研究生（人）	2	2	11	2	11	2
	本科（人）	2015	403	2378	432	2377	446
	专科（人）	612	89	439	99	438	102
	高中及以下（人）	31	1	20	8	20	8

续表

调查项目		2015 年		2016 年		2017 年	
		城镇	农村	城镇	农村	城镇	农村
小学学历结构	研究生（人）	2	0	1	0	1	0
	本科（人）	523	147	753	223	766	220
	专科（人）	1149	734	1106	793	1124	782
	高中及以下（人）	203	264	216	258	229	254

资料来源：岑溪市教育局提供

从表 3-11 中也可以看出，截至 2017 年，岑溪市城乡中小学专任教师学历合格率（中学：本科及以上学历；小学：大专及以上学历）基本都在 80%左右。这不仅是近年来当地教育部门既重视新进教师的学历层次，又重视在职教师的学历升级，如鼓励教师通过函授、自学考试等提高学历的体现，也是对人们对教育教学质量、教师学历不断提高要求的回应。但同时也应注意到，还有部分教师的学历未达到要求，即便达到要求的教师，他们的知识水平和教学能力也还需要进一步提高。

第四章 民族地区义务教育资源配置问题的原因分析

教育是社会系统的组成部分，教育问题与社会诸多方面有着千丝万缕的联系。同样的，民族地区义务教育资源配置问题既是教育问题，也是社会问题，与政治、经济、文化、人口等密切相关。本章主要从民族地区教育政策、经济发展水平、人口状况、文化等几个方面，分析和寻找民族地区义务教育资源配置问题产生的基本原因或根本原因。

第一节　民族地区教育政策影响义务教育资源配置

一、民族地区教育政策与义务教育发展的关系

新中国成立以来，党和政府一直十分重视民族地区教育的发展并实施了一系列扶持政策。我国于1949年颁布的《中国人民政治协商会议共同纲领》中关于“人民政府应帮助各少数民族的人民大众发展其政治、经济、文化、教育的建设事业”的规定，是我国发展民族教育的基本方针。1952年，国家颁布的《中共中央关于制订五年建设计划应重视少数民族地区建设的指示》特别强调要在少数民族地区发展学校教育、成人教育和扫盲教育等，要开展少数民族语言文字的出版、广播工作，积极开展少数民族地区文艺体育事业。党的十一届三中全会之后，我国进入社会主义现代化建设新时期，民族教育发展也迎来了新局面。1980年，《教育部、国家民委关于加强民族教育工作的意见》提出，必须遵照党中央真正实行民族区域自治，在中央统一领导下充分行使民族区域自治权利的精神，保证民族自治地方在教育事业上的自主权。1986年，第六届全国人民代表大会第四次会议通过的《中华人民共和国义务教育法》强调，国家在师资、财政等方面，帮助少数民族地区实施义务教育，对经济困难地区实施义务教育给予财政补助。2010年，《国家中长期教育改革和发展规划纲要（2010—2020年）》发布，提出国家要重视和支持民族教育事业，在各级各类学校广泛开展民族团结教育，全面提高少数民族地区教育发展水平。2015年8月，《国务院关于加快发展民族教育的决定》颁布，明确了新时期民族教育的指导思想、基本原则和发展目标；提出要切实提高少数民族人才培养质量，重点加强民族教育薄弱环节建设，建立完善教师队伍建设长效机制，落实民族教育发展的条件保障。这些政策和指示精神充分体现了党和政府对民族教育工作的高度重视。

1. 民族地区教育政策促进了义务教育的普及与发展

党的十九大明确提出，建设教育强国是中华民族伟大复兴的基础工程，必须

把教育事业放在优先位置，加快教育现代化，办好人民满意的教育。义务教育是整个教育事业的基础，民族地区的经济、文化、教育发展都较为落后，义务教育的普及以及健康均衡发展是民族地区教育事业中不容忽视的问题。为促进民族地区义务教育的均衡发展，国家发布了一系列的资助政策，如“两免一补”政策及“农村义务教育学生营养改善计划”等。在国家资助政策的支持下，民族地区经过几十年的努力奋斗，在2011年全面实现了基本普及九年义务教育，基本扫除青壮年文盲的“两基”目标。①

“两免一补”政策是2001年以来由我国政府实施的针对农村义务教育阶段贫困家庭学生就学的一项资助政策，并在2003年开始在中西部地区实施，该政策充分体现了国家对义务教育，尤其是民族地区义务教育的高度重视。②“两免一补”政策的出台，使得民族地区贫困家庭学生上学有了保障，为贫困家庭适龄儿童接受教育提供了机会，解决了“上学难”的问题。同时，该政策的推行能够提高民族地区孩子的文化水平，以及当地人民群众的整体素质，从而在一定程度上改善了民族地区的教育状况。

“农村义务教育学生营养改善计划”是国家于2011年出台的一项针对农村地区尤其是西部民族贫困地区义务教育学生营养不良问题的惠民政策，旨在为农村义务教育学生提供膳食补助。义务教育阶段学生正处在生长时期，只有为学生补充足够的营养，保证学生健康成长，才能够促进学生的全面发展，教育工作也才能够有效进行。该计划自2011年秋季学期实施以来，中央财政7年累计投入1248亿元用于改善学生营养，并安排300亿元专项资金支持试点地区的食堂建设，使得3700万贫困地区学子受益，充分解决了孩子吃不上饭、吃不好饭的问题。③同时，实施该计划对于巩固我国民族地区“普九”成果也具有重要意义。

2. 民族地区义务教育的均衡优质发展有赖于国家政策扶持

近年来，在国家政策以及各级地方政府的大力扶持下，民族地区的义务教育发展及普及状况得到了非常大的改善，教育教学水平也得到了提高、教学条件也

① 黄承伟，徐丽萍. 中国包容性增长与减贫：进程与主要政策[J]. 学习与实践，2012（7）：2，67-75.

②“完善农村义务教育财政保障机制”课题组. “两免一补”政策实施的宏观效果与前瞻[J]. 管理世界，2005（7）：74-82.

③ 马惠. 教育部：3700万农村学子受益于营养改善计划7年投入1248亿元[EB/OL]. http://edu.cnr.cn/list/20180628/t20180628_524284901.shtml，2018-06-28.

得到了改善，但尽管如此，民族地区的义务教育依然存在着发展不均衡的问题，而其均衡优质发展依然有赖于国家的政策支持。

受某些民族文化传统的影响，民族地区的一些人并不重视文化知识的学习，教育观念比较薄弱，在他们的观念里，男孩子只要能够赚钱养家，女孩子只要能够嫁个经济富足的好人家，接不接受教育都是无可厚非的。[①]在这种观念的影响下，他们并不愿意将孩子送往学校接受教育，这对民族地区义务教育发展是极为不利的。针对此问题，国家出台了相应的教育扶持政策，并在民族地区大力宣传义务教育法，普及义务教育的重要性，以改变这些家庭的教育理念，同时加大了对这些家庭的教育补助力度，相信在不久的将来，这样的状况一定能够得到彻底的改善。

我国是一个多民族国家，大多数少数民族有自己独特的语言和文字，且与汉语存在一定的差异。学龄儿童入学时接受的是以汉语课本为载体的文化知识，这就要求他们既要学习母语，又要学习汉语，语言的障碍是影响义务教育教学质量的重要原因。因此，为了提高民族地区义务教育教学质量，继续推进民族地区的双语教学是必要的，同时也是符合少数民族发展需要的。在实行双语教学的同时，国家也应加强对民族地区教师的特色培养，民族地区师资队伍的建设不能照搬其他地区的模式，要“立足本土、结合特点、面向专业化”。在民族地区双语教师培训方面，应加强与民族地区双语教师培训相关的立法与制度化建设，制定双语教师资格的国家标准，建立教师教育一体化的双语教师培养机制，创新双语教师培训模式，培养一支专业化的双语教师培训者队伍。[②]

二、民族地区教育政策与义务教育资源配置的关系

1. 民族地区教育政策关系到义务教育师资配置

教师资源是所有教育资源中最为重要的资源，因此，教师资源的均衡、合理配置是实现义务教育均衡发展的必要条件。[③]受自身条件及其他多方面因素的限

① 杨树仁，马兰花. 西部民族地区义务教育的困境与突围——基于甘肃省某民族自治县义务教育普及现状的调查与分析[J]. 中小学管理，2017（2）：34-36.

② 王鉴. 中国少数民族教育政策体系研究[M]. 兰州：民族出版社，2011：60，192-194

③ 吴龙. 中国少数民族县域城乡义务教育均衡发展研究[D]. 西北大学硕士学位论文，2012.

制，民族地区教师队伍存在质量不佳、整体素质不高、断层较严重以及数量严重短缺的问题。为解决这些问题，国家采取了一系列优惠政策，如提高少数民族教师的薪酬待遇，给予教育、医疗方面的补贴等。在国家政策及经济的大力扶持下，民族地区师资状况得到了相应的改善，义务教育发展也取得了空前的进步。当前，民族地区引进新教师主要通过“特岗教师”和“三支一扶”计划等形式来实现，资金由国家财政承担。但尽管如此，民族地区的教师数量依旧短缺，义务教育均衡发展依然有阻碍。

当前，阻碍民族地区义务教育均衡发展的主要是义务教育师资在数量与质量上的不均衡。首先，民族地区教师数量严重短缺，且教师队伍的学科结构存在较为严重的不合理现象。例如，中小学大都只开设单一的学习科目，缺乏专业相适应的教师，如英语、音乐、计算机等学科教师，严重影响了民族地区的教学质量以及民族地区学生的学习质量。①其次，民族地区教师质量尤其是教师学历水平急需提高。在我国东部地区以及中大城市，许多中小学招聘教师要求硕士及以上学历，而在民族地区，教师的学历大都是大专或以下。另外，民族地区教师的教学理念比较陈旧、教育方法也比较落后，无法从根本上保证教学质量。

2. 民族地区教育政策关系到义务教育学校建设

考虑到民族地区交通大都不便，居民居住分散，教育发展较为落后，为帮助民族地区发展教育，促进民族地区脱贫致富，提高民族地区人们的民族文化素养②，2001 年起，我国在民族地区开展了寄宿制学校建设。寄宿制学校建设的初衷是优化农村教育资源配置，促进城乡教育均衡发展。同时，寄宿制学校的建设对于保证民族地区适龄儿童正常入学、完成义务教育也具有重要意义。2001 年起，国家先后实施了“中西部农村初中校舍改造计划”“农村义务教育薄弱学校改造计划”，这些全面改善贫困地区义务教育薄弱学校基本办学条件的举措，极大地推动了民族地区寄宿制学校的发展。2018 年 4 月，《国务院办公厅关于全面加强乡村小规模学校和乡镇寄宿制学校建设的指导意见》进一步提出，要高度重视乡村义务教育，全面加强乡村小规模学校和乡镇寄宿制学校建设和管理，为乡村学生提供公平而有质量的教育。寄宿制学校的建设可以让乡村适龄儿童在学校学习、生活和

① 张黎娜. 贵州民族地区义务教育师资合理配置研究[J]. 大学教育，2012（7）：15-16.

② 黄奇. 民族地区义务教育寄宿制学校办学问题研究[D]. 中南民族大学硕士学位论文，2012.

成长，对于确保民族地区适龄儿童按时入学接受应有的教育，以及推动民族地区义务教育发展及文化事业发展、脱贫攻坚工作等都具有十分重要的意义。

3. 民族地区教育政策关系到义务教育经费投入

经济发展落后、教育经费投入不足、经费短缺是制约民族地区义务教育发展的最大障碍。2001 年 5 月，《国务院关于基础教育改革与发展的决定》明确指出，义务教育实行在国务院领导下，由地方政府负责、分级管理、以县为主的管理体制。该决定的发布，使义务教育的财政责任由乡镇转为县，由此缓解了县域内教育发展不均衡的问题。但归根到底，义务教育经费依然要依赖于地方财政。由于民族地区政府的财政能力较弱，义务教育经费投入仍显不足。为满足民族地区义务教育发展的基本需要，《国务院关于深化农村义务教育经费保障机制改革的通知》提出"明确各级责任、中央地方共担、加大财政投入、提高保障水平、分步组织实施"的基本原则，强调要逐步将农村义务教育全面纳入公共财政保障范围，建立中央和地方分项目、按比例分担的农村义务教育经费保障机制。[①]该机制确立了政府在义务教育经费方面的主导地位，促使各级政府充分发挥各自的主体作用，把增加的教育经费根据各地区的教育现状进行分配，从而使民族地区义务教育经费来源得到保障。

2018 年 8 月，《国务院办公厅关于进一步调整优化结构提高教育经费使用效益的意见》提出，要本着"优先保障，加大投入；尽力而为，量力而行；统筹兼顾，突出重点；深化改革，提高绩效"的原则，着力解决教育发展不平衡、不充分的问题；还提出要始终坚持把义务教育作为教育投入的重中之重，切实落实政府责任，进一步提高全国特别是西部民族地区义务教育巩固率，加大教育扶贫力度，巩固完善城乡统一、重在农村的义务教育经费保障机制，逐步实行全国统一的义务教育公用经费基准定额。该意见的发布既有助于确保教育经费落实到学校，保障学校的正常运转，提高民族地区学校的办学水平，保障民族地区义务教育的均衡发展，还有助于民族地区的师资队伍建设、学校建设等。我们相信，在国家政策的扶持下，民族地区的义务教育经费一定能够得到保障，民族地区的义务教育一定能够均衡而稳定地发展。

---

① 周满生，王建. 一项具有里程碑意义的决策——解读国务院《关于深化农村义务教育经费保障机制改革的通知》[J]. 国家教育行政学院学报，2006（5）：24-28.

第二节 民族地区经济发展水平影响义务教育资源配置

一、民族地区经济发展水平对义务教育发展的影响

民族地区经济发展水平对当地义务教育发展具有直接的影响和作用，表现在民族地区的义务教育发展离不开当地经济社会发展的支持，当地经济发展的规模、速度和质量，决定着义务教育发展的水平和质量。近年来，我国民族地区经济的发展速度不断加快，经济总量得到了很大提升。2008 年，我国西部民族地区生产总值为 53 454.63 亿元，至 2017 年增长至 159 314.71 亿元，增长了近 2 倍。从相对值上来讲，2017 年，我国 GDP 为 827 122 亿元，同比增长 6.9%，而 2017 年，我国西部民族地区生产总值同比增长 11.6%，高于全国 GDP 增长水平。2008 年，西部民族地区生产总值占全国 GDP 的 16.7%，至 2017 年，这一比例上升至 19.2%。这说明我国西部民族地区经济总量占全国经济份额的比重在不断加大。①从某种程度上说，民族地区义务教育的相对落后，主要是受当地经济和环境条件的制约，而随着民族地区经济发展水平的提高，其义务教育发展也会越来越好。

1. 民族地区的经济发展为义务教育发展提供物质保障

民族地区的经济发展可为当地义务教育发展提供必要的硬件设施，如校舍、实验仪器、计算机设备等。近年来，为了实现全面普及义务教育的目标，国家及各级人民政府增加了对义务教育硬件设施的投入。以广西为例，最近几年在不断加快地区经济发展的同时，不断增加对义务教育设施设备的投入，为义务教育的普及和均衡发展提供了物质保障。根据教育部发布的教育统计数据，2013 年，广西小学校舍的占地面积为 28 838 453 平方米，学生宿舍的占地面积为 1 987 499

① 国家统计局. 中华人民共和国 2017 年国民经济和社会发展统计公报[EB/OL]. http://www.stats.gov.cn/tjsj/zxfb/201802/t20180228_1585631.Html，2018-02-28.

平方米，体育馆的占地面积为 94 486 平方米；至 2017 年，校舍的占地面积扩大至 38 097 005.88 平方米，学生宿舍的占地面积扩大至 2 643 409.78 平方米，体育馆的占地面积扩大至231 340.9平方米。2013 年，广西初中学校图书仅有 36 571 139 册，计算机设备有 133 564 台，实验仪器设备资金投入 66 667.43 万元；至 2017 年，图书增加至 75 889 156 册，计算机设备增加至 218 168 台，实验仪器设备资金投入也增加至 100 348.05 万元。[①]这种强有力的义务教育发展的物质保障，来源于广西近年来经济的稳定持续发展，特别是地方经济的快速发展和财政收入的不断增加。

2. 民族地区的经济发展推动义务教育的真正普及

经济发展是普及义务教育的重要基础。近年来，我国义务教育的普及效果十分显著，这与我国经济长期稳定发展是分不开的。民族地区义务教育的发展与普及，既有赖于整个国家经济发展提供的支持和资助，也离不开民族地区自身经济发展的支撑和保障。过去，民族地区义务教育发展比较落后，普及程度较低，是与民族地区经济发展薄弱有密切关系的。随着民族地区经济的不断发展及对教育投入的持续增加，其义务教育也逐步实现了完全免费，达到了真正意义上的普及。近年来，我国西部地区经济发展速度加快，紧跟东部沿海发达地区的步伐，在全面普及义务教育方面取得了极大进展。以四川省为例，2017 年，地区生产总值达到 36 980.2 亿元，按可比价格计算，比上年增长了 8.1%；人均地区生产总值达到 4.4651 万元，比去年增长了 7.5%。随着经济的不断发展，该省逐步加大了对民族地区义务教育的投入力度，民族地区义务教育得到全面普及。截至 2017 年底，四川省民族地区 67 个县（市、区）中，已有 44 个县（市、区）通过义务教育均衡发展国家评估验收，民族地区小学适龄儿童入学率达 99.22%，初中适龄儿童入学率达 98.40%，基本实现与四川全省教育同步发展。[②]

3. 民族地区的经济发展促进义务教育质量的提高

长期以来，民族贫困地区多处于大山深处，交通不便，信息闭塞，教育资源稀缺，当地学生无法接受良好的教育，教育质量一直处于较低水平。为了解决这一难题，国家提出提高贫困地区义务教育质量、实现学生全面发展的目标。随着

① 教育部. 2017 年教育统计数据[EB/OL]. http://www.moe.gov.cn/s78/A03/moe_560/jytjsj_2017/，2018-08-06.

② 四川省统计局. 2017 年四川省国民经济和社会发展统计公报[EB/OL]. http://tjj.sc.gov.cn/sctjj/001/2018/2/28/7e85b5e9645049cd94310c3ef922198b.shtml，2018-02-28.

我国经济的快速发展及互联网的普及，信息化、网络化技术不断成熟，互联网技术开始应用于教育领域，近年来，贫困地区学校也开始接触和应用网络技术，其中较典型的就是网上课程的应用。传统的义务教育课程较单一，仅包含语文、数学两门科目，教学方式也仅仅是老师的口头阐述，学生经常感到上课枯燥乏味，课程内容难以理解，这是出现义务教育质量低下问题的原因之一。网络课程包含丰富的课程，除了语文、数学两门科目外，还有英语、音乐、美术、科学等其他科目，解决了课程单一的问题，也有助于孩子的全面发展。另外，互联网在教育上的应用，也在一定程度上缓解了贫困地区优质教师资源短缺的问题。民族贫困地区的乡村学校大多缺少有资历的优秀教师，这也是乡村学校教育质量低下的原因之一。互联网课程的引进解决了这一问题，一根网线、一台电脑，甚至不用专门的教师就能让孩子在教室上完一堂课。互联网平台让当地学生和教师享受了越来越多的优质教学资源，贫困地区学生也能和发达地区学生共享课程，教师也能学习和借鉴优质的教育教学模式，进而提高教育质量。

二、民族地区经济发展水平对义务教育资源配置的影响

1. 经济发展水平决定地方政府对义务教育的投入水平

民族地区义务教育发展所需资金除了要靠国家投入、财政补贴和其他支持外，还要靠民族地区政府来提供。因此，民族地区的经济发展水平决定了其对义务教育的投入水平。相比于发达国家，中国的教育事业投入经费较少，早在 1993 年，中国就提出要在 2000 年实现国家财政性教育经费支出占 GDP 4%的目标。然而，这一目标在 2012 年才得以实现，比预期推迟了整整 12 年。近年来，国家持续不断地加大对教育事业的经费投入。2015 年 4 月，经第十二届全国人民代表大会常务委员会第十四次会议修订的《中华人民共和国义务教育法》提出了“三个增长”原则，各级人民政府遵从该原则，积极增加对教育的投入。但对于发展相对落后的民族地区来说，经济基础薄弱、发展比较缓慢、政府收入低等导致其对义务教育的投入仍与其他地区存在较大差距。以广西为例，作为我国西部开发区的重要地区，广西近几年的经济发展速度虽然不断加快，但相比于我国东部地区，不论是总量还是人均水平，都还存在较大差距。比如，2017 年，广西的地区生产总值

为 20 396.25 亿元，相较于 2016 年增长了 7.3%，但在全国的排名中，仍然处于中下水平。[①]在义务教育经费投入上，广西也存在严重不足。2016—2017 年，广西普通小学生均一般公共预算教育事业费从 7690.45 元增长到 7897.88 元，仅增长了 2.70%，远低于全国普通小学生均一般公共预算教育事业费 6.71%的增长率；普通初中生均一般公共预算教育事业费从 9507.61 元增长到 10 028.82 元，仅增长了 5.48%，远低于全国普通初中生均一般公共预算教育事业费 9.13%的增长率。[②]这既表明广西对义务教育事业费的投入还是不够的，也表明广西经济发展的不足限制了义务教育的发展。

2. 经济发展水平影响城乡及校际教育资源的配置

城乡及校际教育资源分配不均衡是当前民族地区义务教育发展中存在的一大问题。长期以来，在我国经济社会的城乡二元结构背景下，政府在制定公共政策时，容易优先考虑城镇发展，而忽视乡村利益，导致教育领域也存在二元结构。这种二元结构在民族地区十分明显，即城乡及校际教育资源配置不均衡，表现为人力资源配置不均衡、物力资源配置不均衡及财力资源配置不均衡。

人力资源配置不均衡主要体现在教师队伍上，城乡间教师数量差距大、教师水平参差不齐、教师队伍专业结构不合理。首先，受城乡经济发展水平的影响，很多教师特别是年轻教师为了谋求更高的生活水平和更好的职业发展，不愿到乡村任教；而一些乡村教师借助公务员考试或其他渠道想方设法地进入城镇，乡村学校面临教师“招不来，留不住”的局面，结果便是城镇教师不断增加而乡村教师数量严重缺乏的情况。其次，由于教师缺口大，乡村学校出现很多课程没有专职老师任课的情况，如体育、音乐、美术、心理等科目的教师人数严重缺乏。为了能开齐这些课程，不少学校只能安排其他课程的教师兼职担任这些课程的教师。很多时候本应该让孩子放松的体育课、音乐课却被语文、数学老师占用，不但加大了乡村学生的学习压力，而且剥夺了农村学生发展业余爱好的机会，不利于促进其健康成长。最后，城乡及校际教育资源分配不均衡还表现在教师水平上。城镇学校凭借其有利的地理优势和经济发展状况，对应聘教师的学历、素质、能力

---

① 赵超. 2017 年广西 GDP 达 20396.25 亿元[EB/OL]. http://www.gov.cn/xinwen/2018-01/20/content_5258782.htm，2018-01-20.

② 教育部，国家统计局，财政部. 教育部 国家统计局 财政部关于 2017 年全国教育经费执行情况统计公告[EB/OL]. http://www.moe.gov.cn/srcsite/A05/s3040/201810/t20181012_351301.html，2018-10-12.

等的要求比较高，因此，教师质量也相对较高；而处于边远山区的乡村学校，由于教师缺口大、教师需求也大，招聘教师的门槛比较低，很多低学历教师来乡村学校任教。教师作为培育学生的主体，是学校教育中最为重要的人力资源，一所学校的师资力量直接影响该学校的教学质量。城乡教师队伍不均衡必然会导致城乡教育上的差距，进而影响教育质量。

物力资源配置不均衡主要体现在城乡学校基础设施配置不均衡上。学校的基础设施主要包括教学楼、学生宿舍、操场、教学设备、实验器材等。受城乡经济发展不均衡的影响，城镇学校和乡村学校的基础设施建设也不均衡。城镇学校的教室大都宽敞明亮，设施齐全，并配备有先进的多媒体电子设备、实验器材，建有图书馆、体育馆、实验室等，而乡村学校的基础设施大都简陋且数量短缺，如教室环境差，桌子板凳陈旧，教学仪器设备、实验器材、计算机设备严重缺乏等，不少乡村中小学还没有引进先进的网络教学设施，也没有像样的图书馆，藏书更是远远少于城镇学校。由此可见，义务教育的优质资源大多集中在城镇学校，而乡村学校基础设施不完善，这也进一步拉大了城乡教育资源配置差距。

人力资源和物力资源配置不均衡归根到底是财力资源分配不均衡导致的。民族地区的经济发展水平决定了当地政府能够投入到教育上的经费。由于城乡经济发展水平的差异，民族地区政府对城镇学校和农村学校的教育经费投入也有所不同，这种差异在全国范围内都有所体现。2012—2015 年，全国义务教育小学生均预算教育经费从 6128.99 元增长至 8838.44 元，其中农村小学生均预算教育经费从 6017.58 元增长至 8576.75 元。虽然生均预算教育经费都在增加，但农村义务教育经费的投入水平总是低于全国平均水平。义务教育初中生均预算公用经费也是如此，2012—2015 年，全国义务教育初中生均预算公用经费从 2691.76 元增长至 3361.11 元，农村初中生均预算公用经费从 2602.13 元增长至 3093.82 元。①

3. 经济发展水平关系到教育资源的利用效率

随着民族地区城镇化进程的加快以及“两免一补”政策的实施，许多农村孩子涌进城镇学校就学，造成城镇学校出现“大班额”，而农村学校人数急剧下降的现象。农村学生涌进城镇就学造成城镇学校的生均校舍面积、生均运动场面积等减少，而城镇学校一般处于经济比较发达、土地寸土寸金的城区，很

① 王英梅. 公平视角下城乡义务教育均衡发展探微[J]. 现代教育科学，2018（8）：66-67.

难实现扩张。虽然农村学校的占地面积比较广阔，且学生人数少，但是农村学校的资源质量远远比不上城镇学校，如设施设备简陋且数量不足，运动场大多为露天场地，没有塑胶跑道等。据统计，2016 年，我国城镇小学和农村小学生均图书藏量比为 21.96：22.75，城镇中学和农村中学生均图书藏量比为 32.87：41.9。[①]不管是小学还是初中，农村学校的生均图书藏量都比城镇高，但由于经费有限，农村学校不能及时添置新图书，既有图书大多年代久远，破旧不堪，图书的利用效率并不比城镇学校高。城镇学校拥有优质的教育资源，但学生的不断增加造成学校资源紧张，人均资源不足；而农村学校虽然人均教育资源较多，但由于没有足够的资金来扩建和更新设施设备，资源质量及其使用效率并不高。

近年来，国家和政府为民族地区义务教育学校投入了大量先进的教学设备，但这些设备并没有充分发挥它们的使用价值。在民族地区，特别是经济条件比较差的贫困乡村学校，虽然政府为其投入了先进的教学设备设施，但具备技术知识的人才不愿到此任教，导致这些教学设备成为一种摆设，使用效率低下，从而造成教育资源甚至是社会资源的浪费。由此可以看出，民族地区的经济发展水平直接或间接地影响着教育资源的使用效率。

第三节　民族地区人口状况影响义务教育资源配置

我国是一个由 56 个民族组成的国家，要想实现中国梦，必须要促进各个民族共同发展，政府一直在努力缩小各民族、各地区之间的贫富差距，以最终实现共同富裕。为了支持少数民族地区的发展，我国在计划生育政策、教育事业建设、社会保障资金以及国家财政税收等方面都给予了民族地区一定程度的扶持。但少数民族地区的经济、社会发展、教育等方面依然与汉族地区存在较大差距，这些差异的形成与民族地区的人口发展状况是密切相关的。

① 王英梅. 公平视角下城乡义务教育均衡发展探微[J]. 现代教育科学，2018（8）：66-67.

一、民族地区人口发展的主要特点

我国是一个约有 14 亿人口的大国。据第六次人口普查统计，2000—2010 年，全国汉族人口增幅为 5.74%，少数民族人口增幅为 6.92%；而 1990—2000 年，少数民族人口的增幅为 15.10%。[①]少数民族地区的人口发展呈现出以下几个特点。

1. 人口增长较缓慢，分布不均匀

伴随民族地区经济社会的较快发展，民族地区的人口素质得到了明显提高，人民的生育观念也发生了相应的改变，已经由多生多育转变为优生优育，所以尽管人口数量与出生率总体上仍在增长，但是人口发展已经呈现出缓慢增长的趋势。此外，不同地区少数民族人口的分布也有较大不同。比如，山西省只有 0.26%的少数民族，西藏自治区的这一比例却高达 91.86%，相差 91.6 个百分点。少数民族人口占比在 1/3 以上的省级行政区有西藏、新疆、青海、广西、贵州、宁夏和云南；少数民族人口占比在 6%—21%的省级行政区有内蒙古、辽宁、湖南、甘肃、重庆、四川等。由此可知，少数民族人口多集中分布在我国西部，且其人口增长呈现出西部地区较中部、东部地区增长多的特点。[②]

2. 人口文化素质比较低

与过去任何时期相比，现在民族地区人口的文化素质应该说整体有了相当大的进步和提升，但如果与全国平均水平和汉族地区相比，则其进步速度还是较缓慢的。有学者通过对第六次人口普查数据的整理与分析得出以下数据：全国文盲率平均为 5%，超过平均水平的有 37 个民族，低于平均水平的有 18 个民族。其中，文盲率最高的民族是德昂族，文盲率高达 19.34%；而文盲率最低的民族是锡伯族，文盲率仅为 1.12%。从每万人中的研究生比例来看，全国平均每万人中有 33 名研究生，而少数民族每万人中研究生最多的是赫哲族，为 138 人；而研究生最少的是德昂族，只有 1 人，相差 137 倍。[③]由此可以看出，民族地区人口的文化素质整体上与汉族地区相比还是有一定差距的。近年来，虽然我国对民族地区的教育给予了大力支持，其义务教育也基本实现了普及，学生升入高中和高等学校的比率

① 马正亮. 我国少数民族人口发展状况分析[J]. 中国少数民族人口，2013（2）：80-82.

② 欧胜凤. 2010 年以来中国少数民族人口研究综述[J]. 人口·社会·法制研究，2014（2）：126-136.

③ 马正亮. 我国少数民族人口发展状况分析[J]. 中国少数民族人口，2013（2）：80-82.

较以前也有较大增加，但是民族地区人口整体的文化水平还处于相对落后的状态，继续提高民族地区人口文化素质的任务依然严峻。

3. 年轻劳动力人口流失较严重

少数民族流动人口是指在城市居住或停留半年以上的、无该市户籍的外省区市的少数民族人口，包括少数民族农民工及其子女、少数民族高校大学生等，不包括港澳台地区人口。①少数民族大都地处我国边陲，与华中、华南、华东等地区相比，环境条件较差，且经济发展速度较慢，就业机会较少。尽管一些民族地区物产丰富，但是恶劣的自然环境在很大程度上限制了当地农业的发展，加之地形复杂、交通不便等，许多当地的青壮年劳动力更愿意去发达地区打工甚至在工作地定居生活，而一些老年人、儿童和妇女则留在本地生活，这就导致民族地区老年人多、青壮年劳动力少的状况。青壮年劳动力是民族地区经济社会发展的中坚力量，因此，国家需要为民族地区青壮年劳动力创业提供积极的扶持政策和有效的指导帮助。当前民族地区的发展仍面临较多的问题和困难，特别是在农业现代化和农产品销售、加工方面，缺乏有文化、有技术的劳动力的支撑。一方面，民族地区培养青壮年劳动力的能力不足；另一方面，有文化、有技术的青壮年劳动力大量流失。这必然会对民族地区的经济建设与社会发展产生不利影响，而要消除这个不利影响，恐怕不是民族地区自己能办到的，需要各级政府和国家共同施策。

二、民族地区人口与义务教育发展的关系

与其他地区相比，民族地区的人口结构呈现出复杂且多样的特点，在一定程度上影响着民族地区义务教育的发展，反过来，民族地区义务教育发展的不足又会制约民族地区人口素质的提高和结构的优化，因此，提高民族地区义务教育的普及水平有助于民族地区人口数量的合理增长和质量的逐步提高。

1. 民族地区人口数量制约义务教育发展

民族地区人口数量一直是影响民族地区发展的主要问题之一，如前所述，民族地区的人口数量依然呈增长趋势，相应地，其学龄儿童数量也在增加，因此，

① 高向东，余运江，黄祖宏. 少数民族流动人口城市适应研究——基于民族因素与制度因素比较[J]. 中南民族大学学报（人文社会科学版），2012（2）：44-49.

增加对其的义务教育投入是十分必要的。有研究表明，义务教育经费投入规模及生均教育经费指数对资源配置效率有显著影响，西部地区义务教育资源配置效率总体高于东部和中部地区。[①]但民族地区的经济多依靠国家的扶持，民族地区的教育资源配置也要依靠国家的财政投入，因此，民族地区不断增加的人口数量会给国家的财政支出带来一定压力。例如，民族地区义务教育学校的校舍面积不够，无法满足当地学生的上学需求，国家就需要投入大量的人力、物力新建校舍；民族地区学龄人口在增加而教师数量却不足，国家就需要投入大量经费培养或引进高素质教师。这些都会增加政府的财政压力。此外，人口数量增长、学龄人口增加，也会导致义务教育人均经费不够等问题。

2. 民族地区人口文化水平影响义务教育发展

一个地区的人口文化水平与教育的发展程度有着密切关系。人口文化水平主要体现在当地人口的受教育程度以及接受过高等教育的人口占比，其对教育的影响大致表现在直接和间接两个方面。从直接方面看，受教育程度高的人更能认识到教育的重要性，对教育尤其是义务教育有更深刻的理解和更大的支持力度，也更能配合和参与义务教育的实施。从间接方面看，年长一代的受教育水平会影响到下一代甚至再下一代的身心健康特别是智力水平，且对家庭教育的文化氛围、学校和社区教育的运行、孩子学业成就的提高，都会产生效用。从总体上看，我国民族地区人口的受教育程度和文化水平还比较低，对义务教育的发展还有“障碍性影响”。譬如，一些家长的文化程度低，意识不到接受义务教育对孩子成长和社会发展的重要性，未能及时主动地送孩子去接受义务教育，甚至有些家长过早地让孩子辍学；一些成年人思想保守、观念陈旧，没有形成良好的生育观和正确的教育观，不懂得如何培养、教育孩子，未能履行和担负起教育子女的责任；等等。因此，进一步提高民族地区人们的思想认识和文化水平，巩固“防辍保学”和“普九”成果，提高义务教育质量，确保适龄儿童全部接受和完成义务教育，是民族地区必须常抓不懈的攻坚工程。

3. 民族地区义务教育的实施影响人口发展的数量和质量

义务教育的实施对人口数量、人口质量以及人口结构、人口流动等都会产生重要的影响。在二孩政策出台之前，教育是控制人口数量的有效手段之一，大量

---

① 李玲，陶蕾. 我国义务教育资源配置效率评价及分析——基于 DEA-Tobit 模型[J]. 中国教育学刊，2015（4）：53-58.

事实和研究证明，妇女生育率与受教育水平有密切关系，受教育程度越高的妇女，其生育率越低。一方面，随着受教育年限的延长，结婚年龄一般也会往后推移，而结婚越晚的父母，生育子女的数量会越少；另一方面，受教育程度高的妇女，更注重优生、优育、优教。一般来说，文化程度越低的妇女，越容易早婚早育，越容易受“多子多福”“重男轻女”等旧观念的影响，在生育上追求数量和性别，这种情况在义务教育实施不完全、女童上学率低的民族地区、偏远山区比较常见。近年来，随着国家对义务教育的日益重视，民族地区义务教育普及程度得到很大提高，女童也能平等地接受义务教育，加之人们教育观念、生育观念的改变，特别是年轻妇女在接受一定的教育后，有了更多的自主权和发展选择机会，受传统生育观的影响日益减小，会更加理性地做出生育选择，更加注重优生优育。这种基于教育变化带来的生育变化，对当地人口数量调整、文化素质提高以及人口结构优化的作用是显而易见的，也是持久深远的。

三、民族地区人口状况对义务教育资源配置的影响

教育资源配置是指将投入的教育资源在各教育层级、教育类别和不同区域范围的学校间进行分配，且包括人力资源、物力资源和财力资源的配置。同样，义务教育资源的配置也包括人力资源、物力资源和财力资源等方面的配置，且其配置需要遵循公平性、高效性和可持续性原则。民族地区人口状况的复杂性，使其在义务教育资源配置上与其他地区有所不同。

1. 学龄人口的增长要求加大学校建设

民族地区大多处在偏远山区，经济欠发达，交通不便利，人们大多分散居住，学校布局难以集中，特别是在一些偏远乡村，当地人口少，适龄儿童也较少，以致学校规模不大，很多是小规模学校甚至是“微型”学校，且学校的校舍简陋，教室多为简易的平房。随着国家对民族地区人口政策的放开，民族地区人口数量在逐步增长，加上政府对民族地区、贫困地区连片扶贫、易地搬迁等政策的推动，以及农村适度撤点并校、集中办学政策的实施，民族地区义务教育学校建设发生了巨大变化。除此之外，国家在民族地区投入了大量资源并实施了一系列优惠政策，加强了乡村小规模学校和寄宿制学校的建设，在学校危房改造、校舍面积拓

展、活动场所建设等方面也给予了大力扶持和帮助。这些工作正是为了充分保障民族地区学生的受教育权利，满足民族地区不断增长的人口特别是学龄人口接受义务教育的需要。人口数量的增加在一定程度上推动了当地政府对适龄儿童接受教育情况的关注，也在一定程度上推动了我国义务教育更加充分、高质量的落实。公平的实现有赖于合理的社会分配方式①，而加强学校建设，既是为了适应学龄人口的增长，也是为了促进教育公平。

2. 学生数量的增加要求改善教学设备

在过去较长时期，民族地区人口相对稀少。在义务教育尚未实施及实施后未能免费的情况下，民族地区接受义务教育的学生很少。有的学校一个年级仅有 1—2 个班，甚至不少学校实行复式教学，教学设备也相对简陋，仅几张桌椅、一个黑板就解决了学生的基本上课问题。但随着民族地区人口数量的不断增加和接受义务教育学生的日益增多，加上国家和政府对义务教育发展质量要求的提高，人民群众对接受公平而有质量的教育的愿望更加迫切，这就需要改善民族地区学校的教学设备，包括多媒体教室、图书室、实验室、计算机室、文体活动室等建设及设备配置。为了更好地贯彻以人为本的发展观、切实促进义务教育公平发展，国家在民族地区义务教育学校逐步推广多媒体教学，加强数字化校园建设，在实现“三通”的基础上，使每位学生、教师、教辅人员都能共享信息化设备带来的优化效益，并实现各学校间信息化设备的均衡配置与使用。国家和政府免费为民族地区和边远贫困地区学校提供优质学习资源，民族地区学生享受到了越来越好的教育服务。

3. 学生发展需求的增加要求增强师资力量

学生的发展包括德、智、体、美、劳诸方面的发展，随着素质教育、创新教育等的倡导与推进，以及民族地区人们对教育的日益重视及家长对子女全面发展的期望，全面提高教育教学质量，提供更加丰富的多样化、个性化的教育，让学生获得更好、更快的发展，已成为义务教育学校改革与发展的使命和追求。学生的发展离不开教师的引领，而教育教学质量的提高，关键在教师。过去，由于民族地区办学条件的限制，加上工作压力大、薪酬偏低以及某些学校位置偏僻、交

① 林平. 生态伦理学中的两个公平问题[J]. 莆田学院学报，2007（1）：25-28.

通不便等，教师“下不来、留不住”的现象比较突出，师资队伍年龄偏大、学科专业结构不合理等问题较严重，特别是信息技术、英语、艺术等学科教师短缺。教师数量不足、质量不高，导致该开的课不能开，该教的知识没有教，不仅影响学生的学业水平，更影响学生素质和能力的提高。近年来，为推进民族地区义务教育均衡、可持续发展，满足民族地区学生对接受优质教育、获得充分发展的要求，国家和政府不断加强民族地区义务教育师资队伍建设，在师资“数量、质量、能量”上下功夫，通过实施农村教师“特岗计划”，建立农村教师津贴激励机制，完善中小学教师交流、引进机制，加强师资岗位培训和素质培养等，逐步解决师资队伍年龄偏大、学科结构不合理的问题。各地在积极依法保障教师平均工资水平不低于本地公务员待遇标准的基础上，按政策有效落实乡村教师补助计划、乡镇工作补贴和绩效奖励等。一些地方还通过集中培训、岗位竞赛、参观考察等多种方式提升教师的业务水平，促进教师专业化成长。如今，在民族地区的义务教育学校，越来越多的教师能够融合传统与现代化技术手段进行教学，能够结合地方文化开设各种特色课程，既满足了学生的需求，也促进了学生的发展。

第四节　民族地区文化影响义务教育资源配置

一、民族地区文化发展的基本特征

1. 民族地区语言具有多样性

有的民族拥有属于自己的独特语言，如蒙古语、柯尔克孜语、彝语、壮语、苗语、傣语、傈僳语等。民族语言是民族地区人际交往的主要工具，在日常生活中扮演着重要的角色。比如，家庭成员之间的交流、与外人进行沟通，甚至是基层政府工作人员与当地群众沟通交流，都使用民族语言。但是大部分民族没有专门的文字，民族语言的传承基本靠口传心授。

与此同时，在民族地区，普通话的使用比率得到大大提升，尤其是在企事业单位人员和学生群体中。企事业单位人员的文化教育水平普遍较高，普通话是他们工作中的首选语言。另外，由于国家对普及普通话的重视，以及教学质量要求的不断提高，各个学校基本都将普通话作为教学语言的第一选择。

然而，在当今全球化发展的背景下，民族地区民众使用外来语的比率偏低。外来语是指外国语（英语、日语等）及其他民族的语言。在民族地区，能够使用外来语的主要有教师、学生，因此，外来语的使用大多发生在课堂教学过程中，而在日常生活的交流中，基本不会使用外来语。

2. 民族地区宗教文化具有多元性

民族地区的宗教信仰具有多元化特征，主要有基督教、伊斯兰教、佛教等，具体表现为信仰上帝、真主、神、天、山、水、土地、祖先等。例如，有些民族每逢过年过节会到寺院、土地庙等地方烧香、拜神、祈祷，在个人家中也会设立一些牌位开展祭祀活动。大部分民族地区的宗教思想根深蒂固。

3. 民族地区的文化活动具有丰富性

民族地区的文化活动主要是民族传统节庆活动，这些活动是民族地区人民娱乐休闲、增进友谊、思念亲人、加强团结和祈求家人健康平安、来年风调雨顺、事业繁荣昌隆、人丁兴旺等的重要载体。例如，壮族的三月三歌节，侗族的新婚节、架桥节、花炮节以及瑶族的禁风节等。同时，各民族地区政府也为庆祝民族节日规定了一系列专属假期福利。一般来说，民族地区群众都很乐意参加民族传统节庆活动。当然，汉族的一些节庆活动，如春节、元宵节、中秋节等，也是民族地区不可或缺的重要活动之一，尤其在多民族文化融合地区，当地的传统文化活动与其他地区的外来活动交相辉映，为广大民众的生活增滋添彩。

4. 民族地区文化具有兼容性和创新性

民族文化是千百年来民族群众生存发展的智慧结晶，它产生于民族祖祖辈辈赖以生存的那片土地，发展于民族探索人与自然、人与社会的历史过程之中。[①]中华文化不是单一的汉文化，而是多民族文化的融合，是多种文化单元错杂、集合、

① 王鉴. 当前民族文化与教育发展所面临的主要问题及对策[J]. 民族教育研究，2010（2）：5-9.

混融、衍生、交汇的集合体。①虽然不同民族地区的文化具有明显的差异性，但在历史发展过程中，不同民族之间在密切交往和交流中可以借鉴和吸收其他民族文化的精髓，来弥补本民族文化的不足，进而促进本民族文化的发展，这就体现了民族文化的兼容性特征。

创新是当今世界的热门话题，在全球化和科技高速发展的背景下，民族文化传递的固定空间被打破，在与其他民族文化及外来文化相互交融、相互影响的过程中，应根据自身发展的需要，不断对本民族文化加以完善和创新，创造出更具民族特色和新时代特征的新民族文化，以适应新时代发展的需要。例如，近年来，国际彝族学研讨会、国际火把节等活动的举办，使得凉山彝族文化与西方文化互相影响，彼此碰撞，不断创新发展，极大地扩大了当地居民的认知领域和视野范围。②

二、民族地区文化与义务教育发展的关系

1. 民族地区文化对义务教育发展具有促进作用

民族地区文化本身就是一种教育力量，其包含的优秀文化知识、经验、道理等对义务教育发展具有举足轻重的作用。在学习民族优秀文化的过程中，学生可以增长见识，丰富阅历，从而有效地拓展思维，进而促进文化课程学习。

民族地区文化在一定程度上既可以丰富义务教育阶段的课程内容，也可以增加知识传授的趣味性，增强青少年接受知识途径的多样性。将书本知识和生活实际相结合，主流文化和生活文化相结合，有助于激发民族地区学生的学习兴趣；同时，民族地区文化所包含的团结、合作、互助等传统精神，也有助于民族地区学生更好地融入校园生活。

民族地区文化对于民族地区的校园文化建设也具有十分重要的意义。校园文化是一所学校的特殊符号和象征，代表着学校的精神面貌。各民族地区的中小学可以融合本地区特色的民族文化元素，营造独特、多元的校园文化氛围，提高学生对不同文化的理解力和适应能力。

---

① 杨光. 中华民族文化的多元共存和兼容[J]. 阜阳师范学院学报，2013（6）：130-133.

② 马会芳. 现代学校教育与民族文化传承模式的关系研究——以凉山彝族家支教育模式为考察对象[J]. 贵州民族研究，2016（1）：225-228.

2. 民族地区文化对义务教育发展具有一定的制约性

民族地区文化对义务教育发展具有一定的制约性。首先，大部分民族地区地处我国偏远的贫困地区，其在教育设施、教育资金、教育课程、师资队伍等方面落后于经济发达地区，文化建设方面发展得也较为缓慢。其次，受到部分民族地区传统的习俗文化和迷信思想的影响，一些青少年很难完成九年义务教育。例如，云南省某地区的苗族和瑶族世袭的早婚习俗，造成了当地义务教育辍学率较高的问题，并引发了其他恶性循环的后果。[①]最后，在全球化和现代化不断深入发展的背景下，民族地区的部分优秀文化遗产也受到了不同程度的冲击，进而对义务教育阶段的课程资源和教材开发产生了不良影响。除此之外，一些优秀文化遗产的消失也会削弱青少年的民族文化认同感。

3. 义务教育是促进民族地区文化发展的重要力量

学校教育自产生以来就担负着传承民族文化的历史使命。教育对民族文化的保存和传承，直接促进了民族文化的凝聚和积淀，从而形成了民族文化的基本内核。[②]教育是民族文化传承、发展和创新的基础，特别是义务教育，青少年在日常的教学课堂中掌握本民族优秀的文化传统，有利于从小培养民族自信心和民族自豪感，深刻理解民族文化对人类发展的重要性，从而提高文化自觉性，形成传承民族地区文化的意识。此外，在提倡素质教育、促进学生全面发展的背景下，有必要培养学生的多元文化意识。学校通过设置相应的课程、开展校园活动，来帮助学生从不同的角度了解各民族文化，既有助于促进民族文化之间的交流与交融，也有助于提高学生的综合素质。

教育除了对民族文化具有传承作用外，还具有创新作用。英国著名的历史学家汤因比考察了人类历史上若干强盛文化的演变史后发现，这些文化的衰亡揭示了文化演进的一个真谛，即一种文化的发展过程本质上是应答历史挑战的过程，而应答历史挑战的过程就体现出了该文化的活性和发展。[③]从教育的角度来讲，教育是传承人类优秀文化的手段之一，教育通过培养人，不仅使人类的文化生生不

① 李锦发. 中国中越边境民族地区经济文化教育和谐性发展的对策思考——以云南省为例[J]. 红河学院学报，2013（3）：8-12.

② 曹能秀，王凌. 论民族文化传承与教育的关系[J]. 云南民族大学学报（哲学社会科学版），2009（9）：137-141.

③ 周长春. 论教育创新与民族文化的关系[J]. 信阳师范学院学报（哲学社会科学版），2008（5）：79-81.

息地得以继承和发展，而且教育培养人的过程与结果均能创新和发展文化。[①]民族地区通过义务教育培养青少年的文化创新意识和创新精神，从而为民族地区文化的不断创新发展奠定良好基础。民族地区义务教育学校的许多文化活动与科技发展、文化创新融为一体，对促进民族地区文化顺应新时代的发展要求、不断增强创造性和生命力具有特别重要的意义和作用。

三、民族地区文化对义务教育资源配置的影响

1. 民族地区文化影响义务教育课程设置

民族地区文化对义务教育课程设置具有直接或间接的影响。民族教育所强调的受教育主体并非一般大众，而是少数民族群体，其要解决的主要问题并非仅指接受教育与否，还包括以何种形式接受教育。其中，汉语的学习和民族地区文化的传承就是急需解决的首要问题。[②]为有效解决这一问题，我国政府有关部门在民族地区义务教育阶段的课程设置方面，采取了以下两种措施：①设置双语课程。义务教育阶段作为学生正式进入学校学习的初始阶段，大部分课程采取以汉语为主、民族语言为辅的双语教学模式。双语教学模式既便于义务教育阶段学生接受和吸收教师传授的知识，掌握多语言文字和多样文化，积极培养民族意识和民族精神，又可以适应民族地区教育发展的实际情况，保护民族地区文化的多样性和特殊性。②结合各学科课程，设置地方性多元文化课程。学生是学习的主体，是具有活跃思维和能动性意识的个体，义务教育阶段课程及教学内容的安排需要适应学生的认知水平和文化习性。地方性课程要以多元民族地区文化为主要内容，在课堂教学中，加强民族地区特色文化教学，既有利于学生的文化习得和身心健康发展，也有利于民族地区传统文化的传承。例如，黑龙江省朝鲜族中小学积极开发和实施了诸多与朝鲜族衣、食、住、行等相关的，彰显多元文化特色的校本课程和地方课程，如民族礼仪课程、饮食课程、风俗类课程、节日类课程等。同时，音乐、美术、体育等学科教师也积极结合各自学科特点，帮助学生了解民族

---

① 王鉴. 当前民族文化与教育发展所面临的主要问题及对策[J]. 民族教育研究，2010（2）：5-9.

② 王军. 文化传承与教育选择[M]. 北京：民族出版社，2002：10.

音乐、美术、服饰、居住、风俗特点等方面的优秀文化遗产。[①]可见，民族地区课程的开发与设置，深受当地文化的影响。

2. 民族地区文化影响义务教育师资队伍建设

教育是民族文化传承、发展、创新的重要途径。从事教育工作的教师，作为文化知识传递、传承的中间人，在民族文化传播与发展中发挥着举足轻重的作用。为了扩大民族地区义务教育的师资队伍，国家采取了一系列措施：①利用“免学费，包分配”的优惠政策，由民族院校和师范院校定向培养面向民族地区的民族师范生，学生毕业后到民族地区从事教育工作。例如，广西从 2014 年开始实施壮汉双语教师定向培训计划，在广西师范学院等高校开设壮汉双语教育专业，大力培养双语教师，有效地缓解了双语学校壮语教师短缺的问题。②加强对现任教师民族文化及技能的培训。随着民族文化的不断发展与更新和学校传承民族文化任务的确立，新的教学目标、教学模式和教学要求往往让现任教师感到措手不及，难以适应。为了有效解决这个问题，现任教师则需要通过多种渠道、多种形式去学习和培训，以补充新知识，掌握新技能，适应新教法。许多民族地区的中小学教师，定期或不定期地前往师范院校进行民族地区文化学习交流活动，此外，还要在任教学校进行有关技能的校本研修。③聘请当地民族文化传承人做兼职教师。通过这种方式既可以解决民族地区学校民族文化师资短缺的问题，又可以为民族地区文化传播寻找一条好路径。例如，四川省绵阳市北川羌族自治县曲山小学就聘请当地的羌族老人做学校的兼职老师，老人定期到学校教学生唱羌歌和跳羌舞，学习羌语和羌族文化[②]，既缓解了学校民族地区文化教师短缺的问题，又提高了其他教师的民族地区文化水平。

3. 民族地区文化影响义务教育资金投入

投资教育就是投资未来，义务教育是教育工作的重中之重，在全面建成小康社会进程中具有基础性、先导性和全局性的重要作用。民族地区文化的传承、发展与创新，需要义务教育的普及及更好更快地发展，这就需要更多的资金投入。民族地区义务教育学校要开设民族地区文化课程，加强校园民族地区文化建设，就需要经费的扶持和保障，如果没有经费的支持，文化建设就无从谈起。目前，

---

① 申哲山. 传承民族文化 促进民族教育发展[J]. 林区教学，2013（2）：31-32.

② 朱晟利. 震后羌区学校保护羌族文化的意义及途径[J]. 民族教育研究，2009（2）：68-71.

我国民族地区义务教育在资金投入方面依旧存在着不均衡、不充分的问题，尤其学校文化建设方面的经费更是短缺。为有效解决这些问题，政府部门采取了一系列措施，如实施“两免一补”政策；加大对民族地区学校设施建设包括文化设施建设的投入等。民族地区文化的学习与传承、民族地区文化课程的开设、校园民族地区文化的建设，都需要学校有相应的硬件基础设施和物质资源配备，只有增加相应的资金保障，才能确保这些工作的落实和达成。目前，民族地区大部分学校有与民族文化相关的课外阅读书籍，在校园乃至教室中有一些具有民族特色的雕塑、壁画、工艺品等，这些方面的开支除了需要公用经费的投入外，还需要专项文化建设的投入。例如，桂林市临桂区第一中学依托“状元之乡、名人故里”的当地文化，加强了以“国学经典”为主题的校园文化建设，投入资金创建学校的“石头”文化、“廉洁”文化、“名人”文化，激发学生热爱校园、热爱家乡、热爱祖国的情感。南宁市武鸣区民族中学坚持以“打造壮乡民族教育品牌学校”为宗旨，探索“内涵+特色”的学校发展道路，在组织开展抛绣球文体运动、开发抛绣球校本课程等方面都投入了不少经费。

第五章 民族地区义务教育资源配置的国外经验借鉴

教育不仅要面向现代化，也要面向世界，在一个开放的时代，学习和借鉴国外教育发展的经验，对于深化我国教育改革、提升教育水平，是非常必要和有益的。在分析和研究民族地区义务教育资源配置问题上，我们也需要了解和学习国外义务教育经费配置的做法与经验。本章选取了英国、美国、日本、韩国和东盟各国作为代表，其中，英国、美国代表西方发达国家，日本、韩国和东盟各国代表东方特别是亚洲的发达国家和发展中国家，在分别介绍它们的义务教育发展情况的基础上，着重探讨其义务教育经费配置的做法及对我国的启示。

第一节　英国、美国义务教育经费配置的做法与经验

一、英美义务教育发展的现状

（一）英国义务教育发展的现状

英国的儿童从 5 岁开始接受全免费的义务教育，并且学校提供免费的午餐，所有的家长必须把孩子送到学校读书。小学教育一般持续到 11 岁，然后进入中学，英国的中学不分初中、高中，就学年龄一般为 11—16 岁。英国的中小学都由国家负责必需的学费、书费和必要的生活供应。为了保证学生的饭菜质量，英国政府决定从 2015 年起，将烹饪课程增加到 4—5 岁儿童的必修课程中，以达到从小控制学生的饮食、进而控制英国的肥胖率的目的。普通中学教育证书（General Certificate of Secondary Education，GCSE）是指完成中学教育最后两年后取得的文凭。在义务教育阶段，英国大部分受政府资助的中小学遵循统一的国家课程大纲，即面向英国中小学生的教学大纲。该教学大纲旨在推动中小学生精神、情绪、文化、心理、身体等的全面发展，以为其以后的生活做好准备。该教学大纲按学生的年龄及年级分成几个阶段，并在每个阶段末测试学生的学习及进步情况，具体考核方式见表 5-1。

表 5-1　英国义务教育阶段学生考核方式表

教育阶段	学习阶段	学生年龄	年级	考核方式
小学	关键阶段一	5—6 岁	一年级	教师测试
		6—7 岁	二年级	
	关键阶段二	7—8 岁	三年级	教师测试
		8—9 岁	四年级	
		9—10 岁	五年级	
		10—11 岁	六年级	全国学业测试

续表

<table>
<tr><th>教育阶段</th><th>学习阶段</th><th>学生年龄</th><th>年级</th><th>考核方式</th></tr>
<tr><td rowspan="5">中学</td><td rowspan="3">关键阶段三</td><td>11—12 岁</td><td>七年级</td><td rowspan="3">教师测试</td></tr>
<tr><td>12—13 岁</td><td>八年级</td></tr>
<tr><td>13—14 岁</td><td>九年级</td></tr>
<tr><td rowspan="2">关键阶段四</td><td>14—15 岁</td><td>十年级</td><td>部分学生参加全国普通中学教育文凭考试</td></tr>
<tr><td>15—16 岁</td><td>十一年级</td><td>大部分学生参加全国普通中学教育文凭考试及其他资格考试</td></tr>
</table>

资料来源：低龄英国留学知识普及：关于英国的中学教育[EB/OL]. http://www.sohu.com/a/231923017_10008429，2018-05-17

（二）美国义务教育发展的现状

美国普及 13 年的义务教育，即从学前班到高中各年级，涵盖了小学、初中、高中及相应的职业教育。[①]美国的义务教育一律不收学杂费及教科书费，并且学校会低价提供早餐和午餐，每天接送学生上下学的校车也完全免费。美国是一个联邦制国家，发展教育是各州政府的职能，联邦政府只给予法律支持，并通过专项教育拨款来支持 50 个州的教育事业的发展。除由联邦政府统一拨款外，另一部分教育经费由学校所在郡市提供。美国的公立学校采取的是就近上学的原则，不同学区和学校的教学质量会有所差别，其中人口少、房价高的学区的学校教学质量会相对高一些。和中国的教育体制有很大不同，美国的学区制（district system）起源于 1789 年美国马萨诸塞州（Massachusetts）对州宪法的修正，该法规定地方政府成立“学校委员会”负责教育事务。1826 年，该法再度被修正，将学校委员会独立于地方政府之外，并享有教育行政权以及决定教育税率的权力，由此奠定了今日美国地方学区制的基础。

在美国，一个地方学区通常包括一个教育决策单位、一个教育行政单位及若干所公立学校。教育决策单位即学区教育委员会，其组成成员由地区居民选举产生。学区教育委员会受居民的委托，依法决定学区内中小学教育税率、教育预算、

① 闫德明. 美国义务教育财政研究[D]. 西南大学博士学位论文，2015.

学校课程设置、教育人事、学校学区界限等，并督导教育行政单位执行。教育行政单位由学区长及其他行政人员组成，并依据学区教育委员会的决定负责学区内学校的运转。学区内的各中小学由学区教育委员会任命的学校校长负责，并执行学区教育委员会的教育决策。所以在美国，学区是独立于地方政府之外的行政组织，具有决定及管理地方公立中小学教育事务的职能，不受地方行政及立法机构的干预。一个学区通常包括若干所公立学校，小的学区可能只有一所小学，大的学区可能有几所小学或中学。从地域上来看，学区和地方政府辖区不尽相同，学区通常要覆盖 1—3 个镇或城市。全美约有 19 000 个地方政府、13 000 多个学区，拥有 1200 万人口的宾夕法尼亚州有 801 个学区，而其下属的兰开斯特县有 48 万人口，下属 60 个镇、16 个学区。①

近年来，美国的义务教育有从 13 年向 15 年发展的趋势，即将义务教育向下延伸 2 年，从 3 岁的娃娃开始实行全免费学前教育。一些州已经实行了在整个州内不分家庭收入情况一概提供全免费学前教育的项目，如佐治亚州和俄克拉何马州，其他一些州也在着手准备中。给 3—4 岁幼儿提供免费学前教育，将是美国义务教育发展的趋势。

二、英美义务教育经费的配置做法

（一）英国义务教育经费的配置

1. 保证教育经费专款专用

英国学校的经费主要来源于中央政府的财政拨款，地方财政也会提供一定支持。英国对基础教育的拨款分两个阶段进行：中央政府针对近 150 个地方教育局进行经费划拨；地方教育局对自己管辖区域内的各个中小学做出经费预算。2003—2004 年度，英国政府实施了教育经费划拨办法改革，规定拨给地方教育局经费的 88%用于学校教育支出，12%用于地方教育局的办公及非学校教育支出。但仍有些地方教育局的非教育支出的增长速度高于学校教育费用的增长速度，因此，2006—2007 年度开始，中央政府向地方政府的教育拨款办法再度改革，规定

① 宋彬，黄琛. 美国基础教育的经费来源分析与思考[J]. 上海教育科研，2006（4）：23-26.

划拨给学校的教育经费以专用资金的形式由英国教育和技能部直接发放到地方，不再通过地方财政管理系统，且必须全部用于学校预算支出。[①]

2. 优先促进基础教育发展

2006 年，英国教育和技能部颁布的政府白皮书《为所有人建立更高水准的教育、更好的学校——让家长和学生拥有更多选择》除了承诺教育经费年涨幅 5%以外，还公布了 2006—2007 年度基础教育中要优先解决的 5 个问题：①加强小学阶段的个性化教育。2006—2007 年度拨款 1 亿英镑，2007—2008 年度拨款 1.3 亿英镑，这些资金的 50%用于帮助学习吃力的小学生在阅读、写作以及数学上达到国家规定的 2 级标准；这些资金的 35%用于帮助贫困学生。②加强初中阶段的个性化教育。2006—2007 年度拨款 1.2 亿英镑，2007—2008 年度拨款 2.15 亿英镑，这些资金的 50%用于帮助那些英文和数学吃力的初中生达到国家规定的 4 级标准；这些资金的 35%用于帮助来自贫困家庭的学生参加课外活动。此外，还有一部分资金用于为高才能学生提供更多的发展机会。③丰富高中阶段学生的职业技术课程。2006—2007 年度拨款 4000 万英镑，2007—2008 年度拨款 7000 万英镑，为学生参与多种职业技术课程提供支持。④解决小学和幼儿园的师资结构改革问题。为此，英国政府总经费支出预计为 1.7 亿英镑。⑤为 5 岁以下学前儿童提供的免费教育由 33 周增加至 38 周。公立幼儿园已享受此待遇，2006—2007 年度拨款 8200 万英镑，目的是使那些非公立幼儿机构也能获得同等待遇。

3. 注重义务教育均衡发展

英国的中央和地方两级教育经费拨款系统都以学生人数为基础，从而保证经费的划拨是以现实为依据，而非只参考以往的费用支出情况。如果两所学校处于同一地区，且学生人数相当，学校特点相仿，那么这两所学校获得的经费就是相对持平的。此外，教育经费的计算还会考虑到其他一些影响因素，如不同地区的经济发展水平和消费水平、教育费用的支出水平等。在政府向地方划拨学校教育经费的计算公式中，用“地区消费调节指数”进行总调节。在 2006—2007 年度的学校费用预算中，伦敦的消费调节指数为 1.47，利物浦的为 1.00，萨瑞的为 1.14。针对弱势群体和有特殊需求的学生，教育经费会给予相应的支持和帮助，这部分

① 施祖毅. 英国中小学财政性教育经费投入研究[D]. 西南大学硕士学位论文，2014.

拨款按有特殊需求的学生人数计算，2005—2006 年度占学校教育经费的 10.4%，2006—2007 年度的这一占比为 10.5%。另外，拨款还会考虑国家核心课程英文和数学未达到同年龄国家最低标准的学生人数等计算。[①]

（二）美国义务教育经费的配置

根据美国宪法的规定，教育由州政府和地方政府负责。但是 20 世纪以来，由于各地社会相互依赖性的增加以及经济一体化和全球化的发展，美国联邦政府的权力不断扩大，并逐渐通过经费投入对各地的教育产生了一定的影响。教育投入反映了美国实行的是由州和地方主导的教育管理体制。在全国各级各类教育年度总支出的 6500 亿美元中，91%来自除联邦政府之外的州政府、地方政府和私人捐赠。表 5-2 显示了近年来美国各级各类（包括公立和私立）教育经费的大致来源。[②]

表 5-2 美国各级各类教育经费来源结构 单位：%

选项	联邦政府	州政府	地方政府	私人或者其他
中小学	6	44	40	10
高等教育	12	23	3	62

资料来源：美国教育经费来源的多样化[EB/OL]. http://www.docin.com/p-773976670.html

1. 联邦、州和地方三级政府分担义务教育经费

在教育发展过程中，美国各界援引宪法修正案中的“本法未授予联邦拥有、而又未禁止各州享有的权利，均归各州和人民”条款，一度认为，教育特别是义务教育是地方的责任。在这样的思想的引导下，联邦政府在 20 世纪中叶以前很少过问教育，联邦教育部处于时设时废状态。[③]1965 年，美国国会通过《中小学教育法》，大规模增加了联邦政府对中小学教育的投入，联邦政府的教育投入占比提高至 8%左右，70 年代末，这一占比高达近 10%。第二次世界大战（简称二战）后，特别是苏联人造地球卫星上天以来，美国逐步认识到教育对国家发展的重要性，甚至与国家安全息息相关。从此，联邦政府加大了对全美教育的参与力度。在义务教育阶段，联邦教育部通过增加资金投入促进各州的教育普及，

① 刘春. 聚焦国外义务教育经费保障机制[N]. 中国教育报，2006-03-13（3）.
② 王道余. 美国各级政府对义务教育投入的分担[J]. 世界教育信息，2002（6）：32-34，40.
③ 刘翠航. 美国政府公共教育经费支出政策解读[J]. 世界教育信息，2011（7）：64-67.

通过启动教改项目，巩固各地的义务教育成果。虽然此后联邦政府教育投入比例的涨落明显受到美国国会关于联邦政府对中小学教育权限的政治争执的影响，但基本保持稳定。在20世纪90年代和21世纪初，美国联邦政府对教育的投入一直保持在6%—8%，州政府的投入保持在45%—50%，地方政府的投入则保持在44%—48%。[①]美国联邦政府的教育拨款在整个义务教育经费中的占比很小，其主要功能是调节各州之间的贫富差距及指导改革方向。各州由于人口和经济状况不同，所得联邦款项以及占本州教育经费的比例也不尽相同。

2. 义务教育经费来源的多元化

联邦、州、地方对教育的拨款大多来自政府预算，即政府日常收入所依赖的各项税收，主要包括个人所得税、消费税和财产税。前两种税收是联邦和州政府支持教育的主要经费来源，财产税是地方政府支持义务教育的主要经费来源。美国的义务教育经费除来自以上三个税种外，还来自教育税、彩票收入、教育基金、校企联合等多种辅助性经费。具体情况如下所述。

1）个人所得税。个人所得税是向应纳税人的收入、酬金等应纳税所得征收的税。个人所得税是美国联邦和州政府财政收入的主要来源，如密歇根州个人所得税用于教育的比例达23.1%。[②]

2）消费税，也叫销售税。这是州政府收取的最主要的税种。它主要来自参观者、旅游者以及地方和州的居民。州和地方的销售税为教育提供了巨大的资金支持。[③]

3）财产税。这是向不动产和动产所有者征收的税种。不动产主要指房产和土地；动产主要指机器、家畜等有形资产，以及金钱、股票、债券等无形资产。财产税是地方政府支持义务教育的主要经费来源。

4）教育税。这是各州为解决教育经费而征收的专门税种。20世纪90年代以来，为解决教育经费短缺问题，美国多州设立了专门的教育税制，如佛蒙特州实行的就是以教育税为主的教育税制，2015年，其教育税占总基金收入的67.61%，是教育基金最主要的来源。密歇根州实行的则是以教育类税为主的教育税制，其教育类税在教育经费中占最主要部分，2015年，各种教育类税占总经费的51.10%。

① 王道余. 美国各级政府对义务教育投入的分担[J]. 世界教育信息，2002（6）：32-34.

② 黄寒. 美国教育税制的分州实施经验——加州、佛州与密州模式[D]. 华中科技大学硕士学位论文，2016.

③ 闫德明. 美国义务教育财政研究[D]. 西南大学博士学位论文，2015.

佛蒙特州和密歇根州的教育税制都主要是为基础教育提供资金。①

5）彩票收入。将发行彩票纳入州政府资金体系始于 1964 年。2011 年，美国人均彩票税收达到 59 美元，尽管大多数国营彩票作为教育方面的替代补充收入来源未能满足决策者的期望，但彩票收入对生均教育支出具有积极的影响，且这种影响是强有力的，在统计上也是显著的。②

6）私人捐赠。私人捐赠并非政府用于义务教育的经费来源，但它是社区捐资助学的一种有益方式，是发展义务教育的一种经费补充方式。加利福尼亚州大约有 260 个学区建立了较为稳定的基金会，其中 2/3 的基金会的基金有所增加。③

7）校企联合。学校在资金预算与发展项目上与商业或工业界合作，赢得其支持。

8）发行债券。如果需要新建校舍或其他大的项目，一个学区不能一次性拿到大笔资金，地方政府和学区经当地居民投票同意后，可以通过债券形式筹集资金。④

三、英美义务教育经费配置对我国的启示

（一）加大义务教育经费投入的立法、执法力度

英美两国的义务教育经费投入及分担机制注重公式化、规范化和法制化，注重加大义务教育经费分担机制的立法和执法力度，是其教育经费得以保障的重要前提，也是值得我国学习和借鉴的。截至目前，我国尚没有针对义务教育经费投入及分担机制方面的专门法规。《中华人民共和国教育法》《中华人民共和国义务教育法》中虽有一些教育经费投入方面的规定，但可操作性较差。要解决一个国家义务教育发展不均衡的问题，政策导向是关键，立法保障是基础。教育政策的价值取向应体现教育公平与教育效益的统一，从追求教育机会平等向追求教育结果均等过渡。同时，不仅应强调中央或省级政府的责任，还应赋予教育政策文

---

① 黄寒. 美国教育税制的分州实施经验——加州、佛州与密州模式[D]. 华中科技大学硕士学位论文，2016.

② 闫德明. 美国义务教育财政研究[D]. 西南大学博士学位论文，2015.

③ 赖新元. 发达国家教育特色与先进教育思想借鉴：美国中小学教育特色与借鉴[M]. 北京：中国戏剧出版社，2009.

④ 张彬. 简析美国教育经费之来源[J]. 外国教育研究，1998（8）：37-38.

件强制性的法律效力，并在不同发展时期分别制定细化的、有针对性的法律条款，以使教育立法具备一定的适用性和延续性。我国应在贯彻落实2018年修订的《中华人民共和国义务教育法》的基础上，再建立一整套扶持弱势地区快速发展、保障弱势群体教育公平的法律法规体系，建立针对农村教育、贫困和民族地区教育、特殊教育、流动人口子女教育、低收入家庭教育等的保障制度，并在其中明确相关的具体措施、实施办法及配套的经费支持。①

（二）推进义务教育经费配置公平

英国在基础教育财政性教育经费的投入与分配方面可以为中国提供诸多有益的启示。例如，其由中央财政保障全国所有公立学校的基本办学经费，而地方财政只负责“锦上添花”，并建立最低拨款保障制度的做法，可以在很大程度上保证全国每一所公立学校教育财政的充足与横向公平。此外，基本拨款的计算方式（基本拨款=生均基本拨款标准×学生人数）的设计综合考虑了多重因素，不仅兼顾了效率与公平，而且兼顾了横向公平与纵向公平，尤其关注各类弱势群体和弱势学校的特殊需要。这些做法都值得我国学习。②弱势补偿是实现教育公平与教育均衡的基本原则，弱势补偿必须依靠国家层面的政策支持与保障，而我国现有的关于弱势补偿的教育政策主要以经济补偿为主，较少关注对弱势群体的文化补偿，同时也缺少一定的法律保障和配套的监督保障机制。

（三）建立健全规范的财政转移制度

我国的地区之间、城乡之间在经济与教育发展水平上存在较大差距，一些地区县、乡两级政府财力有限，因此，财力集中和相对丰裕的中央和省级政府，有责任通过政府间的纵向财政转移支付支持义务教育发展。目前，我国基层的财政收入无法在短期内迅速增长，所以要想改变义务教育经费投入不足的现状，保证义务教育的健康发展，就必须建立起一个规范的义务教育财政转移支付制度。转移支付又称无偿支出，主要是指各级政府之间为解决财政失衡而通过一定的形式和途径转移财政资金的活动，是用来补充公共物品而提供的一种无偿支出，是政

① 王彦才. 美日两国义务教育经费分担机制及对我国的启示[J]. 教学与管理，2006（10）：75-77.
② 丁瑞常. 英国基础教育财政性教育经费的投入与分配[J]. 郑州师范教育，2017（1）：43-49.

府财政资金的单方面无偿转移，体现的是非市场性的分配关系。

中央政府的支持责任在于确保全国公民的受教育权利和教育机会及其公平性，而省级政府依靠本级财力和中央的转移支付，在省内进行以各地区基础经费均等化为目的的转移支付。[①]伴随着政府职能的转变、财政体制的改革和国家财政收入水平的逐步提高，加大中央政府和省级政府对义务教育的财政责任和转移支付力度不仅可能，而且十分必要。因此，应尽快构建合理的义务教育财政转移支付制度，加大中央和省级财政转移支付力度，并向中西部地区倾斜。例如，通过实施重大工程和项目的办法，有效落实中央和各级政府的转移支付资金，使之能够真正帮助到最需要资金、资源的地区；建立全国性教育发展基金，在教师工资、公用经费、基建维修等方面实行中央与地方政府分摊，中央或省级政府"保大头"的政策。

第二节　日本、韩国义务教育经费配置的做法与经验

日本、韩国的基础教育长期以来被公认代表了世界先进水平，被众多渴望教育腾飞的发展中国家视为不可多得的学习榜样。近代以来，日本、韩国努力学习西方国家的教育发展理念，引进西方先进的科学技术，大力发展和普及教育，不仅普及了义务教育，而且普及程度较高，处于世界领先水平。中国与这两国一水之隔，交往历史久远且文化渊源相近。日韩的义务教育发展体系机制和运作模式及很多举措，都值得中国学习和借鉴。

一、日本、韩国义务教育发展的概况

（一）日本义务教育发展的现状

所谓义务教育，按照日本《新明解国语辞典》[②]的解释是"受保护儿童接受的

① 靳希斌. 教育经济学[M]. 北京：人民教育出版社，2009：216.

② 金田一京助等. 新明解国语辞典（第5版）[M]. 北京：世界图书出版公司北京公司，1999.

普通教育，国民有义务进行”，即国民有义务让受其保护的子女接受的普通教育。日本的义务教育经历了不同的发展变化阶段。“义务教育”一词最初是在明治维新开始后明确提出的，1886 年，日本就开始实施 4 年制义务教育，当时小学分为初等小学和高等小学，而当时普及的是初等小学。到了 1907 年，义务教育年限延长到 6 年，普及了高等小学。1947 年，日本制定了《教育基本法》《学校教育法》，将义务教育年限延长到 9 年，至今未变。①

日本在 1947 年颁布的《教育基本法》的第四条明确规定：国民负有让受自己保护的子女接受 9 年普通教育的义务。国家或地方公共团体所设置的学校实行义务教育，不收学费。日本的 9 年义务教育包括小学 6 年和初中 3 年。日本小学的教育大纲和教学计划都是由文部科学省统一规定的，但在执行时允许各地根据具体情况做出微调。课程的基础门类及授课时数见表 5-3。

表 5-3　日本小学课程的基本门类及授课时数

课程	课时					
	第 1 学年	第 2 学年	第 3 学年	第 4 学年	第 5 学年	第 6 学年
国语	306	315	280	280	210	210
社会			105	105	105	105
算数	136	175	175	175	175	175
理科			105	105	105	105
生活	102	102				
音乐	68	70	70	70	70	70
图画	68	70	70	70	70	70
家庭					70	70
体育	102	105	105	105	105	105
道德	34	35	35	35	35	35
特别活动	34	35	35	70	70	70
总计	850	907	980	1015	1015	1015

资料来源：陈宝堂. 日本教育的历史与现状[M]. 合肥：中国科学技术大学出版社，2004：12

① 高俊霞，张艳萍. 日本义务教育发展评析[J]. 唐山师范学院学报，2006（3）：116-119.

日本的近代学校教育体制，是在明治维新之后模仿欧美教育体制建立起来的。日本的学制为“6-3-3-4 制”，即小学 6 年、初中 3 年、高中 3 年、大学 4 年。日本的中学教育分义务教育阶段的初中教育与非义务教育阶段的高中教育，而与初中教育不同的是，高中教育的目的是为进入高等教育做铺垫，也就是说，高中既要向学生传授高等教育的普通知识，也要向学生传授职业技能技术知识；既要向大学输送生源，也要向社会生产一线提供技术人才。日本的中学有 3 种类型：第一种是国立学校；第二种是县、市的公立学校；第三种则是由非营利性社团兴办的私立学校。其中，以县、市的公立学校为主。二战后，日本开始实行 9 年义务教育制度，到 1982 年，义务教育的就学率就已经达到 99%；2000 年，义务教育普及率约为 100%。①

（二）韩国义务教育发展的现状

韩国早在 1948 年颁布的《大韩民国宪法》的第十六条就规定：“全体国民具有接受均等教育的权利。”该法还确定了义务教育的免费原则：“初等教育至少是义务的、免费的。”1949 年，韩国颁布的《教育法》的第八条规定：“全体国民具有接受六年初等教育的权利。国家和地方公共团体为实现前项规定的初等教育，应设立、经营所需要的学校，而学龄儿童的父母或监护人具有使其所保护的儿童接受初等义务教育的义务。”②此外，该法还规定，事业经营者不得雇佣义务教育学龄儿童，对违反规定者，给予其相应的处罚。由此不难看出，韩国的义务教育具有坚实的法律基础。

韩国的普通义务教育是对学生进行一般基础科学文化知识的教育，是根据国家法律规定，适龄儿童必须接受的带有普遍性和强制性的国民教育。韩国法律规定，小学 6 年及初中 3 年为义务教育阶段，任何人都不能剥夺适龄儿童、少年接受义务教育的权利。小学 3—6 年级都设有国语、社会、美术、自然、体育、音乐、实科及特别活动。小学 1—2 年级开设综合课程。综合课程是由“正确的生活”“智慧的生活”“快乐的生活”三大小学生活构成的。

在韩国，学生放学以后一般会在课外补习班学习，在这里，学生可以学到学

---

① 高俊霞，张艳萍. 日本义务教育发展评析[J]. 唐山师范学院学报，2006（3）：116-119.

② 袁本涛. 韩国教育发展研究[M]. 太原：山西教育出版社，2006：7.

校没有教授的或者是额外的、多样的诸如计算机、美术、钢琴、书法等多方面的知识和技能。但这是课外学习，学费很高，一般农村、山区的孩子没有经济条件参加，所以课外辅导机构一般只针对城市里家庭经济条件优越的孩子。在韩国，课外辅导机构的教育费用远远超过了公共教育或是义务教育的费用。

韩国在实施和推进义务教育的过程中会随时调整发展方向。20 世纪 60—70 年代，韩国政府制订了三个义务教育发展五年计划，走出了一条从计划的制订到扩充再到充实和提高的发展道路。朝鲜战争结束后，韩国基于经济逐步稳定的局面，颁布了《义务教育完成 6 年计划（1954—1959）》来大力推进义务教育。该时期，韩国将年教育预算的 75%用于义务教育，可见政府普及义务教育的决心。“6 年计划”结束的 1959 年，韩国 96%的适龄儿童已进入国民小学，在满足国民受教育需求的同时奠定了韩国经济高速增长的基础。①综观世界经济发展史，无不证明教育在经济发展过程中具有促进作用并占据重要地位，然而在经济与教育的发展中必然会遇到一些难以解决的问题。韩国从全局出发，在摆正经济与教育的关系，尤其是经济与义务教育的关系上有一定独到的做法。

在韩国，义务教育既是免费的，又是强制的，因此，它的发展需要庞大的财力、人力和物力作支撑。由于教育经费的限制，加之要保证低收入阶层子女入学，韩国在普及义务教育时，采取了优先发展农村、山区等教育条件落后地区，以便向低收入阶层子女逐步实施免费义务教育的措施，充分体现了地区收入分配平衡的合理性，从而保障了义务教育学校的入学率、就学率和毕业率。当农村、山区的经济状况有所好转时，再对大、中城市的义务教育对象实施全面的免费教育，这是合乎韩国实际情况的一项措施。

二、日韩义务教育经费配置的做法

（一）日本义务教育经费配置的做法

二战之前，日本的义务教育财政经历了一个曲折的发展过程。二战后，日本百废待兴，而振兴义务教育被确定为基本国策，义务教育因此得到高速发展，义

① 姜英敏. 从“平等”到“追求卓越”——浅析韩国义务教育理念变迁[J]. 比较教育研究，2008（12）：62-66.

务教育财政制度也随之发展成熟起来。21 世纪以来，日本的综合国力和义务教育本身都发生了很大变化，义务教育经费配置也经历了一系列变革。

日本实行中央集权和地方分权相结合的义务教育财政制度。国家教育经费的半数用于义务教育，且国家还通过义务教育费国库负担制度、补助金制度等对地方发展义务教育给予经费补助。中央政府制定全国文教预算，并与地方政府按比例承担义务教育公共费用支出责任，各级地方政府制定地方教育预算，拨款给学校使用，学校直接管理义务教育经费。近年来，日本进行了教育经费改革，试图加强地方对义务教育经费的支付责任，激发地方政府和学校的主动性，提高义务教育经费使用效率。

日本义务教育经费的主要来源为政府拨款，社会捐助也有，但是占比很小。在国立学校和公立学校，义务教育是全免费的；只有在私立学校，家长才需要为孩子缴纳费用。

日本对义务教育相当重视，其投入的经费数量也很庞大。1955 年，日本的义务教育（小学和初中）经费为 2605.85 亿日元，占当年学校经费的 63.95%；而其他学校（幼儿园、高中、高等院校、专修学校等）的经费总共占 36.05%。之后，日本的义务教育经费总体呈不断增长的趋势，1960 年，为 4227.49 亿日元；1965 年，为 8475.25 亿日元；1970 年，为 17 333.25 亿日元；1975 年，为 49 436.94 亿日元；1980 年，为 81 434.13 亿日元；1985 年，为 92 421.41 亿日元；1990 年，为 106 971.76 亿日元；1995 年，为 116 949.47 亿日元；2000 年，为 114 335.61 亿日元。日本义务教育在校生人数较多的是 1958—1962 年。其中小学在校生人数最多的是 1958 年，为 13 492 087 人；初中在校生人数最多的是 1962 年，为 7 328 344 人。之后，由于出生率的下降，在校生人数逐渐减少，虽然小学在校生人数在 1971 年开始回升，1981 年达到 11 924 653 人；初中在校生人数从 1973 年开始回升，1986 年达到 6 105 749 人，但是均远不如以前。但其间义务教育经费并没有随学生人数的减少而减少，反而继续增长，1997 年达到历史最高，为 117 163.77 亿日元，以后开始有所下降。2000 年，日本的义务教育经费比 1955 年增长了 42.88 倍，而其间义务教育的在校生人数却减少了。2000 年，日本小学在校生人数为 7 366 079 人，仅为 1955 年的 60.05%；初中在校生人数为 4 103 717 人，仅为 1955 年的 69.75%。如果从生均经费来看，1955 年的生均经费为 14 357 日元，2000 年增长为 996 841 日元，是 1955 年的 69.43 倍。[①]

1. 建立教育经费转移支付制度

二战后，日本一直实行小学 6 年、初中 3 年的义务教育制度。为继续贯彻明治维新后形成的教育平等理念，促进教育均衡发展，日本针对基础教育尤其是义务教育，建立了中央教育经费的专项转移支付制度，有效地将责任分配给中央政府和地方政府。内滕誉三郎在 1953 年出版的《教育财政学》中指出，经费转移支付是指各级政府之间的财政经费上下移动的一种制度，是财政资金在政府间的一种再分配形式。一般是指中央政府或上级政府的财政收入转作地方或下级政府的收入来源，以满足其支出需要的一种财政制度，主要目的是增强地方政府提供公共服务，如教育、医疗、治安等方面的能力，实现中央政府的宏观政策目标，缩小地区间财政经济状况和服务水平差距。

2. 强化义务教育费国库负担制

义务教育费国库负担制是日本中央政府对地方公共团体的一项有关义务教育费的专项财政转移支付制度，是指日本中央政府依照法律规定，用国家财政收入的一部分，按比例负担公立义务教育学校教育费用的制度。该制度创始于 1918 年，此后虽经历过多次修改、废除和恢复，但对日本义务教育经费保障具有重要意义。

3. 实施义务教育国库补助制度

义务教育国库补助制度是指日本中央政府对地方公共团体的专项义务教育经费财政转移支付制度，是中央政府或地方政府对下一级政府就义务教育某一项具体的财政支出，这些支出称作国库补助金。[②]比如，用于校舍新建、危房改造、灾害重建等的费用需向上级政府进行申请，而上级政府需依法按比例对其进行财政转移支付。

（二）韩国义务教育经费配置的做法

二战后初期，韩国面临着严峻的义务教育财源问题。为确保义务教育的普及和发展，韩国政府加大了对义务教育经费的投入力度。1996—2000 年，韩国中央

---

① 周谊. 1955—2000 年日本义务教育经费研究[J]. 外国中小学教育，2005（4）：48- 49.

② 魏新. 教育财政学简明教程[M]. 北京：高等教育出版社，2002：230.

每年投入教育经费 9000 亿韩元，地方每年投入教育经费 3000 亿韩元，用来改善教育环境，提高教育质量。[①]与此同时，韩国确立了“受益者负担”的教育经费制度。“8·15”光复后，各级学校都成立了“后援会”，家长可以根据自己的财力和能力为学校贡献资料、捐款捐物，以使学校教育正常运转。此外，韩国政府还注重对教育设施的投入，并制定了相应的法规，在 1969 年制定《学校设施事业促进法》的基础上，1982 年，韩国又制定了《关于学校教具设备的规则》《学校教具中科学教具设备标准》等有关教育设备的细则。根据这些法规，韩国对学校的各种设施，如教室、图书馆、实验仪器、电子计算机等都进行了改善。[②]

由于义务教育的特殊属性，特别是其免费性，义务教育的发展需要依靠国家财政的支持和保障。光复后的韩国通过不断立法来完善其财政体制，扩大其义务教育财源，从而为义务教育的发展提供了有力的财力支持。伴随义务教育的发展，韩国不断调整教育税，先后修改了《教育法》中的教育税附加条款，并出台了《地方税法》《义务教育财政交付金法》等法案，阶段性地完成了教育经费的国库转换。20 世纪 70 年代以后，韩国扩大了教科书的免费供应范围，并开始提供午餐。此外，韩国信息通信部还为中小学配备了电脑，普遍建立了电脑实训室和短距离通信网，并在全国多个邮电局开设了“网络广场”，向公众提供免费电脑培训，以使人人都能掌握使用电脑和互联网的技能。针对低收入弱势群体的特殊情况，韩国政府决定向低收入家庭的学生免费提供电脑，允许他们在一定期间内免费上网，并为他们提供免费的电脑教育。这些措施切实有效地推进了义务教育的普及，提高了义务教育学生的学业完成率。

（三）日韩义务教育经费配置对我国的启示

1. 依靠国家财力发展义务教育

义务教育是一项社会公共投资，每一个国民都能免费享有义务教育是一个国家文明进步的标志，由国家承担义务教育费用也是世界各国的共识和一致的做法。日本在短时间内便普及了义务教育，由此可见，日本对义务教育的高度重视，这一点值得我国借鉴。义务教育的较高质量和均衡发展，与日本中央政府对义务教育经费的承担及中央政府对义务教育的重视都是分不开的，此外，日本国民整体

---

① 袁本涛. 韩国教育发展研究[M]. 太原：山西教育出版社，2006：7.

② 袁本涛. 韩国教育发展研究[M]. 太原：山西教育出版社，2006：7.

较高的素质，也得益于义务教育的发展及国家综合国力的强盛。

2. 加大对义务教育的投资力度

日韩都十分重视义务教育经费投入，无论是在经济高速发展和国民生产总值很高的年代，还是在经济状况不佳的年代，抑或国民生产总值下降的年代，都保证了义务教育经费投入，由此可以看出，日韩对教育给予了充分重视。虽然我国的教育经费投入也在逐年增加，但相对于日韩的教育经费投入来说，我国义务教育经费的增长速度仍然过缓。

3. 加强义务教育经费法制建设

日韩是法制先行的国家，具有很强的法律意识，教育经费的配置也是通过制定和实施各种教育法规来实现的，这样既保障了教育的连贯性、可行性，也让广大教育工作者有法可依，还激发了他们的积极性、主动性。[①]我国现行的教育法规和财政法规对教育财政的一些重大问题规定得还不够具体，因此，我国应不断完善有关教育财政的条款，完善我国的教育财政法规体系，使教育经费的筹集、负担、分配和使用都有法可依，责任明确，从而推进教育财政、经费配置决策的民主化、法制化。

第三节　东盟各国义务教育经费配置的做法与经验

东南亚国家联盟（Association of Southeast Asian Nations，ASEAN），简称东盟，成员国有马来西亚、印度尼西亚、泰国、菲律宾、新加坡、文莱、越南、老挝、缅甸和柬埔寨。其前身是马来亚（现马来西亚）、菲律宾和泰国于 1961 年 7 月 31 日在曼谷成立的东南亚联盟。中国和东盟大部分国家在地理上山水相连，在文化上交流频繁，相互间有着悠久的传统友谊。自中国-东盟自由贸易区在 2010 年 1 月 1 日全面启动以来，中国与东盟十国的交流和合作越来越频繁，不仅表现为双方的经贸活动日益活跃，也表现为双方的教育交流与合作日益增多。研究东盟义务教育发展特别是义务教育经费配置的做法与经验，对进一步加强中国与东

① 陈永明. 日本教育——中日教育比较与展望[M]. 北京：高等教育出版社，2003：10-15.

盟的教育合作与交流、促进我国义务教育发展具有重要意义。

一、东盟国家义务教育发展的现状与趋势

（一）东盟国家义务教育发展的现状

东盟各国的义务教育起步较晚，整体发展水平和质量不高，主要由以下两方面原因造成：一是东盟各国除泰国因与欧洲国家缔结条约避免沦为殖民地外，其余各国在二战时期都沦为殖民地，其中越南、老挝、柬埔寨三国为法国殖民地，缅甸、马来西亚、新加坡、文莱为英国殖民地，菲律宾为美国殖民地，印度尼西亚为荷兰殖民地，东盟各国的殖民历史使得其基础教育发展出现了中断。二是东盟整体较低的经济发展水平，对各成员国的义务教育发展具有制约作用，表现在制约教育的发展规模和速度、人才培养的质量与规格、课程的设置及教学内容。虽然东盟各国义务教育起步较晚，但作为近些年经济增速较快的区域性组织，其凭借高于世界经济平均增速的经济增长活力，使得区域内的义务教育发展水平得到了明显提升，与世界其他义务教育发展水平较高的国家之间的差距日渐缩小，主要表现在注重提高教育普及率的同时，开始注重教育质量的提高；在制定教育改革方案、策略时，普遍关注未来社会国际化、信息化趋势对教育改革的主导作用和重大影响；在进行学习内容和学习方法改革时，懂得结合本国国情和借鉴国际教育发展经验。①

东盟各国义务教育发展中存在的主要问题有以下几个方面。

1. 义务教育投入不足

义务教育投入不足主要表现在两方面：①义务教育投入的总量不足。东盟各国除新加坡外，其他国家均为发展中国家，如柬埔寨和缅甸，根据排名网的统计资料，这两个国家 2019 年的人均 GDP 分别为 1620 美元和 1244 美元，仅位列全球第 146 位和 156 位。②义务教育在很大程度上依赖于国家财政的支持，但是当一个国家自身的经济发展水平都不高的时候，也就很难指望国家财政对义务教育给

---

① 李有江. 当前泰国教育改革趋势研究[J]. 东南亚纵横，2004（12）：49-54.

② 2019 年世界各国人均 GDP 排行榜[EB/OL]. http://www.paimingwang.net/caijing/jingji/2020-06-27/170.html，2020-06-27.

予充足的资金支持了。②生均教育经费不足。东盟整体经济发展水平不高，造成义务教育投入总量不足，势必导致生均义务教育经费也较低。

2. 义务教育资源分配不均

义务教育资源分配不均，首先表现为区域性的义务教育资源分布不均，主要是指东盟成员国间的义务教育发展差距，新加坡作为其中唯一的发达国家，其义务教育发展水平要远远高于其他成员国，因此，东盟内部在进行教育交流与合作时，要充分考虑各成员国的教育发展水平。当然，教育水平较落后的国家可以向新加坡等教育水平较发达的国家进行学习，以促进共同发展。其次表现为国家内部的教育资源分配不均衡，即在一个国家内部，由地理位置和经济发展水平等导致的教育资源分配不均。例如，泰国曼谷地区拥有全国最好的教育资源，包括一流的教育基础设施、最优秀的教师队伍、全国最高比例的受教育机会和升学率等；而其他地区的教育资源则相对薄弱和不足，特别是边远山区，包括一些少数民族地区，教学条件极为简陋，升学率普遍较低，教师待遇非常有限，甚至存在一校一师的状况。

3. 义务教育发展质量不高

义务教育发展质量不高，首先表现为师资短缺且人才外流现象严重。以越南为例，由于义务教育规模越来越大，而国家财政拨款增加不多，生均教育经费下降，学校缺少经费及用于提高教师培训质量的资金。充足的教师数量和较高的教师质量是保证教育发展取得良好成效的关键因素，但大多数公立学校面临由教师工资太低导致的师资短缺问题。其中，越南的教育正在面临一个很大的挑战，即去国外留学的学生越来越多，而选择回国发展的人数却越来越少，这使越南成为严重的“人才外流”国家之一。其次表现为义务教育阶段教学方式的落后。东盟各国除新加坡外，其他国家都是发展中国家，经济发展水平不高，导致东盟整体的师资力量较弱、教育教学仪器设备落后、财政投入不足。这些问题的存在，导致该地区的教育教学方式也较为落后。

（二）东盟国家义务教育的改革与发展趋势

1. 教育改革的信息化与国际化

随着经济全球化趋势的不断加强，国家在制定教育政策的时候必须考虑到未来社会国际化、信息化对教育改革的主导作用和重大影响。东盟各国也同样十分重视教育国际化与信息化，其中泰国在“国家教育计划 2002—2016”中，将“发展教育科技”列为其要实现的目标之一，并制定了一系列政策、措施和计划，如在教育领域引入新科技，大力发展媒介特别是新兴媒介的作用。

2. 学生发展的多元化与全面化

在制定教育政策时，东盟国家始终把学生的多元化发展与全面发展作为目标之一。例如，马来西亚的教育愿景是所有的孩子都能在智力上、精神上、情感上和身体上获得全面发展，教育是实现这一愿景的重要手段。正如 2012 年颁布的《2013—2025 年马来西亚教育蓝图（学前教育至中学后教育）》中所言：“马来西亚的教育将持续不断地以全面、整体和融入的方式发展个体潜能，并让个体在知识上、精神上、情感上和体力上获得建立在对主的虔诚信仰之上的平衡、和谐发展。”①

3. 努力实现教师发展的专业化与标准化

教师是教育的灵魂，是学校的第一资源，决定着教育的水平和质量，是发展教育事业的关键所在。随着基础教育课程标准的实施和课程改革的不断深入，东盟各国对教师教育质量和教师专业持续发展越来越关注。为了提高教师专业水平，促进教师专业化可持续发展，在世界银行和亚洲开发银行贷款的资助下，越南教育部启动了小学教师发展项目与高中和职业中学教师发展项目，并制定了《小学教师专业标准》，提出既要实现师资队伍数量和质量的标准化，也要实现评估师资、教学内容和教学进程条件的标准化，增强评估普通教育和职业教育的质量保证和评估标准的可信度。②

二、东盟国家义务教育经费配置的做法

（一）东盟国家义务教育经费来源结构

1. 义务教育经费以财政支出为主

政府的教育支出包括中央政府和各级地方政府对教育的投入，是教育经费的

---

① 江露露. 2013—2025 年马来西亚教育蓝图（学前教育至中学后教育）摘编[J]. 世界教育信息，2017（3）：24-27.

② 教师专业标准研究项目组. 越南的小学教师专业标准[J]. 世界教育信息，2008（9）：51-54.

主要来源之一。财政预算内教育拨款是柬埔寨政府对教育经费投入的主要部分，在柬埔寨财政预算支出中，教育财政支出所占比例较大，仅次于政府在国防安全和社会服务方面的支出。[①]印度尼西亚的教育经费主要来自政府预算、社会捐款和国外资助，其中，国立学校的办学经费主要靠政府下拨，而私立学校的经费主要来自基金会、宗教机构、群众团体和社会赞助及学生缴纳的学费，国家会酌情给予补助，但获得补助的学校并不多。

2. 多渠道筹集义务教育经费

自独立以来，新加坡的教育经费主要由政府承担，从小学到大学几乎都是免费的，尤其是大学前的教育，只是象征性地收取一点儿学费。但随着教育规模的不断扩大，教育所需经费日益增多，由此，政府鼓励建立独立学校和自治学校，并赋予这些学校拥有改变学费收取数目的权利，以满足学校发展的需求。[②]新加坡的义务教育经费除了有国家财政拨付外，还有来自各界社会团体、企业、个人的捐赠。新加坡的学校通常由董事长管理，董事会成员除了学校领导、教师外，还吸纳当地的知名人士和企业家。学校董事会的成员既会支持学校的发展，也会为学校募集大量的资金。此外，泰国实行基础教育阶段 15 年免费教育，其总的教育经费由中央政府统一支付，但允许学校接受其他渠道的捐赠。

关于多元的教育投入，越南《教育法》总则第十二条规定：鼓励社会单位、公民、海外越南人、外国组织和个人向越南教育捐赠。1991 年，越南确定了义务教育“多条腿走路、多渠道筹资”的筹资模式，与传统“两条腿走路”的筹资模式相比，该模式的覆盖范围、内容形式都有了较大改变。如表 5-4 所示，其主要来源有财政性教育经费、事业收入和其他收入。国家用于义务教育的经费包括国家预算内经费、各级政府依法征收的教育费附加、企业营业外用于中小学的经费和学校勤工俭学收入的减免税部分；社会对义务教育的投入包括社会集资和社会捐资；个人负担的教育费用包括学生个人和家长缴纳的学费和杂费等。在城市，中小学教育坚持“多条腿走路，多渠道筹资”的筹资模式，坚持公办和民办相结合。就农村义务教育而言，其经费来源也是多元的，主要包括教育集资、农村

---

① 韩南南，汪涛. 柬埔寨教育经费的来源与趋势分析[J]. 教育与经济，2012（1）：68-71.

② 曹惠容. 试论新加坡教育投资政策从宏观到微观层面的特点[J]. 教育财会研究，2018（2）：45-49，63.

教育费附加、学杂费收入、乡镇统筹中用于教育的经费、上级财政转移支付（包括教育扶贫等专项资金）和来自乡镇财政预算内拨款等几个方面。其中学杂费收入、农村教育费附加和教育集资等预算外收入，不只是补充义务教育经费投入不足的一种方式，而且是大多数农村地区学校教育经费的构成主体，因为按相关制度规定，农村中小学的民办教师工资、校舍改造、扩建、新建及部分公用经费均要由这一部分经费来解决。[①]

表 5-4 2009—2013 年越南教育经费来源构成情况 单位：百亿越盾

年份	总额	财政性教育经费	社会团体和公民	社会捐资	事业收入	其他
2009	681.831	392.4	26.3	2.021	220.8	40.31
2010	782.709	438.9	25.4	1.889	271.3	45.22
2011	819.941	476.5	28.6	2.693	262.4	49.75
2012	959.482	570.2	35.8	2.552	295.5	55.43
2013	961.464	558.6	37.4	3.754	331.5	60.21

资料来源：越南财政部[EB/OL]. http://www.mof.gov.vn/webcenter/portal/mof?_afrLoop=2749097659975384#%40%3F_afrLoop%3D2749097659975384%26_adf.ctrl-state%3Du1kp9r2z6_105

（二）东盟国家义务教育经费管理体制

1. 义务教育经费管理法制化

新加坡是一个法制比较健全的国家，其教育经费管理始终在法治的轨道上运行且在义务教育经费的分配与使用方面，有严格的规章制度，采取的是以需要和可能为原则的拨款方式，学校根据自身发展所需资金向教育部提出申请，再由中央在做财政预算时拨出。通过廉政制度的监管、现代化的管理手段和健全的管理机制，新加坡不仅确保了义务教育经费的运行和落实，而且提高了教育经费的使用效率，主要表现在两方面：一是教育系统人力资源的合理配置与管理；二是学校的硬件设施非常注重经济实惠。新加坡实行的是中央集权制管理，全部公立学校的经费标准都是统一的，国家为学校的发展提供最基本的保障。根据新加坡2020年的财政预算，政府每年将投入900万新元用于教育经济援助计划，同时政府也会增加对所有学生的交通津贴及中学生的学校餐费补助，这些举措有效地保

① 韩明俊. 越南义务教育财政制度变迁研究[D]. 西南大学博士学位论文，2014.

障了学生接受教育的权利。[①]

2. 实行地方负责、分级管理的制度

越南颁布的《越南社会主义共和国小学教育普及法》《越南社会主义共和国儿童关爱与保护法》，将基础教育实行的“地方负责、分级管理”的管理体制以法律形式确定下来。随后的《越南小学教育普及法实施细则》规定，要构建多渠道筹资、地方负责的基础教育体制框架，基础教育学校新建和改扩建所需资金，在城镇，通过投资计划或其他渠道筹集，在农村，则由乡筹集或由村负责，县级政府酌情予以补助有困难的乡和村。乡人民政府组织征收农村的教育费附加，由乡人民政府管理或由县级人民政府教育行政部门代为管理这些经费，用于发展乡范围（乡、村两级）的教育事业。农村基础教育的管理责任主要由乡级政府承担，相应的经费也由乡级政府提供，农村基础教育财政采取“以乡为主”的体制。中央政府相关法律和发展规划纲要强调了加强政府教育财政投入的必要性和重要性，要求各级地方政府要落实提供公共教育服务的职责，把教育作为财政支出重点领域予以优先保障；要健全以政府投入为主、多渠道筹集教育经费的体制，大幅度增加教育投入，为教育发展提供强有力的经费保障。

（三）东盟国家义务教育经费分配使用机制

东盟各国政府十分重视农村教育的发展，积极实施对农村地区义务教育发展的经费补偿政策。除新加坡外，其他东盟国家都属于发展中国家，城镇化率都较低，农村人口数量较大，因此，农村地区的义务教育发展也就成为东盟大部分国家教育发展的重要攻坚领域。例如，马来西亚就设立了农村贫困儿童信用基金，该基金由中央财政单独设立，主要用来帮助家庭收入低的学生支付杂费、校服或其他学习费用。此外，2002 年 9 月，马来西亚财政部在议会的财政预算报告中宣布实施学习保证金制度，目的是为农村小学生的马来语、英语、科学和数学四个科目的教学提供特别保障经费，从而提高农村小学的教育质量。[②]缅甸各教育部门

① 新加坡教育部每年将多投 900 万增加助学金、提升助学津贴援助低收入家庭学生[EB/OL]. http://www.sohu.com/a/374303564_155266，2020-02-19.

② 张乐天. 发展中国家农村教育补偿政策实施状况及其比较——中国、印度、马来西亚、尼泊尔四国案例分析[J]. 比较教育研究，2006（11）：50-54.

以建立一套与国家政治和社会经济条件相一致的教育系统为职责，致力于推动学龄期儿童完成小学教育，为此，改革现有的课程，并建立鼓励学生维护缅甸文化、树立爱国主义和传统道德观念的教育体系，保障农村和边疆民众能平等地接受素质教育；减少各级基础教育部门教育资源的浪费，进一步扩大技术和职业教育培训范围，发展非正式教育；各部门还鼓励私营部门和非政府组织参与教育活动，借此加强师资培训，增进教育研究活动内容的丰富性与形式的多样性。①

三、东盟国家义务教育经费配置的经验及对我国的启示

中国与东盟大部分国家山水相邻，是友好的合作伙伴，双方人民间的传统友谊源远流长，并在政治、经济、文化和教育上有密切而频繁的交往。虽然东盟很多国家的义务教育起步较晚、起点较低，但是这些国家为了改变教育落后的现状，不断学习和汲取西方国家先进的教育理念和成功经验，多年来一直致力于教育改革，加大了对人力、物力、财力的投入力度，并且取得了非常显著的成效。这种不遗余力寻求教育改革与发展的态度，十分值得我国学习和借鉴。我国正处于由应试教育向素质教育转型的关键时期，更要研究和借鉴东盟一些国家的义务教育经费来源、管理与分配理念及模式，从而摸索出一套适合我国义务教育财政投入可持续发展的模式，努力追赶教育发达国家的步伐。

（一）继续扩大义务教育经费投入

1. 扩大国家教育经费投入

首先，我国应该继续增加教育经费总投入，提高国家财政性教育经费支出占GDP 的比例，以及义务教育经费投入占总教育经费投入的比例。其次，我国的义务教育经费投入结构也要更加注重地区间平衡、城乡间平衡，在满足东部发达地区中等职业教育投入的基础上，加大对中西部贫困落后地区的义务教育投入，补齐短板，实现我国义务教育的均衡发展。再次，在加大义务教育经费投入的同时，也要时刻关注世界其他国家义务教育阶段的经费投入和政策变化，在与其他国家

① 杨林，蔡昌卓. 东盟教育[M]. 桂林：广西师范大学出版社，2009：200.

的比较中，清楚自己与其差距，看到我国义务教育经费投入总量与政策中的不足。最后，在扩大义务教育经费投入的情况下，切忌“一刀切”，要实事求是，一切从实际出发，什么地方需要义务教育经费投入、需要多少、以何种形式拨付都需要具体问题具体分析，避免出现马太效应，即义务教育经费投入已十分充裕的地区仍获得大量拨款，而义务教育经费投入短缺地区继续短缺的情况。

2. 拓宽义务教育经费筹集的渠道

新加坡在多渠道筹措教育经费方面更为注重发挥社会团体、企业和个人的作用，我国也可以在多渠道筹集义务教育经费方面向新加坡学习。社会团体投入是教育投入的重要组成部分，国家和政府可采取有效措施调动社会团体参与投资办学的积极性，还可利用市场手段，开办对教育事业有倾向性的银行，用金融的方法提高义务教育经费投入的保障能力。另外，我国可以丰富义务教育资源的配置方式，落实新修订的《中华人民共和国民办教育促进法》《国务院关于鼓励社会力量兴办教育促进民办教育健康发展的若干意见》，切实实施各项财税政策措施，支持和规范社会力量兴办教育，积极调动各方投资教育的积极性，合理运用社会的合力增加经费投入，以促进我国义务教育发展。近年来，随着我国经济的发展，人民的生活水平得到极大提高，只要引导得法，社会及个人捐资助学的可能性是很大的，如果办得好，还可以局部改善义务教育经费紧张的状况。

（二）科学管理和使用教育经费

1. 通过立法制定中小学公用经费管理使用制度

我国教育部、财政部及各地方政府制定了中小学公用经费管理使用制度，规定了政府在财政支出比例、增幅、预算、管理等各个方面的职责和要求；规定了学校公用经费开支范围及管理规定。但是，在学校公用经费实际运行中却存在一些问题，主要包括公用经费标准普遍偏低，地域、城乡差别较大，公用经费管理混乱，使用效率低等。我国应向新加坡学习，从法律上给予中小学公用经费管理使用的制度保障。目前，我国尚未出台专门的教育投资法，关于中小学公用经费的管理与使用，尽管在教育法和义务教育法中有所涉及，但缺乏刚性而明确的规定。因此，我国需要加强这方面的法制建设，以让学校公用经费的管理与使用做到依法依规、合理合法。

2. 建立健全“谁使用、谁负责”的教育经费使用管理责任体系

首先，全面落实管理责任，完善经费使用管理责任体系。全面改进管理方式，以监审、监控、监督为着力点，建立全覆盖、全过程、全方位的教育经费监管体系；全面提高教育经费使用效率，建立健全体现教育行业特点的绩效管理体系；全面增强管理能力，落实完善资金分配、使用和预算管理，国有资产管理，科研经费管理等制度体系。

其次，进一步解决学校公用经费的投入与使用问题。一是要制定更为合理的公用经费标准，并逐步提高该标准，同时要根据经济社会发展的变化和地区间、城乡间的差异，不断对标准进行调整，以满足义务教育学校的经费需要。二是要建立严格的义务教育经费预算管理制度，杜绝有法不依、执法不严的现象。三是要建立严格的公用经费使用制度，并对公用经费的使用做到细化管理、透明管理、集中管理、科学管理，提高使用效率，真正为教育教学服务。四是要制定义务教育经费配套政策，将社会、企业、个人助学行为法制化，在政策上鼓励、支持，在法律上加大对教育经费违法、违纪行为的惩处力度。

最后，依法管理和优化教育经费的支出结构。科学规划教育支出，合理确定阶段性目标和任务，严禁随意扩大免费教育政策实施范围；重点保障义务教育均衡发展，始终坚持把义务教育作为教育投入的重中之重，落实政府责任；不断提高教师队伍建设保障水平，健全中小学教师工资长效联动机制，确保中小学教师平均工资收入水平不低于或高于当地公务员平均工资收入水平，尽快解决义务教育阶段教师工资待遇问题；持续加大课程改革、教学改革、教材建设等力度。

（三）完善义务教育财政转移支付制度

财政转移支付制度是指在一定的财政体系下，按照相关法律政策要求，将资金无偿地由一级政府转移给另一级政府的财政制度。财政转移支付是越南财政体制的组成部分，是在财政体制确定的情况下，为保证各级政府行使职能而采用的一项辅助性财政制度。其中，基础教育的财政转移支付是指当下级政府在为其所辖学区提供基础教育经费而发生财政不足的情况时，由上级政府给予其财政补贴，主要目的是促进基础教育发展。建立和完善基础教育财政转移支付制度，对提高

基础教育财政转移支付效率、促进基础教育财政公平具有重要意义。[①]政府间义务教育财政转移支付制度是解决一国义务教育经费总量不足和地区发展不平衡等问题的有效措施。我国幅员辽阔，地区间经济发展水平和政府财力差异较大，政府管理总体水平较低，为此，建立义务教育财政转移支付制度是一项重要的制度安排。义务教育财政转移支付制度有三种形式：一是通过一般性转移支付来平衡地方财力，间接保证地方政府对义务教育的投入力度；二是中央政府直接承担占义务教育经费最大比例的教师工资；三是实行义务教育财政专项转移支付制度，上级政府直接规定下级政府必须将某项资金用于义务教育。对县级政府无力负担的义务教育经费，上级政府应该足额弥补并将其列入预算中。中央政府与各级地方政府要明确分担责任，其中省级政府应该对义务教育财政转移支付承担主要责任。从总体上说，就是要加大中央和省级政府的财政转移支付力度。[②]

① 邓长山. 越南基础教育财政投入不均衡问题研究[D]. 广西民族大学硕士学位论文，2016.

② 刘仁华. 新加坡基础教育投资体制分析[J]. 武汉市教育科学研究院学报，2007（2）：48-51.

第六章

民族地区义务教育资源合理配置的实践策略

探索民族地区义务教育资源的合理配置问题，既要充分考虑教育与经济社会发展的关系以及教育自身发展的逻辑规律，学习借鉴国内外教育改革与发展的先进经验、成功范例，又要从当前和今后教育发展的客观条件和实际需要出发，把握教育发展面临的各种机遇和挑战，立足于解答实践中的迫切难题。从我国特别是民族地区义务教育发展的当务之急来看，学校的内涵发展、公用经费的有效管理、县域义务教育的优质均衡等，是义务教育资源合理配置的重点和难点。为此，本章就这几方面工作的必要性进行了深入分析，并提出了创新性的行动策略。

第一节　民族地区义务教育学校的内涵发展

党的十九大报告明确提出，建设教育强国是中华民族伟大复兴的基础工程，要办好人民满意的教育，努力让每个孩子都能享有公平而有质量的教育。义务教育是我国教育事业的根基，义务教育学校的发展，不仅事关“教育强国”大计，也事关中华民族的伟大复兴。从我国教育发展的历史视角来看，义务教育学校与其他各类学校一样，经历了规模扩张期、质量提升期，现在正进入内涵发展期，也就是经历了由注重硬件建设到注重内部质量建构的重心转移。①这种转移最根本的就是要注重教育的内涵发展，提高教育的品质。

一、义务教育学校内涵发展的客观必要性

党的十九大报告明确提出，中国特色社会主义进入了新时代，新时代我国社会的主要矛盾是人民日益增长的美好生活需要和不平衡不充分的发展之间的矛盾。这一矛盾反映在教育领域，就是要推进教育的平衡和充分发展，不断满足人民日益增长的对美好教育的需要，而义务教育学校的内涵发展，正是为了适应人民群众对公平而有质量教育的需要，也是促进社会和谐发展和加快实现教育现代化的需要。

（一）推进义务教育优质均衡、满足人民“上好学”愿望的需要

《国家教育事业发展“十三五”规划》指出，我国的九年义务教育已全面普及，进入均衡发展新阶段。根据2017年全国义务教育均衡发展督导评估工作报告，我国已有2379个县（市、区）的义务教育通过了国家督导评估，占全国总县（市、区）数的81%。其中东部地区有819个，中部地区有782个，西部地

① 周靖毅，王牧华. 学校内涵发展的嬗变与路径选择[J]. 当代教育科学，2015（6）：7-10，16.

区有 778 个。[①]然而，我国教育发展不平衡不充分问题依然突出。其中，不平衡主要表现在区域教育发展不平衡、城乡教育发展不平衡、校际发展不平衡等方面；而不充分主要表现在先进教育思想的培植及实践不充分、教育支撑国家战略发展的能力不充分、国际教育治理参与不充分、教育公平推进不充分、教育内涵发展不充分、依法治教实现不充分等方面。[②]这些不平衡不充分问题在我国义务教育阶段，不仅存在，而且较为明显。从总体上说，义务教育阶段"有学上"的问题已基本解决，但"上好学"的问题还比较突出。尽管目前我国义务教育的整体水平已有很大提高，在设施改善、公平发展等方面取得了较显著的成绩，但义务教育的质量、效能等还不尽如人意。"义务教育的发展不能因为规模扩张而'稀释'质量，我们应该把提升质量作为核心问题，追求有质量的教育公平，走内涵发展之路，实现教育的优质均衡。"[③]因此，提高教育教学质量，满足人民群众对公平而有质量的教育的需要，是当前和今后义务教育学校的着力点和落脚点。

义务教育学校的内涵发展，着眼于提高质量和效益，着眼于出特色、上水平，不仅有助于推进区域内义务教育的优质均衡发展，更有助于满足人民日益增长的对"上好学"的需求。教育部于 2017 年印发《县域义务教育优质均衡发展督导评估办法》，旨在巩固义务教育基本均衡发展成果，引导各地将义务教育均衡发展向着更高水平推进，进一步缩小义务教育城乡、校际差距，整体提高义务教育标准化建设水平和教育质量，实现县域义务教育的优质均衡发展。义务教育优质均衡发展，必然有赖于各学校全面提高教育质量和办学效益，在关注和侧重内涵发展上下功夫。只有各学校走内涵发展之路，不断提高教育质量和办学水平，才可能有义务教育的优质均衡，才可能使人民有更强烈的教育获得感。

（二）增强学校育人功能、促进社会和谐发展的需要

学校的根本任务是育人，即为社会培育人才。义务教育学校担负着为社会为国家培育人才的奠基工作，以育人为本，是义务教育学校工作的出发点和落脚点。2017 年，教育部印发的《义务教育学校管理标准》明确强调，义务教育学校要落

① 教育部. 2017 年全国义务教育均衡发展督导评估工作报告（摘编）[EB/OL]. http://www.moe.gov.cn/jyb_xwfb/xw_fbh/moe_2069/xwfbh_2018n/xwfb_20180227/sfcl/201802/t20180227_327990.html，2018-02-27.

② 陈子季，马陆亭. 着力解决好教育发展不平衡不充分问题[J]. 人民教育，2017（21）：18-21.

③ 冯建军. 内涵发展：推进义务教育优质均衡的路向选择[J]. 南京社会科学，2012（1）：119-125.

实立德树人的根本任务，发展素质教育，培育和践行社会主义核心价值观，要通过课程育人、文化育人、活动育人、实践育人、管理育人、协同育人等多种途径，培养德、智、体、美全面发展的社会主义建设者和接班人。义务教育学校的内涵发展，就是要优化人力、物力和财力资源的配置，挖掘设施、技术与课程的潜力，在科学、合理、充分利用有限资源的基础上，拓展学校服务的功能，为学生提供和创造更多更好的学习、实践和锻炼机会，形成全员育人、全程育人、全方位育人的良好局面，为社会培养和造就合格公民、优良人才。

义务教育学校不仅担负着为未来社会发展培养人才的奠基工作，也担负着接受、传播文化，提升学生、家长乃至社区群众的公共道德水平和文化素质的责任，因此，应在促进社会和谐发展中发挥其应有的影响和作用。一方面，学校必须提高教育质量，把广大学生培养好、引导好、塑造好，让学生良好的学养、素质和品行影响和辐射其家庭成员以及他们接触的人群，从而起到积极的正能量效应；另一方面，学校及广大教师必须在与家庭、社区携手共建和谐校园的过程中，在为社区提供教育、咨询、科技等服务，以及参加社区的文化、节庆、体育、经济等活动的过程中，不断增进各种关系的融洽、促进先进文化的融合，不断传播和弘扬社会主义核心价值观，倡导和培育良好的社区生活方式，营造和建设文明和谐的社会风气。这些不仅是学校应担负的社会责任和神圣使命，也是学校内涵发展的客观要求和功能释放。

（三）建设“未来学校”、加快实现教育现代化的需要

教育是面向未来的事业，学校是为未来培养人才的场所。未来社会需要什么样的人才，必然要求现在的学校与之相适应。当前，随着科学技术特别是信息技术的日新月异，教育的运行形态和时空纬度正在不断发生改变，建设未来新型学校、形成新型教育生态系统正在逐步成为趋势和可能。2017 年 10 月 10 日，教育部学校规划建设发展中心发布《未来学校研究与实验计划》，旨在根据中国教育现代化 2035 确定的核心任务，聚焦基础教育领域，在新的时代条件下，应用新理念、新思路、新技术，面向未来推动学校形态变革和全方位改革创新。近年来，关于未来学校是什么样式或形态的国内外研究日益增多，根据学者曹培杰给出的定义，“未来学校是指‘互联网+’背景下的学校结构性变革，通过空间、课程与技术的融合，形成个性化的学习支持体系，为每一个学生提供私人定制的教育”。其

发展有四大趋势，即学习空间再造——灵活、智慧、可重组；学习方式变革——主动、深度、无边界；课程体系重构——个性、联结、跨学科；组织管理转型——开放、民主、扁平化。[①]由此可见，未来学校所凸显的主要是学习空间、学习方式、课程体系、组织管理等方面与现有学校的区别和差异，其实质和核心还是在于内涵发展。建设未来学校必须走内涵发展之路，只有各义务教育学校以未来为导向，主动适应互联网、信息技术、人工智能快速发展的趋势，加快学校的信息化、智能化、现代化建设，在深化教育教学改革、优化学校内外部治理体系、提升学校质量和效能上下功夫，打造面向未来的“未来学校”才有可能和希望。

义务教育学校的内涵发展及“未来学校”的建设与教育现代化推进的要求是相衔接、相统一的。首先，教育现代化的核心是人的现代化，就是要通过塑造现代化的教师培养现代社会所需要的现代人，而义务教育学校的内涵发展和“未来学校”的建设就是要坚持“以人为本”，根据学生成长和教师发展的需要来改变学校教与学的方式、方法和样态，提升学校建设、管理和发展的质量、成效和品质；其次，教育现代化的关键在于教育信息化，教育现代化的推进有赖于教育信息化的支撑和引领，而教育信息化除了强调大数据、互联网、人工智能等新技术在教育上的应用外，更强调通过教学过程中的信息技术应用实现教育质量的显著提升，“一方面是要从学生的真实需求出发，加快探索‘互联网+’时代下的教育转型，推动信息技术与教育教学实现深层次融合，利用技术支持学生全面而有个性的发展；另一方面是要有效提升教师信息技术的应用能力，帮助教师获得与信息化教学相匹配的意识和能力，鼓励教师利用信息技术创新教学，促进教育理念、教学内容和教学方式的深刻变革”[②]。因此，义务教育学校的内涵发展，既是学校适应教育现代化趋势的需要，也是学校在教育现代化过程中应有的担当。

二、义务教育学校内涵发展的实践方略

义务教育学校的内涵发展是一种在外延发展的基础上，注重组织内在本质的

---

① 曹培杰. 未来学校的兴起、挑战及发展趋势——基于“互联网+”教育的学校结构性变革[J]. 中国电化教育，2017（7）：9-13.

② 曹培杰. 未来学校的变革路径——“互联网+教育”的定位与持续发展[J]. 教育研究，2016（10）：46-51.

发展；是充分挖掘自身优势，着眼于增强内生力量的发展；是关注“软实力”，即“在硬实力保持一定规模和水平上的机制创新、管理改善、资源的自我更新、整合和使用……是一种追求自身发展正能量的价值追求”[①]。这种依靠内在能量、寻求内在品质的内涵发展，无疑需要在“内”字上做文章、下功夫。从抓内源、重软件、谋变革、促效能的角度来说，校长、教师、课程、教学、文化等各要素的优化组合与作用发挥，既是要点，也是关键。其中，校长要成为内行，教师要修炼内功，教学要丰富内容，校园要扩充“内存”，又是重中之重。

（一）校长要成为内行——引领学校内涵发展

所谓“内行”，是指对某种业务或事情有丰富的知识和经验的人。[②]就校长而言，其“内行”就是要对学校的领导和管理在行，具有丰富的知识和经验、高超的能力和水平。校长是一所学校的灵魂和核心，其知识、经验和能力，直接决定着学校发展的方向、质量和水平。只有内行的校长，才能领导和管理好一所学校，也才能引领学校走向内涵发展之路。教育部于 2013 年印发的《义务教育学校校长专业标准》明确提出，义务教育学校校长要树立“以德为先、育人为本、引领发展、能力为重、终身学习”的基本理念，要发展“规划学校发展、营造育人文化、领导课程教学、引领教师成长、优化内部管理和调适外部环境等方面的能力”，这些正是校长是否为内行的基本要求和检验尺度。从这个意义上说，义务教育学校的校长，就是要成为学校发展的设计者、学校文化的创建者、课程实施的领导者、教师发展的促进者、现代管理的探索者、公共关系的协调者，通过自身的引领、示范、组织、管理、协调和执行，促进和推动学校的内涵发展。

义务教育学校校长要成为内行，必须不断学习和实践，在学习中反思，在实践中锻炼，在岗位上发展。2018 年，《中共中央 国务院关于全面深化新时代教师队伍建设改革的意见》提出，要“加强中小学校长队伍建设，努力造就一支政治过硬、品德高尚、业务精湛、治校有方的校长队伍”。近年来，国家和各级政府非常重视义务教育学校校长的培训工作，除了有校长国培计划外，还有省级及区域性培训，如广西有区级中小学骨干校长培训、名校长研修培训等。这些旨在

① 王晓妹. 中小学校内涵发展督导评估体系[M]. 北京：教育科学出版社，2016：53.
② 龚学胜. 现代汉语大词典[M]. 北京：商务印书馆，2016：1032.

提升校长办学治校能力的培训，是校长成为内行的重要平台，但类似的培训机会、时间毕竟有限，作为校长，更重要、更常态的“修炼”应是校本研修、自主发展。校长要树立终身学习的理念，成为爱学习、勤学习、会学习的典范，自觉学习和研究新的教育理论、管理理论、管理模式、管理方法，自觉地向书本学习、向专家学习、向师生学习、向社会学习，努力使自己成为学习型校长、研究型校长、开拓型校长和创新型校长。

（二）教师要修炼内功——推动学校内涵发展

教师是立校之本、兴校之源，是学校提高教育教学质量、实现内涵发展的动力和关键。教师的专业素养和团队精神，本身就是学校内涵发展的重要组成部分，同时是学校内涵发展的决定因素和强大能量。只有教师的师德修养和专业水平提升了，教师的积极性和创造性调动起来了，学校工作才能顺利开展、持续进步，学校的教学质量和办学水平才能不断升级，内涵发展才会成为可能。因此，要实现义务教育学校内涵发展的推进，必须激发和帮助教师加强“内功”的修炼，使他们真正成为师德高尚、业务精湛、能力突出、素质优良的专业化人员。现代教育对广大教师的素质和能力提出了越来越高的要求，现代义务教育教师不仅要具有扎实的课堂教学能力，还要具有选修课程的开发能力、现代教育技术的应用能力、教育活动的设计和组织能力、对学生开展心理辅导和学习指导的能力、开展教学改革和课题研究的能力、良好的人际沟通和交际能力等。教师只有重视这些基本功的修炼，才能成为教育教学的能手和专家，才能成为学生学习的引领者和促进者。

教师修炼内功包括他律性的“外烁”和自律性的“内炼”两个方面。前者主要指各级教育行政部门和学校组织开展的培训、研修，后者主要指教师的自主学习、实践与反思。教师自主性的内省和觉醒、历练和修行，是教师强化“内力”、练就“内功”，进而获得专业成长与发展的关键。“任何外在动因都无法替代内在驱动力对于教师发展的作用，教师本人在专业发展中的自我主体作用具有不可替代性，这就意味着教师不是被塑造、被规训的对象，确立正确的教师发展观，引导教师制定个人专业发展规划，开展课题教学研究，以体现教师主体自觉、主动的作用。”[①]教师要不断学习，努力钻研，不断反思自己的教育行为，总结经验

---

① 柴江，潘明珠. 教育内涵发展的定位与思考[J]. 甘肃联合大学学报（社会科学版），2011（6）：93-97.

教训，逐步认识学生的成长规律、认知规律，逐渐掌握教育规律，不断提升教书育人的专业水平。

（三）教学要丰富内容——推动学校内涵发展

教学是学校的中心工作，优质教育的关键在于提高教学质量，教学质量是学校内涵发展的基础和根本。教学质量的提高，有赖于教学内容的丰富，即教学要有分量和含金量，要有广度、深度和力度，这是学校内涵发展的生产力和生命力。教学内容的丰富涉及诸多方面，包括教学理念的更新、教学资源的开发、教学方法的改革等。在当今科技、经济和社会变化迅速的时代，我们应“为未知而教”，“为未来而学”；“我们需要以一种全新的视角来看待教育，在教育中既关注已知，也关注未知；需要一种更具有‘未来智慧’的教育视角，由此来反映我们对将来可能发生什么事的推测，并且借以强调能够应对所发生的一切事情的灵活知识”[①]。因此，各义务教育学校应在教学内容的改革和丰富上下功夫。

这里有两点特别重要：一是要优化课程体系。学校的一切教育活动都是通过由学科课程、活动课程等组成的课程体系来完成的，没有完善的课程体系和有效的课程实施，就没有学校教育的高质量。学校应根据学生发展需要和地方、学校、社区资源条件，在落实完成国家课程要求、探索国家课程校本化的基础上，推进学校特色课程建设，加强校本课程开发，以多样性、可选择性的课程体系服务于不同学生的成长与成才。二是要善用教学资源。教学资源除了传统意义上的纸质教材、图书、报刊、图片以及音像制品、实物标本等之外，当前更为丰富、更待利用的就是信息化、网络化、数字化的教学资源。目前，我国的信息化教学资源已相当丰富，包括文献资料、媒体素材、网络课程、题库、案例、课件等，是教师教学取之不尽、用之不竭的“宝藏”，学校和教师要有意识、有目的、有选择地加以利用，并引导学生充分、合理和有效地使用。此外，在学校中营造一种教学改进文化，不仅对当前的教学改进很重要，而且对未来教学的持续改进也同样重要[②]，因此，学校应大力支持和激励教师进行课程开发和教学改革。

---

① 戴维·珀金斯. 为未知而教，为未来而学[M]. 杨彦捷译. 杭州：浙江人民出版社，2015：16.

② 陈丽，方中雄. 基于品牌塑造的学校改进[M]. 北京：北京师范大学出版社，2010：165.

（四）校园要扩充“内存”——支撑学校内涵发展

校园是师生教学活动的场所，也是培育人才的摇篮。从狭义上说，校园主要是指学校内的空间、场地和建筑；从广义上说，校园也包括学校周边一定范围的环境和氛围。校园是否宽广、条件是否宽裕、设施是否完备，对学校的发展固然是非常重要的，但从内涵发展的角度来看，真正能支撑学校质量、效益和特色发展的，不在于空间的大小、场地的宽窄、设施的多寡，而在于其“内存”是否充实和充足。正如现今的电子产品，其外壳可以很小，但其内存却可以很大，关键在于如何扩充内存。

义务教育学校要扩充“内存”，首先要抓好学校的文化建设。学校文化是支撑学校内涵发展的强大力量，因此，“必须聚焦学校教育的内涵要素——学校文化，从学校内的成员所共同拥有的价值取向、情感倾向和行为方式视角出发，转变均衡发展的思路，促进义务教育内涵式均衡发展”[①]。塑造学校文化，要注重学生成绩、合作意识、价值分享、决策制定、风险承担、信任关系、开放程度、家长关系、领导作为、内部交流、社会化程度、学校历史等 12 个关键点[②]；要注重从凝练学校精神文化、凸显学校环境文化、强化学校教学文化、提升学校科研文化、升华学校评价文化五个方面进行突破[③]。其次要提升学校的信息化水平。我国教育技术学专家提出，未来学校建设有三层境界：第一层境界是“基础设施建设”，主要是根据学生的年龄特点设计漂亮的教室，各种各样的创新实验室，各种活动空间，配备电子白板、平板电脑和数字教材，实现“三通”；第二层境界是“学习方式变革”，主要是注重移动学习、游戏化学习和虚拟学习；第三层境界是“教育流程再造”，主要是教师角色再造、课程模式再造、组织机构再造、管理方式再造。[④]目前，我国绝大部分义务教育学校已基本达到学校建设的第一层境界。未来，各义务教育学校应侧重在加快推进数字校园和智慧校园建设、实现信息技术与教育教学的深度融合上下功夫。最后要加强学校的协同育人。学校的协同育人，

---

① 钱玲，王锐. 以学校文化引领内涵式义务教育均衡发展[J]. 河北大学学报（哲学社会科学版），2012（1）：131-134.

② 托德·威特克尔，史蒂夫·格鲁奈特. 如何定义、评估和改变学校文化[M]. 刘白玉等译. 北京：中国青年出版社，2016：73-80.

③ 沈胜林. 论学校内涵发展与文化生成机制的建构[J]. 教学与管理，2015（27）：48-50.

④ 尚俊杰. 未来学校建设的三层境界[J]. 基础教育课程，2014（12）：73-76.

除了内部力量的统合外，更主要的是加强学校与家庭、社会的联系、沟通与合作，构建各方齐抓共管、合力育人的教育机制，形成整体优化、协作育人的育人氛围，进而提高育人的效率和质量。

第二节　民族地区义务教育公用经费的管理改革

一、义务教育公用经费管理改革的客观必要性

（一）提高经费使用效益和学校办学效益的需要

长期以来，教育经费投入不足及教育经费管理和使用不当的问题，导使教育经费不能发挥其应有的作用，甚至出现浪费现象，因此，改变这种现象，提高教育经费的使用效率，日益成为各级政府和广大学校面临的重要课题。特别是随着国家和政府不断加大对义务教育的投入力度，加强对教育经费的管理，提高教育经费的使用效率显得更加重要。早在 2013 年，在国家财政性教育经费支出占 GDP 的比例达到 4%之后，教育部就推行了“教育经费管理年”的行动，旨在巩固好 4%的成果，筹好、用好、管好教育经费。近年来，从国家到地方再到学校，对教育经费管理的力度在不断加大，在包括公用经费在内的教育经费的管理上，各级政府采取了诸如“校财局管”“绩效管理”等措施试图确保教育经费合理有效使用，也确实取得了一定的成效。

但毋庸置疑的是，义务教育经费特别是公用经费的管理和使用，客观上还存在不少问题，具体表现在以下几方面：一是义务教育经费投入总量不足、来源构成不合理的问题依然存在。近年来，我国义务教育经费投入总量在逐年增加，但依然不能满足现实需求，导致供需矛盾紧张，影响了全国义务教育的均衡发展，甚至制约了义务教育的快速健康发展。目前，义务教育经费的来源构成主要为财政拨款，其他来源渠道如捐资收入、事业收入等并不畅通，比例尚不合理，结构性矛盾比较突出，来源渠道没有形成实质上的多元化。[①]二是义务教育经费使用效

① 胡阳雪，刘维忠. 浅析我国义务教育经费管理问题[J]. 经济研究导刊，2016（33）：180-181.

率不高。比如，义务教育资源共享不完全、重复投资、重复建设的现象较严重，政府补助的大部分用于支付在职员工工资和离退休费，以及维持学校内部行政机关日常运转；一些学校存在重视教育教学设备的投入及配置的达标，而忽视管理和使用的问题，有的设备被放在实验室中"睡觉"，导致很多设备不是用坏的，而是放坏的。三是对学校公用经费使用缺乏有效的监督评价机制。一些学校领导对公用经费使用效益评价的重要性认识不足，缺少科学的、易于操作的评价体系，这是义务教育学校财务管理工作中较为普遍存在的问题。有些学校更多的只是重视教学质量、硬件设备的达标，却很少关注对学校经费投入的经济效益和社会效益的评价。有些学校没有制定规范系统的财务内控制度，内部监督管理不健全，致使财务开支无计划，盲目性、随意性比较大，造成教育经费使用管理失控。因此，内部财务管控有待于进一步加强，特别是在绩效工资及津补贴发放、项目建设实施、设备采购配置、预算超支纪律约束等方面需进一步规范和约束。

义务教育学校公用经费是指在学校必须完成一定的教育教学活动以及相应的管理工作的前提下，保障学校正常运行、教学活动和后勤服务等方面开支的费用，是学校正常运行、完成教学任务、提高教育质量的重要保障。①能否管好用好公用经费，不仅关系到学校教育教学活动能否正常运转，也直接关系到学校教育质量和办学效益的高低。从某种意义上说，如果不能把公用经费用在教学活动、课程建设、教学研究等中心工作和重要环节上，就很难保证教育质量，也很难保证"育人"效益。2018 年 8 月，《国务院办公厅关于进一步调整优化结构提高教育经费使用效益的意见》明确提出，"各地要在改善必要办学条件的同时，加大课程改革、教学改革、教材建设等方面的投入力度，促进育人方式转型，着力提升教育教学质量。确保义务教育公用经费、教研活动、教学改革试验等方面投入，推动实现义务教育优质资源均衡"。因此，只有学校加强对公用经费的管理，把有限的资金真正用在教育教学活动上，并发挥其最大效益，才能保证学校教育活动的正常开展，也才能保证学校办学水平的不断提升。

（二）依法科学理财和建设现代学校制度的需要

现代学校制度是一种以新型的政校关系为基础，以依法治校、民主决策、教

① 杜育红等. 中国义务教育财政研究[M]. 北京：北京师范大学出版社，2009：44.

育公平、信息公开、和谐发展、合力育人等现代教育观为指导，以提倡学校自主管理各项事务为理念的学校制度。它以学校法人制度为核心，具有“政校分离，产权明晰，社会参与，有效管理”的特点，目的在于促使学校真正成为自主经营、自我约束、自我负责、自我发展的办学主体。法治、规范和民主，是现代学校治理应遵循的基本原则，也是建设现代学校制度的关键所在，而义务教育公用经费的管理，正是在法治之下规范、民主地分配和使用经费，科学理财，财尽其用。因此，一方面，各级政府要不断增加教育投入，按照教育法的要求，确保“三个增长”。教育行政部门要不断加强财务管理，使学校财务管理规范、健康运行。另一方面，在政府和教育主管部门不断下放包括财权在内的各种权力的趋势下，学校要努力实现财政预算自主、预算执行自主，不断健全财务制度体系，完善财务治理结构，强化财务绩效管理，这不仅是学校财务管理水平提高的客观要求，也是现代学校制度建设的必然要求。学校只有切实加强包括公用经费管理在内的财务管理，通过建章立制来保证各项经济行为符合法律、法规、规章和制度的要求，才能推进依法科学理财的进程，才能加快建设现代学校制度的进程。

教育部于 2017 年 12 月印发的《义务教育学校管理标准》，在“建设现代学校制度”部分明确规定，义务教育学校要提升依法科学管理能力，依法制定和修订学校章程，健全完善章程执行和监督机制，规范学校办学行为，提升学校治理水平。该标准把健全管理制度，建立便捷规范的办事程序，完善内部机构组织规则、议事规则等作为重要任务和内容，并强调要“认真落实《中小学校财务制度》，做好财务管理和内审工作”。此外，该标准还包含按规定将培训经费列入学校预算，公示收费项目、标准、依据等与公用经费使用管理直接相关的诸多内容。可见，公用经费管理既是义务教育学校管理的重要组成部分，也是建设现代学校制度的重要指标。2018 年 8 月，《国务院办公厅关于进一步调整优化结构提高教育经费使用效益的意见》明确提出，要加强对教育经费的监督管理，改变经费使用“重硬件轻软件、重支出轻绩效”的情况，地方各级人民政府要建立健全“谁使用、谁负责”的教育经费使用管理责任体系，教育部门和学校作为教育经费的直接使用者、管理者，在教育经费使用管理中负有主体责任，要依法依规、合理有效使用教育经费。因此，各级教育主管部门和义务教育学校领导、教师，需要充分认识管好用好公用经费的重要性，完善公用经费管理制度，坚持依法依规理财，不断改革和探索适应义务教育改革与发展的公用经费预算、使用、审计、评价等各种制度，优化财务工作流程、防范财务问题风险、增强经费使用的绩效，形成良好的学校理财生态，从而推进现代学校制度建设。

（三）优化教育资源配置和推进教育优质均衡发展的需要

近年来，随着改革的深化和经济的增长，我国的教育经费投入逐年增加，基层学校的各种条件得到有效改善，开支标准不断提高。然而，基层学校尤其是村级小学在对公用经费的使用管理中，勤俭办学的意识日渐淡漠，公用经费没有用在提高教育教学质量和促进学校长期发展上，个别学校的公用经费用于非公用经费使用范围的比例过大，在一定程度上制约了学校的发展。随着公用经费补助标准的不断提高，国家财政对教育投入的力度不断加大，如何合理使用学校的公用经费成为急需解决的问题。

二、深化义务教育公用经费管理改革的策略

（一）不断提高公用经费投入标准

公用经费是学校可支配资金的最重要来源，虽然中小学公用经费占教育总经费的比重总体上呈上升趋势，但现有的公用经费标准依然很难满足学校的实际支出需求。中央政府及各级地方政府应统筹规划，确保教育资源在区域间、城乡间、学校间和不同受教育群体间合理、有效地均衡配置；以继续大力支持民族地区、贫困地区义务教育发展为重点，积极推进区域义务教育均衡发展。其中，应该继续加大投入的经费包括全国义务教育均等化发展水平所决定的生均经费、山区农村义务教育学校原有和新增危房的修建专项经费、面向经济发展落后山区的教育财政转移支付和助学金。

笔者在调研过程中发现，学校规模、学校所在地偏远程度和是否为寄宿制学校等因素影响着公用经费的使用和管理。农村学校由于所处地方偏僻、历史欠账多、办学条件相对较差，生源质量和教师素质都不太理想，加之农村学校人数少，规模成本较高，而公用经费又少，学校的很多工作无法开展，学生辍学率较高。此外，农村学校对师资特别是优质师资的吸引力较差，国家应该加大对农村教师的支持，提高他们的待遇，如可以从公用经费中抽出一部分奖励农村教师，以推

进义务教育的均衡发展。寄宿制学校的学生学习和生活都在学校，由此提高了学校除正常教学外的额外教学和生活成本。在教学结束后，学生仍需要在学校进行学习活动，这就需要学校增加额外的教师以及水电支出；另外，学生生活在学校里，则要求学校配给食堂、宿舍和生活老师等。因此，在进行公用经费拨付时，应对寄宿制学校给予政策上的倾斜，其生均经费应比非寄宿学校高。所以，在提高公用经费标准时，应对学校进行分类，对同类学校采用同类标准，对不同类学校采用不同类标准。

（二）建设和完善学校预算管理制度

科学制定公用经费预算至关重要。教育主管部门应充分发动各学校作为公用经费使用主体的积极性，组织各学校在广泛采纳教职工的合理化建议的基础上，结合学校自身发展的基础条件和客观实际，按照既保证学校基本教育活动的开展，又满足一定时期的发展需要的原则，经充分论证后，研制出预算方案报当地教育部门审核，并汇总给财政部门审批。各学校的预算编制应严格按照“两上两下”的程序来落实，要在财政部门下达的预算控制数内进行编制并接受教育局和财政部门的调研指导和统筹安排；要按照实事求是、量入为出、统筹兼顾、公开透明、绩效导向等原则编制学校公用经费预算，确保预算严格按照上级所列的标准和范围来规划并满足学校自身的需要，确保预算编制过程及其内容具有严肃性、规范性、科学性和引领性，有益于促进学校事业的发展和办学水平的提高。为了保证公用经费安排的科学合理、优化高效，各学校和教育主管部门也可以结合当前和未来教育改革发展的趋势，在预算编制及管理上进行改革探索，如浙江省某区县进行的义务教育学校教育经费支出分类改革，其将公用经费支出分为教学支出、学校管理支出、支持性服务支出、非教学服务支出等几类进行精细化预算管理。[①]这种改革一方面可以促进学校通过支出分析、成本分析，及时发现经费管理中存在的问题并及时改进，从而完善经费预算和财务管理工作；另一方面可以帮助政府部门强化对学校经费预算及其管理的评估，更加合理地确定各学校的办学成本和预算标准，并科学考核和正确引导学校公用经费的使用。

---

① 王蓉，魏建国. 中国教育财政政策咨询报告（2010—2015）[M]. 北京：教育科学出版社，2015：481-488.

编制预算的总目的是保证学校能够提供优质的教育服务，保证所承担的义务教育目标能够顺利实现。具体目的为：保证教学任务全面完成；备办学校必需的教育设施；保障学生身心健康发展；提供优先发展的必要条件。但笔者在调研中发现，部分学校所做预算与实际的支出情况存在较大差距，结果不仅降低了经费的使用效果，同时也增加了不必要的预算成本。由此，笔者建议实施以下预算管理模式：一是培养学校管理人员和教职工的教育成本观念，引导和强化相关人员参与学校经费管理和使用的主体意识，定期对学校内的财务支出进行管理和控制，做好相关的预算工作，建立事前预算、事中控制和事后管理的体系，使学校内部形成自上而下、自下而上的资金管理体系。二是学校预算的内容和标准应符合城乡义务教育发展的新要求，目的是保障学校各项教育教学活动的顺利开展。例如，提高寄宿制学校公共经费标准，新增预算要满足学校特色发展的需要。三是加强对学校财务人员的培训，提高学校预算水平，更好地服务学校发展。教育主管部门和学校领导要重视提高财务人员的业务素质，组织开展经常性的财务培训活动；定期组织财务人员对新出台的制度、新出现的问题、新提出的要求进行培训学习和工作交流，不断提高财务人员的业务能力和专业化水平。

（三）改进公用经费拨付与管理模式

提高公用经费下拨速度和经费使用后的报账速度，确保学校经费使用的正常运转。建议上级部门及时划拨公用经费并督查落实，在国家经费或省区市经费未下拨的情况下，教育主管部门可考虑让各学校参考上学期公用经费的使用情况对下学期的公用经费提前做好初步预算，在下学期开学前，财政部门根据各学校的初步预算提前拨款，最后再由学校向县财政部门上报公用经费的使用情况；或者财政部门每学期开学初先划拨经费预算的 30%作为学校开学的工作经费，以保证开学各项工作顺利开展。此外，公用经费管理不应该“一刀切”，而应该充分考虑各地区各学校的实际差异，采取灵活机动的方式方法；适当放宽生均公用经费的使用限制，从各地区各学校的实际情况出发，设置更为合理的使用标准；在学校经费开支取得票据后，应及时向上级部门报账，上级部门应及时给予审批，以保障资金的正常周转。

要进一步明确县（市、区）结算中心对各级各类学校财务的管理与指导职责。结算中心要负责管理好各级各类学校的财务统计和会计核算工作以及经费开支的审核工作，协助学校编制公用经费预算和决算报表，依法管理和监督学校各项经费的收支，并做好对主要经济行为的审核和监督等。结算中心要严格按照财政部门要求设置的会计科目，严格管理所辖学校对预算内和预算外资金的使用，定期向所辖学校通报财务状况；对所辖学校发生的财务开支应实行支付前审核和记账前复核，待复核无误后再记账，同时加强对记账单据及报账单据等会计档案的管理，做到专人负责、规范管理、及时归档。

要建立有效可行的义务教育学校财务公开和审计制度。县（市、区）结算中心要指导各中小学制定切实可行的公用经费公开制度，并规定公用经费公开的内容、时间和方法。学校可通过教师代表大会、设立财务公开栏等形式，公布学校上年度或近期的公用经费收支情况，使广大教职工对学校经费的收入和支出情况都清楚明白，同时组织全体教职工对这些收支情况进行监督和提出意见或建议。此外，对学校公用经费的分配与使用进行审计，有助于规范公用经费的使用范围和标准，使公用经费的使用做到合规合法，防止公用经费被挤占、挪用、乱用，因此，结算中心与学校还应强化公用经费的审计工作，建立学校内部审计与结算中心审计相结合的审计制度，对学校公用经费的使用进行经常化、制度化的审计，使公用经费的使用能始终处在阳光下运行，杜绝各种腐败现象发生。

（四）建立公用经费绩效评价管理机制

义务教育公用经费作为政府公共支出的重要组成部分，不仅直接关系到教育事业发展水平和质量，而且直接关系到学校的运行和效益，因此，必须对其的配置和使用绩效进行及时、有效的检测和评价。绩效评价的目的是要考量和评判公用经费的安排和使用是否合法合理、科学有效。“为了提高经费的使用效率，我们应该全程监督和管理经费的使用和支出情况，包括对使用结果的评估。这种效益评估将会提高下一步经费的准确核算和使用效益，确保经费最大化地保障教育事业的发展。”①为做好绩效评价工作，县（市、区）政府应考虑成立由教育局牵

---

① 马国贤，赵宏斌. 我国农村义务教育财政政策：现状与思考[M]. 镇江：江苏大学出版社，2011：79.

头的，由分管教育的区领导，教育局领导及教育局、财政局相关部门人员组成的义务教育学校公用经费绩效评价工作小组，统筹领导和协调涉及公用经费绩效评价的各项工作。工作小组应对学校公用经费的使用实行全过程绩效监控，要从事后的绩效评价向事前的绩效目标管理的“上游”环节延伸，使评价涵盖申报、评审、使用、结果运用等各个环节，并逐步把跟踪问效、绩效问责制度的执行落到实处。绩效评价工作应当坚持公开、公正的原则，做到基础数据准确，评价方法科学合理，评价结果客观可信，切实反映公用经费使用和管理的实际情况。绩效评价还应坚持评价与整改相结合的原则，正确运用绩效评价结果，认真研究和改进存在的问题和不足，不断提高公用经费的管理水平和资金的使用效率。

义务教育学校公用经费的绩效评价应包括四个方面的内容：一是预算编制情况，包括预算编制是否规范完整、是否按照规定的使用范围将预算细化到具体支出项目和科目、是否科学合理等；二是预算执行情况，包括是否严格执行了财政部门批复的预算，预算执行是否及时，预算调整是否报批、是否存在随意变更或调整预算的现象等；三是经费管理情况，包括是否制定了具体细化的公用经费管理办法，公用经费收支是否公开透明，经费开支是否符合有关文件规定，经费核算和账务处理是否规范，有无截留、挤占和挪用公用经费的现象等；四是使用效果情况，主要包括学校课堂教学、文体活动、教师研修等日常教育教学活动是否正常开展，办公用品及耗材供应、教育技术装备运行维护、校园校舍小型维修改造等后勤保障是否及时到位，学校师生对公用经费收支管理和使用效果是否满意等。特别需要强调的是，公用经费的绩效评价不仅要看经费使用的结构和效率，还要看使用后的产出和成果，包括产出的数量、成果的质量，如学生的数量与质量、教师的数量与质量、学校服务受教育者和社区水平与质量的影响等。“教育服务必须达到一定的质量，物质生产有一定的质量标准，教育服务也有一定的质量标准，必须加以测度，它不仅包括对教育服务内容的测度，也包括教育服务对象主观感知的测评。”[①]因此，在绩效评价中，应关注学生、老师、家长等利益相关者或受益者对经费使用效果的满意度或感知状况。

---

① 王敏. 政府财政教育支出绩效评价研究[M]. 北京：经济科学出版社，2008：191.

第三节 民族地区县域义务教育的优质均衡发展

一、县域义务教育优质均衡发展的客观必要性

（一）巩固和提升县域义务教育均衡发展水平的需要

县域义务教育均衡发展大致可分为不均衡、基本均衡和优质均衡几个阶段。2012 年 9 月，《国务院关于深入推进义务教育均衡发展的意见》提出，到 2020 年，全国义务教育巩固率达到 95%，实现基本均衡发展县（市、区）比例达到 95%。根据教育部于 2019 年 3 月 26 日召开的新闻发布会，截至 2018 年底，“全国有 2717 个县实现义务教育基本均衡发展，占全国总县数的 92.7%。中西部地区实现义务教育基本均衡发展的县数占比达到 90.5%，有 16 个省（区、市）整体通过评估认定”[①]。可以说，单从数量上看，县域义务教育基本均衡发展已接近国家规划目标，但正如教育部教育督导局局长田祖荫在发布会上所说，一些通过认定实现基本均衡发展的县（市、区），仍存在不少问题和薄弱环节，巩固提高任务还比较重，甚至还有部分省区市出现水平滑坡现象，不少地方学校布局不合理，大规模学校和“大班额”问题依然存在，“城镇挤”现象仍然突出。在 2018 年认定的 338 个县（市、区）中，分别有 252 个、239 个、228 个县（市、区）不同程度地存在占地面积不足、运动场地面积不足、校舍面积不足的问题；有 281 个县存在 2000 人以上大规模学校；“大班额”占比依然较高，55 人以上的小学班级占比为 6.92%，60 人以上的初中班级占比为 6.21%。[②]部分地区学校的体育、音乐、美术、计算机、图书阅览等功能室数量不足；部分农村寄宿制学校存在生活设施差、床

① 郭亚丽. 教育部：全国 92.7%的县（市、区）实现义务教育基本均衡发展[EB/OL]. http://www.moe.gov.cn/fbh/live/2019/50415/mtbd/201903/t20190327_375633.html，2019-03-26.

② 教育部：大校大班问题仍存在 部分地方变相办重点[EB/OL]. http://baijiahao.baidu.com/s?id=1629042556290749150&wfr=spider&for=pc，2019-03-26.

位紧张、宿舍条件简陋、洗澡间热水供应不足、食堂设施不完善、旱厕未做无害化处理等问题；个别地方未落实“对农村不足100人的小规模学校按100人拨付公用经费”的政策。[①]因此，如何加强还存在的这些薄弱环节，巩固“基本均衡”的成就，是政府和学校亟须面对和克服的难题。

义务教育均衡发展是个动态过程，有的学者把义务教育均衡发展划分为低水平均衡、初级均衡、高级均衡和高水平均衡四个阶段，其中低水平均衡主要是普及义务教育，初级均衡主要以教育条件和教育过程均等为主要目标，高级均衡强调资源配置和办学条件更加公平、充分，而高水平均衡也就是优质均衡是以提高教育质量为核心、以促进教育公平为重点的高位教育均衡。“我国义务教育均衡发展已实现了从起点公平到过程公平、从权利平等到资源均衡的转变，正在从过程公平向结果公平、资源均衡向质量为中心的优质均衡迈进。”[②]在巩固义务教育基本均衡发展成果的基础上，推进义务教育均衡向更高水平发展，全面提高义务教育质量，实现优质均衡，不仅是义务教育均衡推进的逻辑轨迹，也是义务教育发展水平提升的应有目标。义务教育基本均衡不等于义务教育发展水平，更不等于义务教育质量，如果所有学校只是在一个较低水平上无差异，那均衡就失去了应有的意义；高水平的均衡或者说有质量保证的均衡，才是教育均衡的本质，才是教育工作者所提倡和追求的。“优质均衡是基本均衡成果的巩固和提高，它既代表了均衡发展的趋势和走向，同时也为基本均衡指明了发展方向。”[③]只有明确义务教育均衡发展的目标和方向，在缩小校际差距的过程中办好每一所学校、提高学校整体教育水平，与时俱进地积极推动县域义务教育均衡发展向更高水平、更有质量迈进，才能巩固义务教育基本均衡发展成果，避免出现“不进则退”的滑坡现象，才能使义务教育不断上台阶、出成效。

（二）扩大优质教育资源和增强人民教育获得感的需要

从义务教育均衡发展的不同阶段看，基本均衡主要考虑的是如何改善薄弱学校的办学条件，如何缩小校际差别，目的主要是追求合理配置教育资源，实现学

① 叶雨婷. 全国92.7%的县实现义务教育基本均衡发展[N]. 中国青年报，2019-03-27.

② 冯建军. 义务教育优质均衡发展的理论研究[J]. 全球教育展望，2013（1）：61，84-94.

③ 周军，黄秋霞. 刍议我国义务教育发展基本均衡与优质均衡的区别和联系[J]. 教育与教学研究，2018（8）：53-57，127.

校教育发展水平均衡，满足人民群众的基本教育需求。在某种程度上，义务教育基本均衡解决的是“有学上”的问题，保障的是受教育者的权利平等和机会平等，体现的是教育过程的公平。然而，随着社会和教育的发展、人们生活水平的提高和对教育重要性认识的增强，人们对义务教育关切的焦点已经从“有学上”转向对“上好学”的追求，从教育起点和过程公平转向对教育质量和教育结果公平的追求。这就要求我们不仅要公平分配教育资源，缩小校际教育资源配置差距，更要实现义务教育质量的优质均衡，缩小义务教育质量的校际差距，也就是要增加优质教育资源甚至实现优质教育资源的全覆盖，满足广大人民群众“上好学”的现实需求。义务教育优质均衡是在完成“量”的积累的基础上，通过提升“质”的路径来实现的，其中包含了质量目标的提升和质量结构的优化。因此，它不仅能保证均衡发展的长期性和稳定性，更能满足学生及家长对优质教育的需求。我国颁布实施《县域义务教育优质均衡发展督导评估办法》的目的和宗旨正是使义务教育从教育资源配置的基本均衡走向提升教育质量的高水平均衡，从而推进有质量的教育公平，让学生不仅有所学，而且要学有所得，切实提高教育公平程度和社会满意度。

县域义务教育优质均衡发展，就是要让所有学生都接受同等水平的高质量教育，这既是保障每个人接受良好教育的权利，不断满足人民日益增长的美好教育需要的重要举措，也是让人民享受教育改革与发展的成果，增进人民教育获得感的重要途径。人民的教育获得感，在义务教育阶段主要体现为学生对受教育的满意程度，除了一般意义上的“有学上”“方便上学”“免费上学”等外，学生的学习成绩、受到的待遇、人际关系、归属感等是更为重要的指标，而这些又突出体现在教育教学质量上。“义务教育质量发展并非一个单一的资源投入问题，也不是各要素的简单结合，而是以主体人为中心的资源优化问题，尤其是教师和学生的内在素质、参与教育活动的方式与态度以及资源的优化状况，这些对义务教育质量有着至关重要的影响。”①因此，县域义务教育发展，不仅要关注薄弱学校的改进、教育资源的均衡配置、校际办学差距的缩小等问题，更要关注师资素质提升、课程教学改革、学生全面发展等质量问题；不仅要关注义务教育普及和入

① 彭波，邹蓉. 义务教育阶段教师均衡发展的内容体系研究——基于义务教育优质均衡发展的视角[J]. 当代教育论坛，2017（3）：7-13.

学机会公平，更要关注整体儿童的学业成就、个性发展、身心健康、社会交往能力等多方面的水平提升。这种真正意义上的“优质均衡”，更能切实满足广大人民群众“上好学”的现实需求，确保广大受教育者“学有所得”“学有所成”。

（三）促进城乡义务教育一体化发展和可持续发展的需要

城乡教育一体化，是我国城乡经济社会一体化的重要组成部分，是推动城乡经济社会协调发展、科学发展和可持续发展的手段和途径。城乡经济社会一体化是我国现代城市发展和新型农村发展的重要阶段，其内涵就是要把城市和农村当成一个整体来统筹发展，促进城乡在规划建设、产业发展、社会事业发展上的一体化，改变长期以来形成的城乡二元结构，消除城市和农村的隔阂，缩小和消除城乡之间的基本差距，从而使城市和农村有机地融为一体，实现城乡经济和社会生活紧密结合与协调发展；而城乡教育一体化，就是在教育公平的核心价值取向下，“打破城乡教育体制壁垒，统筹规划城乡教育资源，构建城乡双向沟通、良性互动的教育体制和机制，缩小城乡教育差距，使城乡教育相互融合、互相支持、共同发展”[①]。城乡教育一体化，尤其是城乡义务教育一体化，不仅是促进义务教育公平和均衡发展的重要手段，也是缩小城乡区域间发展差距，维护社会公平公正和社会秩序稳定，促进城乡经济社会一体化的有效途径。2010 年的《国家中长期教育改革和发展规划纲要（2010—2020 年）》明确强调，要建立城乡一体化义务教育发展机制，率先在县（市、区）域内实现城乡义务教育均衡发展。2016 年的《国务院关于统筹推进县域内城乡义务教育一体化改革发展的若干意见》进一步提出，为了巩固和均衡发展九年义务教育，加快缩小县域内城乡教育差距，适应新型城镇化深入发展的需要，落实全面建成小康社会的要求，促进义务教育事业持续健康发展，必须统筹推进县域内城乡义务教育一体化改革发展。

县域义务教育的均衡发展，就是要打破城乡二元结构，消除地域、经济等方面的差距导致的教育发展不平衡，实现城乡教育资源一体化，促进城乡学校在师资、教学、管理等方面的良性互动，扩大优质教育资源供给，进而缩小城乡之间的教育差距，保障城乡教育的均衡发展、协调发展和共同发展。目前，与城市相比，乡村不仅存在教育资源不均衡的问题，而且教育质量不优质的问题也较为突

① 张旺等. 城乡义务教育一体化发展研究[M]. 北京：教育科学出版社，2017：41.

出，从而严重制约了城乡一体化的进程。“如何为城乡居民提供优质均衡的义务教育，是实现社会公平、缓解城乡矛盾、建设和谐城乡关系的前提。”[①]基于此，我国政府致力于实现县域义务教育基本均衡发展并着手推进优质均衡发展。目前通过认定的义务教育均衡县，主要是在各县（市、区）内部实现了基本均衡，并没有达到优质均衡的程度，还存在师资教学质量差距、生源质量差距、资源配置相对不均衡等问题，也没有实现各县（市、区）之间的均衡、城乡之间的均衡。“义务教育优质均衡相较于基本均衡，内涵更丰富、要求更高、难度也更大，在硬件设施、办学条件基本均衡的基础上逐步实现师资均衡、校干均衡、生源均衡乃至学校管理水平和教育教学质量的均衡。”[②]这种更宽视野、更高要求的义务教育发展观，更强调支持和关注处境不利的弱势群体的教育，以推进相关保障机制的形成；更强调支持和关注薄弱学校、偏僻农村地区的义务教育，从而更有助于城乡义务教育的一体化发展。例如，四川省成都市蒲江县，以先进理念为引领、以提升质量为核心、以改革创新为动力，积极构建“教育机会公平均等、资源配置动态均衡、质量水平全域共进和管理方式创新融合”的机制，着力推进入学机会公平一体、队伍建设配置一体、内涵发展质量一体、条件保障资源一体等“四个一体”，积极促进了城乡义务教育的优质均衡发展。[③]

县域义务教育优质均衡发展也是实现义务教育可持续发展的需要。教育发展是利在当代功在千秋的事业，必须面向未来，着眼长远。联合国可持续发展峰会于 2015 年 9 月通过的《2030 年可持续发展议程》提出的 17 个可持续发展目标中，就包含“到 2030 年，所有男女儿童都能获得优质发展教育、看护和学前教育，为接受初级教育做好准备”等具体目标。[④]中共中央、国务院于 2019 年 2 月印发的《中国教育现代化 2035》聚焦教育发展中的突出问题和薄弱环节，立足当前，着眼长远，重点部署了面向教育现代化的十大战略任务，其中明确提出，要实现基本公共教育服务均等化，提升义务教育均等化水平，推进城乡义务教育均衡发展。

---

① 陈淑玲. 城乡一体化背景下义务教育的优质均衡发展——以河北省为例[J]. 继续教育研究，2015（7）：35-37.

② 强国. 义务教育迈向优质均衡的思考[J]. 江苏教育（教育管理版），2016（5）：25-26.

③ 杨忠云. 着力“四个一体”积极推进城乡义务教育优质均衡发展[J]. 基础教育参考，2018（16）：16-17.

④ 倪红梅，孔晓涵. 联合国通过 2015 年后发展目标 2030 年消除极端贫穷[EB/OL]. http://news.sohu.com/20150927/n422188549.shtml，2015-09-27.

在实现县域内义务教育基本均衡的基础上，进一步推进优质均衡。当前，随着教育均衡发展的推进和城乡一体化进程的加快，农村义务教育各方面条件都有了较大改善，在经费拨款、硬件设施、师资数量、配置结构等方面，与城市的差距在稳步缩小，但教育质量的城乡不均衡问题还比较突出。农村特别是乡村还有部分学校不但教育质量远落后于城镇学校，甚至在办学条件上也远不如城镇学校。2018 年 4 月，《国务院办公厅关于全面加强乡村小规模学校和乡镇寄宿制学校建设的指导意见》指出，办好乡村小规模学校和乡镇寄宿制学校是实施科教兴国战略、加快教育现代化的重要任务，是实施乡村振兴战略、推进城乡基本公共服务均等化的基本要求。不断提高乡村教育质量，为乡村学生提供公平而有质量的教育，实现县域内城乡义务教育一体化发展，不仅事关乡村教育、文化和社会经济的持续健康发展，也事关城乡全面建成小康社会和实现中华民族伟大复兴的中国梦。由此可见，县域义务教育优质均衡，既是促进义务教育事业持续健康发展的需要，也是适应我国和全球可持续发展战略、促进人类社会可持续发展的需要。

二、县域义务教育优质均衡发展的推进方略

随着社会经济的发展，教育一直在不断适应和满足社会的需求，我国目前面临的最大的社会经济改革就是供给侧改革。因此，要想实现义务教育优质均衡发展，就必须紧密结合国家经济发展的需求，实施教育供给侧改革，而改革的核心就是创新供给的方式和渠道，扩大优质教育资源的有效供给。

（一）供给总量：优化学校布局调整，盘活教育存量

近年来，随着国民经济发展趋势的持续向好，越来越多的农村人口选择搬迁到城镇，学龄儿童也跟着进入城镇学校学习，使得城镇学校生源不断膨胀。虽然随着城镇化进程步伐的加快以及相关教育政策的完善，农村中小学的教育资源得到了一定的补充，但由历史原因造成的农村过于分散的办学格局，使得地方政府的教育投入无法满足农村义务教育均衡发展的实际需求。通过调整县域内学校布局，增加公共教育资源投入，适当集中办学，合并或撤销一批教学质量低、办学条件差和生源不足的学校，可有效盘活现有教育资源存量，促进教育

均衡发展。[①]

在具体实施过程中，要注意充分调研和科学论证。在充分调研的基础上，全面考虑地方经济、教育发展的实际，广泛听取社会各界特别是当地政府和学生家长的意见和建议，既要满足教育规模的整体需要，又要满足教育规律的基本要求，还要满足人民群众就近入学的愿望，实现义务教育质量、规模、结构和效益协调发展。这就要求我们在实施过程中统筹考虑城乡人口流动、学龄人口变化，以及当地农村地理环境及交通状况、教育条件保障能力、学生家庭经济负担等因素，努力满足农村适龄儿童少年就近接受良好义务教育的需求。[②]在科学论证的基础上，把握好长远、力度和节奏，统筹实用性与前瞻性，并注重留有余地，满足教育教学发展需要，坚决制止盲目撤并农村义务教育学校的行为。

（二）供给质量：优化教育资源配置，科学分配资源

在增加教育供给总量的同时，还要加大优质教育资源供给。当前，困扰县域义务教育发展的供需矛盾主要是教育资源分配不均衡，优质教育供给不足。教育资源包括硬件和软件两个方面：“硬件”就是硬性的教学设施、设备；“软件”就是教学思想、方法，信息来源及师资水平等。这种不均衡主要体现在城区学校的硬件与软件水平普遍高于农村学校，近年来出现的“择校热”就是证明。大量农村适龄儿童涌向城区，造成城区学校人满为患，大部分教学班级都是五六十人，过大的班容量导致教师不堪重负，一些学生常被冷落；而一些农村学校、薄弱学校却出现了设备闲置的浪费现象。为此，要通过优化教育资源配置，科学分配资源来改变这一现象。研究证明，加大经费投入力度、加强教师队伍建设、扶持相对薄弱学校发展都是可行之策，但在实施中，要围绕社会经济发展的大局进行创新。笔者认为可做如下改变。

1. 科学投入教育经费

经费投入是义务教育发展的基本保障。基于县域地方财力限制和教育经费投入仍不能很好地满足教育快速发展需要的现实，省、市级政府要科学调整教育财政投入结构：在资金筹集上，可采用政府购买服务的模式建设相关教育项目，将

---

① 王甫. 县域教育均衡发展，供给侧改革是关键[EB/OL]. http://www.gyxww.cn/JIAOYU/DNPX/201607/278173.html，2016-07-06.

② 刘中会. 与时俱进 改革创新 促进县域教育均衡发展[J]. 中国教育现代化，2004（1）：8-9.

土地出让金、城市建设配套资金、地方教育附加打包放入银行，由政府统筹协调；通过充分整合各类资金，加大教育投入力度，把钱用在“刀刃”上，把重点从资金投入向改善农村学校、薄弱学校办学条件，提升校长、教师素质以及加强校园文化建设等方面倾斜。

2. 教师队伍要以优取胜

教育事业的核心资源是教师。现阶段，教师队伍存在的最大问题不是数量不足，而是整体素质偏低，主要反映在一些教师特别是农村教师落后的教育观念、教学理念和教育模式上。教师质量直接影响教学质量，因此，以优取胜才是提高教学质量、推进教育公平的最终解决之道。然而，要培训优质的教师，一方面，要提高教师准入门槛，完善人才引进政策，进一步优化教师队伍结构；另一方面，要在现有的基础上，通过提高教师待遇、改革编制管理和职称晋升制度、实现教师区域内交流轮岗、加强教师荣誉感等手段，稳定并带动教师队伍整体素质提升。

3. 助强扶弱，共同发展

优质均衡发展的本质归根结底是追求教育教学质量的全面提高。扶持薄弱学校发展，有利于提高县域整体教育教学质量，从而推动义务教育均衡优质发展。但是扶持薄弱学校，不是一味的投入，如某些学校的硬件设施已较为完善了，就不必再增加这方面的投入了，最好的投入方式是做到资源共享。例如，通过校长和教师交流轮岗、结对帮扶、专项培训等措施，加强对相对薄弱的农村学校的指导和扶持，引领其规范教学管理、提高师资水平，走内涵发展道路，不断提高教育教学质量和社会美誉度，确保每一个学生接受有质量的教育，力求实现“同在蓝天下、共享好教育”的公平教育本质。除扶持薄弱学校外，还有扶持弱势群体，对于残疾儿童、留守儿童、进城务工人员随迁子女的教育，不仅要在政策上给予其同等接受优质义务教育及享受公平的入学机会、教育补助等的权利，还应该施以其更多的人文关怀，激发其学习积极性，增强其学习动力，促进其更好地全面融入社会，进一步促进教育公平发展。

（三）供给方式：改进教学方法，完善质量评价体系

每一个学生成长与成才的过程都应该是其个性化、差异化的发展过程。但现实情况是，义务教育在供给结构上仍普遍存在“功利化教育”的情况，主要体现

在教学组织形式、教学行为方式、质量评价等方面，其显著特点就是在教育过程中只关注结果，而轻视过程；只灌输课本知识，而忽略能力培养；只重视规模，而无视个体；强化了求同思维，扼杀了创新思维。因此，有必要以政府为主导，通过对教学方式、教育质量评价以及招生录取等方面进行大力改革，加快形成丰富多元的供给面，给予学生公平、平等、个性化的发展机会，提供丰富、多元、可选择的教育资源。笔者认为主要应在以下几个方面进行改革。

1. 推进课堂教学改革

改革要从小学延伸到高中，推行合作型课堂模式。以培养学生的学习兴趣、学习习惯、学习能力为主要内容，积极探索新的教学组织方式、授课方式、评价方式和作业方式，围绕“学生的学”和“教师的教”两个核心，构建课堂合作文化，引导学生开展合作学习、协同学习，达到“轻负高质”、提升教学有效性的目的。以深耕各具特色校园文化为抓手，在开齐开足基础性课程的基础上，开设特色文化、体艺特长和实践活动等拓展性课程，给予学生个性化发展的机会。

2. 推进质量评价体系改革

改变以成绩为主体的单一评价现状，建立动态化的评价体系。建立信息化监测评价平台，采集教育教学过程中的动态变化数据，并基于大数据，建立由教育行政部门、学校、家长组成的三级评价系统，积极探索和运用过程性评价、表现性评价和发展性评价，做到全面、客观地评价学生的综合素养和发展水平，并做好分析、报告、反馈、跟踪工作。

3. 推进招生制度改革

就小学入学而言，乡镇根据属地管理原则就近入学，市区按划分地段招生；而小学升初中，按照多校划片就近入学原则，全部升入对口初中就读，市区、乡镇初中全部接收属地范围内全部小学毕业生；初中升高中，则是优质普通高中划出一定比例的招生指标均衡地分配到初中学校，同时完善普通高中办学体制和培养模式，大力推进普通高中特色学校建设，鼓励高中教育错位发展、多样化发展，以给学生更多的选择。

（四）供给模式：简政放权，增加学校自主权

供给侧改革强调通过制度创新和体制创新，减少对生产力、生产要素的限制。

对于教育领域而言，公办教育无法全覆盖和满足所有动态的、多样的需求，政府则需要宏观引导，利用市场优化资源配置，简政放权，给学校更大的办学自主权。笔者认为可采取以下措施。

1. 改革办学体制和办学模式

鼓励和引导民间资金按照国家有关规定，以独立办学、合作办学等多种形式兴建民办学校。凡有利于增加教育投入和推动教育改革发展的各种办学模式，按照“非禁即准”的原则，大胆尝试；充分利用民间的智慧、资金、技术，形成以政府办学为主体、全社会积极参与、公办教育和民办教育共同发展的格局。

2. 改革管理体制，推进义务教育学区制管理改革

通过科学设置学区、创新学区管理机制、建设和共享学区资源、加强学区队伍建设、全面提高学区教育质量等措施，加快推进县域义务教育均衡发展和城乡一体化改革发展。结合县域经济发展的实际，采用集团化办学的组合形式进行设置，按照地域就近原则组建若干个学区，学区内按照优质学校加薄弱学校，即一所优质学校加若干所同学段薄弱学校的形式组成学区，实行集团化办学模式统一管理。各学区设一名学区长，学区长具有办学资源配置、师资调配、教育教学管理等职责和管理权限，在学区内逐步实施统一的教学管理制度，各类教育资源归属学区集体分享使用。例如，优质学校教师与薄弱学校教师对口交流，以实现本学区内学校师资配备基本均衡；同时根据控制班额和“相对就近入学”的原则，以学区为单位统一招生，统筹学位分配。

第七章

民族地区义务教育资源配置的相关专题探究

民族地区义务教育资源配置是否合理，除了教育经费的投入与使用、教师队伍的规划与建设、教学设施的配备与管理、学校布局的设计与调整等方面需要做到科学优化外，还需要考虑学校内部和外部的某些关联性问题，如班级规模问题、教师权益保障问题、校内外教育协调问题等。为此，本章对义务教育学校的“大班额”问题、教师待遇和权益保障问题及校外培训机构问题进行了深入的分析研究，并提出了相应的对策建设，旨在从不同侧面促进民族地区义务教育资源配置的合理化和有效性。

第一节 义务教育学校“大班额”的成因与对策

义务教育学校“大班额”是指义务教育学校存在的班级人数超标的现象，即“规模过大的班级”或“人数过多的班级”。根据教育部对义务教育学校班级人数的规定，小学和中学每班分别不超过 45 人和 50 人。[①]一般来说，超过此规定数量的即“大班额”。我国出现“大班额”现象，大致始于 20 世纪 90 年代，迄今仍是个不易解决的难题。OECD 对世界各主要国家的教育系统进行了调查，结果显示中国的中小学班级人数最多。[②]本节借助有关统计资料和在广西各地所做的调查资料，拟对义务教育学校“大班额”现象及其危害、出现“大班额”现象的原因和克服或避免这种现象的对策进行分析探讨。

一、义务教育学校 “大班额”现象及其危害

（一）“大班额”在城市特别是某些城区及县城学校比较严重

笔者根据《中国教育统计年鉴 2013》中的有关数据[③]，按照小学每班 45 人及以上、初中每班 50 人及以上为大班额标准进行核算，结果发现我国小学阶段的大班额占比为 32.38%，接近班级总数的 1/3。其中，城区小学的大班额占比达到 52.60%，已超过半数；镇区小学的大班额占比也较高，为 44.88%；只有乡村小学的大班额占比较低，为 13.34%；而初中阶段的大班额占比总体上更高，为 42.69%，其中城区为 42.53%、镇区为 46.06%、乡村为 34.60%。

① 省教育厅：5 月 1 日起，公办小学班额不得多于 45 人！[EB/OL]. http://m.sohu.com/a/226236620_176811，2018-03-23.

② 中国班级规模世界第一，小班教学纯属奢望[EB/OL]. http://data.163.com/14/0905/04/A5BPRP0M00014MTN.html，2014-09-05.

③ 中华人民共和国教育部发展规划司. 中国教育统计年鉴（2013）[M]. 北京：人民教育出版社，2014：131-149.

由此可见，我国义务教育学校大班额占比普遍较高，城镇学校尤为普遍和突出。在国际普遍推行小班化教学的趋势下，我国还存在较普遍的大班化教学，既与现代教育改革和发展的要求不相符，也与人民群众对义务教育质量的期盼不相符。

广西的“大班额”现象比较普遍，尤其是城市和县城较为严重。国家教育督导检查组对广西义务教育发展基本均衡县（市、区）进行的实地督导检查显示，尽管广西义务教育“大班额”在逐年减少，但到2020年全区仍有5087个班级超过55人。其中，被抽查的博白县、凤山县分别有132个、14个班级超过55人。[①]

南宁市和桂林市在广西属于经济、文化和教育比较发达的地区，但义务教育“大班额”情况并不容乐观，甚至还比较严重。据统计，南宁市2013年的大班额数为7790个，占总班级数的43.16%。其中，小学总班数为13 897个，大班额数为4334个，占比为31.19%；初中总班数为4153个，大班额数为3429个，占比为82.57%（表7-1）。2013年，桂林市城区97所公办小学的1389个班中，超过45个学生的班级有537个，占总班数的38.66%，其中，秀峰区的大班额占比甚至达到75.00%；32所公办初中的461个班中，超过50个学生的班级有118个，占总班级数的25.60%，而临桂新区的大班额占比已达到61.03%（表7-2）。由此可见，无论是南宁市还是桂林市，义务教育学校“大班额”的占比都较高，尤其是初中的“大班额”问题更为突出。

表7-1 2013年南宁市义务教育学校大班额状况

指标	城市		县镇		农村		合计
	小学	初中	小学	初中	小学	初中	
班级数（个）	3464	967	2514	2517	7919	669	18 050
平均班额（人）	48	50	46	54	29	54	40
46—55人班级数（个）	1625	443	907	831	520	293	4646
56—65人班级数（个）	386	151	556	1056	144	145	2438
66人及以上班级数（个）	35	13	157	451	4	46	706

资料来源：南宁市教育局

① 教育部. 国家教育督导检查组对广西壮族自治区义务教育基本均衡发展督导检查反馈意见[EB/OL]. http://www.moe.gov.cn/jyb_xwfb/gzdt_gzdt/s5987/202101/t20210122_510738.html，2021-01-22.

表 7-2　桂林市 2013 年各城区公办小学和公办初中班额情况

城区名称	总班级数（个）		大班额数（个）		占比（%）		最大班人数（人）	
	小学	初中	小学	初中	小学	初中	小学	初中
七星区	303	85	12	3	3.96	3.50	57	56
叠彩区	226	78	121	16	53.54	20.50	73	65
象山区	363	118	179	28	49.30	23.73	58	65
秀峰区	160	57	120	19	75.00	33.33	60	55
雁山区	131	46	2	5	1.50	10.86	54	52
临桂新区	206	77	103	47	50.00	61.03	63	65

资料来源：桂林市教育局

（二）义务教育学校“大班额”的主要危害

1. “大班额”有碍教育公平

教育公平是社会公平的基础，义务教育公平则是教育公平的起点，而“大班额”则不利于义务教育公平，会造成城乡间、学校间教育机会不均等，学校教育资源分配不平衡以及班级学生受教育过程不公允等问题①，该问题可以从班级内部和班级外部两方面来看。从班级内部来看，“大班额”会使同班学生受到不公平的教育待遇。在“大班额”课堂教学中，由于教师的视野覆盖范围有限，部分学生会得不到足够的关注，教师也更多倾向于提问前排和中排的学生，以及那些在学习或其他方面表现比较突出的学生，而那些性格内向或能力较差的学生则很少有被提问和参与课堂发言、讨论的机会。由于教师不能做到面面俱到，即使处于同一教室的学生受到的教育也会有较大差别，时间一长，学生难免会出现两极分化现象。从班级外部来看，“大班额”会使不同班级学生的教育资源不平等。中小学一般是以普通班额为标准来核定教师数量、教学设备、图书资料等的，一旦班额过大，师生比、教学资源与学生比就会下降，每位学生平均获得的教育资源量就会减少。在学校教育资源未能同步增加的情况下，与标准班或小班学生相比，“大班额”学生不能享受人均应有的待遇，即便有充足、优质的教学设备，良好的

① 李琰，王献玲．“大班额”视角下义务教育公平问题浅析[J]. 天津师范大学学报（基础教育版），2010（3）：26-28.

环境条件等，但平均下来，“大班额”学生也就失去了优势。因此，与普通班学生比较，“大班额”学生整体上所受教育是不公平的。

2. “大班额”影响教学质量

班级规模与教师的教学态度、班级的人际关系以及课堂的学习氛围等有密切关系，因此，班级规模会直接或间接影响教学质量和学生的学业成绩。通常情况下，较小或适度的班级规模更有利于提高教学质量，而过大的班级规模会对教学质量造成负面影响。一方面，“大班额”教学很难使教学真正面向全体学生，也很难准确和及时地对学生的学习情况进行反馈，更难因材施教以及满足不同水平学生的需求，因此，课堂教学效果和学生学习的收获自然会大打折扣。另一方面，“大班额”学生人数多，师生之间、同学之间的交流机会自然较少，学生对班级的归属感较低，难以形成良好的班风，加上课堂上学生之间的干扰较多、课堂纪律不易控制、听课效果较差等，都会对教学的顺利进行和教学质量产生负面影响。此外，由于班级学生人数过多，教师批改作业、试卷等的工作量较大，需要考虑的问题也相应复杂，从而会影响到教师的工作热情、教学态度以及教学研究和专业发展，进而会影响到教学质量的提高。

3. “大班额”不利于学生健康

“大班额”会对学生的身心健康造成直接或间接的不利影响，主要表现在三个方面：①“大班额”教室的空气质量差，影响学生的身心健康。“大班额”教室空间有限，人员密度过高，人均空间面积相对较小，不利于空气流通，容易导致学生上课疲劳嗜睡，产生压抑烦躁的情绪，也容易引发疾病的流行，对学生的身心健康极为不利。②“大班额”教室的座位安排较密集，影响学生的身心健康。“大班额”教室的座位安排通常较密集，甚至拥挤不堪，一部分学生要么离黑板太远，要么离黑板太近，严重影响学生的视力与听力，同时也影响学生参与教学的心态及学习成效。③“大班额”下的学习竞争较激烈，不利于学生的身心健康。“大班额”下，学生的学习竞争会更激烈，成功率下降，会使学生心理负担加重，自信心受挫，严重影响学生主体性的培养与发展。此外，“大班额”下，教师有限的时间和精力无力关注更多的学生，一些学生和家长只有通过“非常途径”来引起教师的关注，以争夺有限的发展空间（如当班干部、选座位等），这对学生树立健康、正确的价值观、人生观等也十分不利。

4. “大班额”加重教师负担

义务教育教师面对的是心智尚未成熟、活泼好动甚至调皮捣蛋的孩子，因此，工作量较大，工作时间较长。根据国家教育督导团2008年的报告，义务教育教师每周平均工作时间为42.4个小时，班主任每周平均工作时间达到52.1个小时。[①]毋庸置疑，“大班额”下，要保证和普通班同样的教育质量，教师只能加班加点，工作强度会更大，实际工作量要普遍高出带普通班的工作量。这不仅包括日复一日的日常性作业批改等，还包括个别教育和辅导、家访、撰写期末评语等。根据笔者的调查，“大班额”教师工作量大、任务重的现象比较突出。教师普遍反映，现在家长和社会各界对中小学教师的要求越来越高，加上独生子女居多，许多家长把一家人的期望都寄托在孩子身上，同时也就把这种期望无形中转嫁给了教师，因此，教师承受了巨大的压力。面对一个班的五六十名甚至更多的孩子，教师的这种压力在无形中放大，怎么教、怎么管、教学质量和学生安全怎样得到保障等问题常常让他们感到力不从心。教师长时间超负荷工作不但影响身心健康，而且会产生严重的职业倦怠感、职业挫折感。目前，大多数学校核定教师实际工作量主要以其所教班级和课时（不是学生总人数）为标准，很少考虑“大班额”给教师增加的负担和应给予教师必要的收入补助，由此造成教师的实际收入与预期收入相差较大，工作热情和积极性也受到影响。

二、义务教育学校“大班额”形成的原因

造成“大班额”现象的原因是多方面的。有学者认为，主要原因是中央政府和地方政府对基础教育投入不足、基础教育发展不均衡、各学校的教育发展水平差距较大、城镇化发展中的教育失衡、家长对优质教育的追求等。[②]另有研究者提出，城区义务教育学校出现“大班额”问题，主要是由义务教育用地保障制度缺失、师资配置与管理制度不合理、义务教育招生管理不规范造成的。[③]根据笔者对

---

① 国家教育督导团. 国家教育督导报告2008（摘要）——关注义务教育教师[J]. 教育发展研究，2009（1）：1-5.

② 胡永，罗德红. 基础教育学校的“大班额”现状、原因与出路——基于广西玉林市和贵港市的调研[J]. 现代教育科学，2014（10）：35-38.

③ 黄建辉. 城区义务教育学校大班额问题成因及其化解[J]. 教学与管理，2014（31）：9-10.

广西实际情况的调查分析，“大班额”现象形成的原因主要有以下几个方面。

1. 义务教育资源配置及学校布局不合理

我国义务教育经过几十年的发展所取得的巨大成就，突出表现在实现了真正的免费义务教育，基本上解决了“上学难”的问题。但由于长期以来教育投入总量的不足及教育资源配置在城乡间、学校间的不平衡，义务教育发展上的城乡差距、校际差距较大，尚不能满足人们“上好学”、追求优质教育的需求，也与城市化、城乡一体化及人口流动，特别是学龄儿童流动的趋势不相适应，造成的后果之一便是“大班额”现象的产生，具体表现在两个方面：一方面，乡村学校和城区薄弱学校的生源日益减少，班级规模也不断缩小；另一方面，城区学校和名牌学校、“重点”学校的生源越来越多，班级人数也不断增加。城区学校的建筑面积和教师人数毕竟是有限的，在没有改变或扩容的情况下，“大班额”现象也就难免了。

以广西为例，由于众多原因，广西城乡间生均占地面积和校舍建筑面积的差距都较大，特别是生均占地面积，城市学校不到农村学校的一半，而生均校舍建筑面积也是城市学校较农村学校小（表 7-3）。教师的配备也存在同样的情况，以 2013 年的统计为例，广西小学师生比平均为 1∶18.7，初中师生比平均为 1∶16.8，均高于全国的平均水平（同年全国分别为 1∶16.76、1∶12.76[①]），而且城乡间师生比差异明显（表 7-4）。由于城区学校的生均占地面积、生均校舍建筑面积和教师数量存在严重不足，而学生却不断增多，于是便出现了“大班额”现象。

表 7-3　2013 年广西城乡义务教育生均占地与校舍建筑面积情况　单位：平方米

指标	生均占地面积		生均校舍建筑面积	
	小学	初中	小学	初中
农村	30.89	32.84	4.54	3.19
城市	10.43	14.75	2.36	2.25
县镇	17.83	24.38	3.11	2.50
平均	23.99	24.45	3.79	2.60

资料来源：广西教育厅教科所

① 中华人民共和国教育部. 中国教育概况——2013 年全国教育事业发展情况[EB/OL]. http://www.moe.gov.cn/jyb_sjzl/s5990/201503/t20150331_186797.html，2015-03-31.

表 7-4　2013 年广西义务教育师生比情况

	农村	城市	县镇	平均数
小学师生比	1∶18.2	1∶21.3	1∶18.3	1∶18.7
初中师生比	1∶15.4	1∶16.4	1∶17.6	1∶16.8

资料来源：2013 广西教育事业数据分析

"大班额"的出现与义务教育学校布局不合理也有密切关系，具体表现在两个方面：①城区义务教育学校布局调整滞后，存在较严重的学校空间分布不均现象。现有城区的学校布局结构大都是依据各城市十几年前的发展规划而设置的。随着城市经济社会发展的加快，大量旧城区被改造，新城区不断被开发，城市辖区不断向四周延伸，城区人口也在大幅度增长，于是，学校布局不合理、教育资源供不应求的问题日益突出。以桂林市为例，老城区人口相对密集，学校分布也较为集中，且学生人数多，学位空间相对饱和。近年来，桂林市经济快速发展，工业园区不断壮大，新的行政区域、商业区域逐步形成，人口分布状况也随之发生了很大变化，学生生源激增，但新建区域的义务教育资源并没有随之增加，因此，儿童入学难问题比较突出。②农村义务教育学校布局调整不当，导致部分学生被迫流向城镇。农村学校布局调整的做法主要有将"村小"和教学点合并为中心学校；"学校进城"，即农村学校向县镇集中，导致的结果便是农村学校的萎缩，甚至是消失，而县镇学校规模不断扩大。江苏、江西、浙江、重庆、湖北等 14 个省（区市）县镇小学的校均规模都扩大了 1 倍甚至数倍，多地出现了几千人的中小学及"大额班"现象。①

2. 进城务工人员子女就学人数逐年增加

随着我国城市化进程的加快、农民观念的转变和生活水平的提高，加上城乡交通的便利和农民进城条件的放宽，近年来，越来越多的农民工向城市聚集，城市适龄入学儿童相比乡镇出现逐年增加的趋势。以广西桂林市为例，随着大批进城务工、经商人员的涌入，市区外来流动人员随迁子女持续增长，2015 年秋季学期，仅城区小学一年级新生就超过 1.2 万人，各城区小学扩招 68 个班，增加 3060 个学位。然而，根据桂林市教育局的测算以及小学班额 45 人、初中班额 50 人的

① 杨东平，黄胜利. 中国教育发展报告（2013）[M]. 北京：社会科学文献出版社，2013：46.

相关要求，2016 年秋季学期，城区小学和初中需新增 148 个班、6926 个学位，才能满足秋季学期的入学需求。其中，小学一年级需增加 101 个班和 4569 个学位；初中一年级需增加 47 个班和 2357 个学位。为此，桂林市政府专门召开进城务工人员随迁子女平等接受义务教育工作推进会，旨在加快推进城区义务教育学校建设，着力缓解城区适龄学生入学难问题。①

之所以大量进城务工人员随迁子女涌入城市和县城的学校就读，一方面是因为国家关于以流入地公办学校为主接收进城务工人员子女就读政策的实施，加上公办学校不收学杂费而民办学校收费较高，且公办学校的教学设备、师资队伍、教育质量等明显优于一般的民办学校；另一方面是因为在某些农村地区，学校被撤并后，学生上学不方便，有的要到十几里路外的学校上学，交通费、住宿费等增加了学生及其家庭的直接教育成本，路途时间的浪费及奔波导致的学习效率下降等也增加了学生就学的间接教育成本。因此，一些家长就会考虑，与其让孩子“折腾”地去十几里路外的一般学校上学，还不如把孩子送到县城甚至城市里的学校去“镀金”。就这样，县城和城市学校的外来学生越来越多，“大班额”现象的产生也就在所难免了。

3. 择校现象客观存在而优质学校相对不足

随着人们对教育重要性认识的逐渐提高，家长都希望自己的孩子能接受更好的优质教育。正如《学会生存——教育世界的今天和明天》中所讲到的：“家长们一般希望他们的子女得到比他们自己更高程度的教育，即使教育所开辟的广阔前景实际上是虚幻的，人们仍是把教育视为促进社会变动的基本手段。”②在城市，家长怀着“望子成龙”“望女成凤”的心愿，面对各学校参差不齐的教育质量，“不能让孩子输在起跑线上”成了众多家长追逐的目标，他们千方百计地为孩子选择名校、“重点”学校，致使“择校风”愈演愈烈。家长“八仙过海，各显神通”，不惜通过各种途径甚至“挤破脑袋”也要将孩子送到“好学校”，即优质学校就读。如今，农村的很多家长对子女的教育也越来越重视，在争取向上流动的内在

① 支荣. 今年城区需新增 6926 个义务教育学位 我市多举措缓解城区入学难问题[N]. 桂林晚报，2016-03-09.

② 联合国教科文组织国际教育发展委员会. 学会生存——教育世界的今天和明天[M]. 华东师范大学比较教育研究所译. 北京：教育科学出版社，1996：61.

驱力和城乡教育资源分布不均衡的外在驱力的共同作用下[①]，有条件的农村家长都想将自己的子女送到县城较好的学校就读，而县城的家长则想方设法地把子女送到城市较好的学校就读。只要这种“择校风”客观存在，“大班额”现象就难以克服和消除。

无论城市家长还是农村家长，他们择校的初衷和目的都是想让孩子进“好学校”甚至“好班级”，而县城和城市中的所谓“好学校”毕竟有限。尤其是在目前我国义务教育还存在区域差距、城乡差距、校际差距的背景下，“好学校”的数量和规模与人们日益增长的对优质教育的需求相比，还明显不足。在“好学校”的数量和规模没有相应增加的情况下，出于学校利益的考虑和外部需求的压力，部分学校在教室和教师未变的条件下，只能扩大招生规模，所以班级人数越来越多，规模越来越大，“大班额”就这样产生了。

三、解决义务教育学校“大班额”问题的对策

由于产生“大班额”的原因较复杂，要消除“大班额”现象并不是一件容易的事情，需要政府、社会、学校和家庭的共同应对。各级政府和教育部门既需要从长远、从整体上考虑如何才能避免“大班额”现象的继续出现，还需要从眼前、从局部考虑如何消除“大班额”的危害和弊端。

（一）不断推进城乡义务教育的均衡发展

义务教育能否均衡发展直接影响到人们对学校、对班级的选择，进而也会影响到班级规模，因此，实现义务教育均衡发展是避免“大班额”现象的基础和前提，也是解决“大班额”问题的长远之计。近年来，广西各级政府部门对义务教育均衡发展问题日益重视，也采取了许多相应的措施，并取得了一定的成效。结合广西各市县的经验，要切实推进城乡义务教育均衡发展，必须抓好以下几方面的工作。

1. 加大经费投入从而推进学校建设

教育经费投入不足必然会影响到学校发展及其标准化建设，因此，加大投入

---

① 马多秀，杨建朝. 我国农村义务教育阶段学生择校现象的社会学审视[J]. 教育学术月刊，2010（9）：78-80.

力度，是推进义务教育学校办学条件改善和义务教育均衡发展的关键所在。在这方面，广西及桂林市的一些举措值得肯定和推介。2015—2018 年，广西先后投入 277 亿元用于改善中小学办学条件，重点建设了 26 923 所义务教育学校（含设备购置），全面消除了 D 级危房校舍，校舍防震抗灾能力得到明显提升，办学条件得到极大改善。2018 年，全区“超大班额”比例降至 1.1%，实现基本消除“超大班额”的目标任务；“大班额”比例降至 15.0%，比上年下降了 3.3 个百分点。截至 2018 年 12 月 10 日，全区共有 107 个县（市、区）通过了自治区义务教育均衡发展督导评估，其中 94 个县（市、区）通过了国家督导评估认定，通过率达到 85%。[①]2018 年，桂林市共投入资金 12.61 亿元，新建学校 10 所，改扩建学校 337 所，新增校舍面积 44.64 万平方米、体育运动场馆面积 43.28 万平方米、功能室 417 间，改善了农村薄弱学校的办学条件，增加了城镇学校学位供给，基本消除了“超大班额”，有效缓解了“城镇挤、入学难”问题。[②]

2. 增加教师编制并且做到合理配置

从广西义务教育师资队伍配备来看，教师的数量不能满足实际需要，教师的结构性矛盾仍比较突出，造成这种情况的一个主要原因是有的地方有编不用。例如，2012 年，广西全区约有 3.82 万个教师编制没有使用，结果便是教师得不到及时补充，部分学校的在岗教师不堪重负，音乐、体育、美术等学科教师短缺，教师老龄化现象突出。近年来，广西区政府已意识到此类问题的严重性，在 2014 年下发的《广西壮族自治区人民政府关于加强教师队伍建设的意见》中就提出，要在未来几年落实教师编制标准，对挤占、挪用、截留教师编制情况进行清理，盘活教师编制存量，逐步补充 10 万名教师，并强调要合理配置各学科教师，配齐体育、音乐、美术等课程教师，重点为少数民族聚居区、边境地区、贫困地区和革命老区培养和补充紧缺教师。增加教师编制数量，可以让有教室及设备条件的学校增设班级或通过“大班额”来分流对教师的需求，而提高教师质量、合理配置教师资源、扩大优质教师的辐射范围，则有助力于减少“择校热”“大班额”“超大班额”的现象，因此，各级政府、教育主管部门及各义务教育学

① 刘琴. 广西又有四十三个县市、区通过国家义教均衡发展评估认定[EB/OL]. http://www.gxzf.gov.cn/sytt/20190417-744142.shtml，2019-04-17.

② 新建学校 10 所！去年我市投入 12.61 亿化解入学难题[EB/OL]. http://www.sohu.com/a/289804568_120641，2019-01-18.

校一定要重视教师的配置工作，努力建设一支数量足够、质量优良、结构合理的新型教师队伍。

3. 改善薄弱学校条件扩大优质教育资源

改善薄弱学校基本办学条件，提高薄弱学校教育质量，是扩大优质教育资源，实现义务教育优质均衡发展的重要举措，也是从机制源头上遏制“择校”和“大班额”产生的前提条件。近年来，广西把“全面改薄”作为重要抓手和政府教育督导工作的重点内容之一，倡导多校协同、资源整合、九年一贯，推动学区内学校之间教育教学资源充分共享，全力推进义务教育均衡发展。南宁市充分利用名校效应，形成“核心校+分校”的集团化办学模式，如天桃实验学校、滨湖路小学、民主路小学等优质学校在凤岭新区、五象新区均建有分校区，从而扩大了优质教育资源供给。桂林市发挥名校的带头示范作用，通过“名校办分校”“名校集团化”等方式，扩大优质教育资源，如榕湖小学琴潭分校已建成并投入使用，七星区依托育才小学和龙隐小学等龙头学校先后成立了多个教育集团，实现了义务教育学区制办学的全覆盖。这种通过学区化管理、集团化办学进一步扩大优质教育资源的做法，不仅有助于遏制“择校”现象的产生，而且在很大程度上也能缓解“大班额”现象的产生。

（二）进一步优化义务教育学校的布局结构

学校的分布是否合理，不仅直接关系到学生上学的远近、学校生源的多少，而且关系到学校及班级规模的大小。因此，政府需要合理规划义务教育学校布局，以方便学生就近上学，确保学校及班级的适度规模。2012 年 9 月，《国务院办公厅关于规范农村义务教育学校布局调整的意见》发布，强调要坚决制止盲目撤并农村义务教育学校，并优化城乡义务教育学校的合理布局。广西于 2014 年初启动实施的“义务教育均衡发展工程”也明确提出，要优化义务教育学校布局，按照有利于提高教育质量和方便学生就近入学的原则，严格规范布局调整程序，科学合理布局学校。[①]在实际工作中，如何深入贯彻落实国家和地方的这些规定和要求，从统筹城乡义务教育均衡发展的高度，进一步调整和优化义务教育学校的布局结

① 广西壮族自治区人民政府. 广西壮族自治区人民政府关于深入推进义务教育均衡发展的实施意见[EB/OL]. http://www.gxzf.gov.cn/zwgk/zfwj/zzqrmzfwj/20140210-428445.shtml，2014-01-18.

构，既至关重要，也非常迫切。

1. 按照实际需求因地制宜地调整学校的布局结构

从总体上说，就是从当地实际出发，综合考虑当地国民经济和社会发展以及自然地理条件、历史沿革、民族特点等因素，合理确定学校的布局、数量和规模；按照“小学就近适度，初中相对集中，优化资源配置”的原则来布设学校，使学校布局与当地工业化、城镇化发展和新农村建设相适应，与当地人口特别是学龄人口变化趋势相适应。①那么，怎样按照实际需求来调整学校布局呢？桂林市灵川县的做法很值得借鉴。为了适龄儿童能够就近上好学，灵川县委县政府在认真开展多次调研后决定，按照实际需求实施布局调整，不进行大拆大建式的撤点并校，而是保持完全小学 32 所、初级中学 11 所、九年一贯制学校 3 所、完全中学 1 所、教学点 47 个。同时在县城、八里街区域实施扩容增量工程，增加城区学校容纳力。②这些举措，既有效缩小了城乡学校间的差距，也适应和满足了儿童上学的要求，取得了明显成效。

2. 根据城乡的差别科学合理地做好学校的布局规划

城市学校的布局与农村学校的布局应有所不同，需要差别对待。城市义务教育学校的布局调整，应以改善办学条件、提高办学质量和效益为目的，根据市区人口的现状和发展趋势及社会对教育的有效需求提供规模适度和结构合理的教育③，尤其是要根据城区学校“大班额”的情况和城区发展的态势以及居民区的变化、流动人口的转入等适度超前设计和建设。例如，桂林市就是根据临桂新区“大班额”突出的情况和该区未来发展的需要，新建和改扩建小学和初中的，计划在已有的 5 所小学和 3 所独立初中的基础上，2020 年前再新建小学 14 所、中学 8 所。④然而，乡村义务教育学校的布局调整，应根据新农村建设的需要和农村人口特别是学龄人口的居住分布情况，合理确定县域内教学点、村小、中心小学、初

---

① 周洪宇，雷万鹏. 中国教育黄皮书——2013 年：进一步优化教育财政投入[M]. 武汉：湖北教育出版社，2013：156.

② 广西壮族自治区教育厅. 全区县域义务教育均衡发展典型经验汇编[EB/OL]. http://max.book118.com/html/2017/0313/95202458.shtm.

③ 马佳宏，王贤. 城市中小学布局结构调整问题探讨——以桂林市为例[J]. 教育发展研究，2008（21）：52-56.

④ 陈娟. 住临桂新区，上学没问题——教育规划引领临桂新区学校建设快马加鞭[N]. 桂林日报，2015-02-10.

中学校的布局，以及寄宿制学校和非寄宿制学校的比例，建设好乡镇初中、乡镇小学、中心小学和必要的村级教学点，形成以镇中、镇小为主体，中心小学为基础，少数村级低年级教学点为补充的学校布局。

（三）切实加强义务教育学校的招生及学籍管理

我国对中小学的班额标准有明确的规定，但在实际工作中，有些学校并未能严格执行，之所以出现这种情况，除了与客观实际条件的制约有关外，也与教育主管部门管理不到位，部分学校领导置教育规定于不顾、随意招收学生有关。教育质量较好的学校的班额之所以过大，在一定程度上是由其招收择校生所致，实质上是政策落实不到位和监管不严所致。因此，完善学生招生及学籍管理制度，坚持义务教育学校就近免试入学原则，规范学生入学、转学等的管理，防止随意招生、转学和插班等人为造成的班级规模过大现象的出现是十分必要的。

地方教育主管部门，一方面应根据辖区内各义务教育学校的办学规模，严格遵循“划片招生、就近入学”的原则，结合校点布局、生源情况，科学统筹规划并合理调整各义务教育中小学招生范围和招生规模；另一方面应加强对进城务工人员子女入学工作的统一管理，正确引导学生家长服从教育行政主管部门的安排，使学生有序就学。同时，要加大对学生流动的宏观调控力度，严禁学生非正常流动，严格学生转学的条件和程序，对已经达到规定班额的中小学或班级，限制其接收转学生。对此，教育部于 2014 年印发的《关于进一步做好小学升入初中免试就近入学工作的实施意见》就指出，要合理划定招生范围，有序确定入学对象，规范办理入学手续，全面实行阳光招生，试行学区化办学。广西教育厅于 2014 年 5 月也印发了《进一步做好全区小学升入初中免试就近入学工作实施方案》的通知，要求各市、县（市、区）小升初全面实施阳光招生，科学合理划定招生范围，严格规范招生方式和办理入学手续。近年来，广西不断健全招生入学制度，坚持阳光招生，全面应用中小学生学籍信息管理系统，全面实行单校划片或多校划片的入学方式，引导学生合理流动，取得了较好的效果。实践证明，只要教育主管部门及广大中小学认真贯彻执行有关法规政策，确保招生及学籍管理的规范化，就有可能杜绝“择校”“插班”等现象的发生，从而在一定程度上减少和避免出现“大班额”“超大班额”的问题。

第二节 义务教育教师待遇和权益保障的问题与对策

一、义务教育教师待遇和权益保障的主要问题

根据《中华人民共和国教师法》中有关教师权利的规定和《国务院关于加强教师队伍建设的意见》中关于切实保障教师合法权益和待遇的规定，再结合笔者从实际调查中获得的数据和事实资料，下面将从五个方面就义务教育教师权益保障的现状与问题进行描述和分析。

（一）教师工作任务繁重，身心所受压力较大

《中华人民共和国劳动法》第四章第三十六条规定："国家实行劳动者每日工作时间不超过八小时、平均每周工作时间不超过四十四小时的工时制度。"但事实上，我国中小学教师的工作时间普遍超出了国家法律规定的时间，因为教师的工作与学生紧密地联系在一起，而学生的各种问题不可能只在教师工作的八小时内发生，教师普遍需要利用休息时间对学生进行教育、辅导及家访，也需要加班加点进行备课和批改作业等。在笔者对教师进行个别采访时，大部分教师认为自己的工作任务重、压力大，平均每天的教学工作为 2—3 节。其中，超过 42%的教师每周要上 13 节以上的课，11%的教师每周要上 18 节以上的课。表 7-5 是通过问卷调查得到的关于中小学教师周教学密度分布情况，从中可以看出，中小学教师周教学密度主要分布在 9—17 课时区段（占总数的 73.5%）。

表 7-5 中小学教师周教学密度分布情况

密度等级	8 课时及以下	9—12 课时	13—17 课时	18—21 课时	22 课时及以上
人数	680	1871	1372	340	150
占比（%）	15.4	42.4	31.1	7.7	3.4

值得注意的是，备课、上课只是教师工作中的一部分，除此之外，还有批改作业、个别辅导、班级管理、组织各种集体活动等，这些远不是上班时间能完成的。特别是留守儿童多的班级和寄宿制学校，教师普遍感到自己的工作量较大。留守儿童因缺少父母的教育和管理，需要教师给予其更多的关爱和照顾；而寄宿制学校学生的食宿管理、安全保障等也增加了教师的任务与负担（由于人员编制和经费的限制，很多寄宿制学校缺乏专门的生活老师，寄宿生的管理基本上由班主任和任课教师来承担）。高强度的工作量容易导致教师出现以下两个方面的问题：一是心理压力过大；二是离职倾向加强。表 7-6、表 7-7 是中小学教师教学工作压力感受和在有机会的条件下愿意辞职或转行的意愿情况，从中可以看出，无论是哪个学段，都有超过 50.0%的教师认为压力比较大，且辞职或转行意愿比较强烈，其中，初中有超过 62.5%的教师愿意辞职或转行。从众多事实来看，工作压力过大、实得待遇与心理期望不对称，已经严重影响到中小学教师队伍的稳定和梯队建设。过大的劳动强度，不但侵犯了中小学教师应该享有的休息权，而且严重影响了教师的身心健康。

表 7-6　中小学教师教学工作压力感受情况（人数与百分比）

学段类型	压力感受程度				
	非常大	比较大	一般	比较少	非常小
小学	470（20.7）	1174（51.6）	572（25.2）	38（1.7）	19（0.8）
初中	402（18.8）	1071（50.0）	617（28.8）	40（1.9）	10（0.5）

表 7-7　中小学教师在有机会的条件下愿意辞职或转行的意愿情况（人数与百分比）

	非常愿意	比较愿意	一般	不愿意	很不愿意
小学	639（28.0）	522（22.9）	566（24.8）	502（22.0）	53（2.3）
初中	805（37.3）	543（25.2）	459（21.3）	315（14.6）	34（1.6）

（二）教师工资收入不高，对绩效工资制度不满意

工资收入是义务教育教师最主要的收入来源，甚至是很多教师唯一的经济来源。近年来，广西不断增加对教育的投入，中小学教师的工资收入较以前有了较大幅度的提高，但相对于其他行业的收入水平来看，教师的工资收入仍然处于较

低水平，教师的劳动得不到能够体现其劳动价值的报酬。根据笔者2014年的调查，当时广西教师的月平均工资为2000元左右，在全国范围内是偏低的。近年来，广西采取了诸多措施来提高义务教育教师的工资待遇，如实施乡村教师生活补助计划。从2014年起，自治区启动了连片特殊困难地区乡村义务教育学校及其他地区教学点教师生活补助计划，按照每人每月不低于200元的综合标准予以奖补。[①]2016年，自治区启动了艰苦边远地区工作人员艰苦边远地区津贴标准调整工作，在艰苦边远地区从教的中小学教师都可以享受到此项补贴。但总体上看，教师的收入增长仍较缓慢。很多教师反映，随着生活成本的不断提高，教师工资及其增长速度已不能应对物价上涨给生活带来的压力，生活质量实际上有所下降。这种情况可以从教师对自己当前收入的满意度中体现出来，只有5.6%的教师对自己当前收入比较满意和非常满意，26.4%的教师对自己当前收入一般满意，68.0%的教师对自己当前收入不满意甚至很不满意（表7-8）。

表7-8　中小学教师对当前收入的满意程度统计表

对当前收入的满意程度	人数	占比（%）
非常满意	36	0.8
比较满意	212	4.8
一般	1165	26.4
不满意	1681	38.1
很不满意	1319	29.9
合计	4413	100.0

中小学教师对工资收入的不满意，还体现在对绩效工资制度的不满意。广西自2009年9月开始实施义务教育学校教师绩效工资制度，绩效工资包括基础性和奖励性两部分，其中基础性部分占70%，奖励性部分占30%，奖励性部分主要体现教师的业绩和贡献。实行绩效工资离不开绩效考核，即需要学校运用定性和定量的方法，对教师的工作结果和工作表现进行考核和评价。但笔者在调查时，教师反映学校在进行绩效考核时，存在评价方式不太合理、充分发扬民主方面

① 罗琦. 广西乡村教师2014年起获生活补助每人每月不低于200元[EB/OL]. http://ccn.people.com.cn/n/2014/0409/c366510-24861309.html，2014-04-09.

有些不足、评价的客观性和公正性较差等问题，在一定程度上影响了教职工工作的积极性。有教师反映，绩效工资不包括课时费，导致有些教师只想做那些有绩效、有考核的工作，对不算绩效、不考核的工作则缺乏动力。在访谈中，当问到实施绩效工资后，教师的工作积极性是否有提高时，大部分教师表示工作积极性并没有得到应有的提高，甚至还不如从前。2018 年 1 月，广西壮族自治区人民政府在其印发的《广西教育提升三年行动计划（2018—2020 年）》中明确提出，要健全中小学教师工资长效联动机制，核定绩效工资总量时统筹考虑当地公务员的实际收入水平，确保中小学教师平均工资收入水平不低于当地公务员平均工资收入水平。我们希望这样的目标能早日实现。

（三）教师住房条件较差，参加各种保险的比例偏低

《中华人民共和国教师法》第二十八条规定："地方各级人民政府和国务院有关部门，对城市教师住房的建设、租赁、出售实行优先、优惠。县、乡两级人民政府应当为农村中小学教师解决住房提供方便。"但由于种种原因，中小学教师并没有真正享受到该规定中的"优先、优惠"，特别是实行住房分配货币化之后，教师的住房难问题日益突出。从调查情况看，广西大部分中小学尤其是农村中小学，教师住房紧张的情况仍比较严重，很多村中心校和教学点的教师往往两人或几人住一间宿舍，有的甚至要租房住。表 7-9 是 2014 年广西中小学教师住房情况调查统计结果。

表 7-9　中小学教师的住房情况统计表

住房现状	人数	占比（%）
学校宿舍	1165	26.4
商品房	1668	37.8
校外租房	865	19.6
自建房	715	16.2
合计	4413	100.0

从表 7-9 中可见，26.4%的中小学教师住的是学校宿舍，37.8%的教师住的是商品房，19.6%的教师在校外租房，16.2%的教师住的是自建房。有的教师特别

是年轻教师反映，学校不能提供住房，导致他们的工作很不方便，因为在校外租房住，一来开支大，二来路途远，安全也欠保障。除了住房问题外，教师在医疗、养老等方面也存在不少问题，这可以从教师参加医疗、养老保险的情况中反映出来。以柳州、百色、河池、贵港、来宾及北海六市的数据为样本进行统计，结果显示，义务教育教师参加保险的比例存在较大差异，且总体上参保比例偏低，尤其是民办中小学教师，在失业、养老、医疗等方面尚缺少应有的保障（图 7-1、图 7-2）。

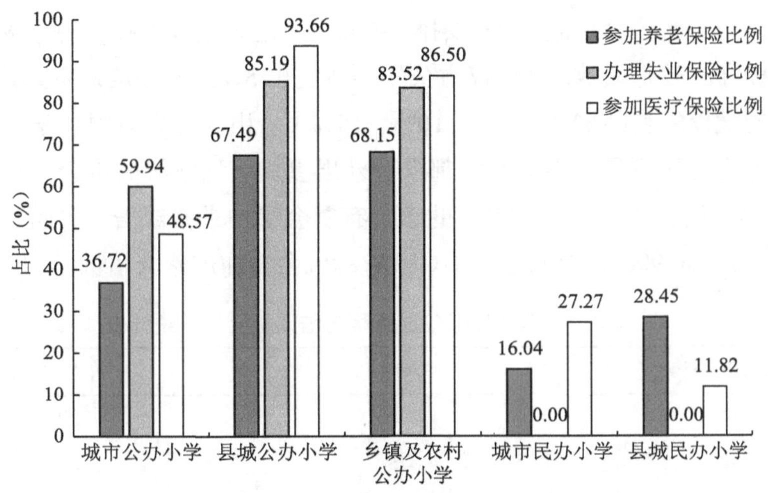

图 7-1　小学教师参与保险情况比较

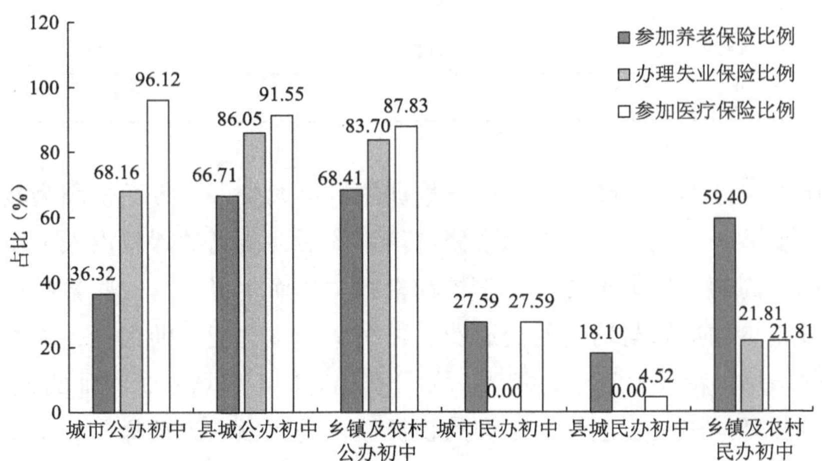

图 7-2　初中教师参与保险情况比较

（四）教师培训进修机会较少，专业发展受到局限

近年来，从国家到省区市再到地方学校，对中小学教师队伍建设及教师培训越来越重视，并且将教师培训经费列入政府预算，多层次、多形式、多类型的中小学教师培训在陆续开展。但由于经费、名额、时间等条件的限制，一线教师参加培训的机会仍然较少，农村中小学教师更难得有外出培训的机会。在广西，中小学按规定安排公用经费支出的5%用作教师培训学习费用，这也是落实财政部、教育部在《农村中小学公用经费支出管理暂行办法》中提出的“教师培训费按照学校年度公用经费预算总额的5%安排”的规定。但公用经费投入总量偏少，加之需要培训提高的教师人数庞大，仅占公用经费支出5%的教师培训费远远不足（实际上，有的学校的教师培训费达到10%—15%）。由于经费有限，学校对教师培训的支持力度明显不足，很多教师都没有外出参加培训学习的机会。笔者调查发现，2014年，只有约1/5（20.3%）的教师有机会参加进修或培训，而其余绝大部分教师很少有（66.9%）甚至几乎没有（12.8%）机会参加进修与培训学习（表7-10）。

表7-10 中小学教师参加进修与培训机会情况统计表

进修与培训机会	人数	占比（%）
非常多	75	1.7
比较多	415	9.4
有点多	406	9.2
很少有	2952	66.9
几乎没有	565	12.8
合计	4413	100.0

之所以农村小学教师参加进修与培训的机会太少，一方面是因为教师人数少，一个萝卜一个坑，出去参加进修与培训的话，自己的课就没人上了；另一方面是因为高额的培训经费，让学校和教师“望而生畏”。一些教师反映，农村教师外出参加进修与培训的交通费、住宿费和伙食费补助很少，因而，每次外出进修与培训都要自己垫付相当一部分费用。这不仅增加了教师的经济负担，也影响到教师外出参加进修与培训的积极性，进而影响到教师业务水平的提高和专业化发展。

（五）教师参与学校管理程度较低，民主权利得不到保障

《中华人民共和国教师法》第七条第五款明确规定：教师具有“对学校教育教学、管理工作和教育行政部门的工作提出意见和建议，通过教职工代表大会或者其他形式，参与学校的民主管理”的权利。目前，我国中小学普遍实行了教职工代表大会制度和校务公开制度，但还不够完善，也没有得到切实贯彻和执行，如有的学校的教职工代表大会在召开时间、会议内容、参与人员、议事程序、表决方式等方面都没有具体操作规范，导致民主管理多流于形式；校务公开制度也存在类似的问题，如教师并没有实质的参与权和发言权。有些学校领导对民主管理工作不够重视，民主意识比较淡薄，在学校工作决策上，尽管也通过召开教职工代表大会、校务委员会、行政工作会议等征求意见，但决策权却掌握在校长和少数行政人员手中，只是形式上的民主，教师常常感觉“被民主”。根据龙宗义对392 名在职中小学教师所做的问卷调查，绝大多数教师实际参与学校民主管理的程度普遍较低（表 7-11）。①

表 7-11　中小学教师参与学校民主管理的程度统计表

程度水平	人数	占比（%）	平均数	标准差
很低	14	3.5		
较低	45	11.4		
普通	211	53.8		
较高	109	27.9		
很高	13	3.4		
总计	392	100.0	3.1485	0.8085

从表 7-11 中可以发现，有接近 15.0%的教师参与学校民主管理的程度较低甚至很低，有 53.8%的教师参与学校管理的程度属于普通水平，有 27.9%的教师参与学校管理的程度属于较高水平，而参与程度很高的只有 3.4%。如果我们把教师参与学校民主管理的程度按五点等级（平均分是 3）来测算，分数越高，参与程度越高，得出中小学教师参与学校民主管理的平均程度为 3.15，说明中小学教师

① 龙宗义. 中小学教师参与学校民主管理的问题及策略研究[D]. 广西师范大学硕士学位论文，2013.

参与学校民主管理的总体程度不高。同时，这也反映出某些学校党政领导民主观念淡薄，教师自身的民主管理意识薄弱、民主能力欠缺，以及学校民主管理机制不健全、教职工代表大会制度化不强等问题。

二、提高义务教育教师权益保障水平的对策建议

义务教育教师能否享有应得的合法权益，不仅关系到教师自身的利益，而且关系到义务教育的发展。如果义务教育教师的正当权益受到侵犯，那么一方面，教师专业发展会因缺乏动力而难以持续，同时难以吸引高素质人才加入到教师队伍中来，会给整个教师队伍的建设带来消极影响；另一方面，教师群体的道德素质和心理健康水平也难以提升甚至还会下降，这不但不利于学校教育事业的发展，而且不利于整个义务教育改革的顺利推进。为了维护教师的合法权益，笔者建议当前和今后地方政府和教育主管部门要特别做好以下几个方面的工作。

（一）依法保障和维护教师的合法权益

教师的权益在《中华人民共和国义务教育法》《中华人民共和国教师法》《中华人民共和国教育法》《学校教职工代表大会规定》等中都有明确规定，但教师的合法权益并没有得到完全落实，有法不依、有法难依是我国教师权益保障的主要问题。因此，保障和维护义务教育教师的合法权益，需要加大《中华人民共和国教师法》及相关法规政策的宣传力度并将其落到实处。

各级政府、教育行政部门应当采取各种有效措施积极引导必要的舆论导向，在全社会形成“尊师重教”的社会风尚和对教师地位、作用的认知与肯定的氛围。例如，通过电视、广播、网络、报纸、杂志等途径向社会宣传有关教师权益保护的政策法规，宣传教师的先进事迹和成就、贡献，对侵犯教师权益的行为进行公开揭露和曝光，支持受害者向有关部门申诉；学校要通过组织学习《中华人民共和国教师法》《中华人民共和国劳动法》等相关法律、邀请专家做维权讲座等形式来提高教师的维权意识，让教师在认真教书的同时，也能明白该怎样维护自己的权益；有关部门要成立教师维权机构，为权益受侵害教师提供法律服务；工会、妇女联合会（简称妇联）等群众团体更应该充分发挥维护教师权益的作用。

（二）切实提高中小学教师的工资收入和福利待遇

教师工资事关教师的生存和发展。如果教师的物质需要和精神需要得不到满足，对工作各方面的满意度不高，就会产生离职倾向；反之，如果教师的物质需要和精神需要得到了满足，教师发展成为具有自我更新和创造能力的专业工作者，则教师的离职倾向也会随之降低。①因此，政府和学校应设法提高教师的工资收入和福利待遇，解决教师的住房、医疗等问题，稳定教师队伍，让更多优秀人才愿意从事教师职业。

近年来，随着国家对义务教育公共财政投入力度的加大，广大中小学教师的工资收入和其他待遇提升了，但总体上看，教师的经济收入和社会地位还是偏低的，离建设一支稳定、可靠、结构合理、素质优良的中小学教师队伍的要求尚有较大差距。因此，各级政府要继续增加对义务教育的投入，切实保证教师平均工资水平不低于或者高于国家公务员的平均工资水平，并逐步提高，尤其要注重提高广大青年教师的工资收入，防止青年教师因收入过低而出现教师队伍补充不足或教师流失等现象；要注意提高农村教师的收入，为到农村工作的教师设立岗位津贴，以鼓励更多的教师为农村教育发展尽职尽责。此外，应进一步解决中小学教师的住房、医疗等突出问题。例如，各地应结合城镇化发展要求，制定中小学教师保障性住房建设的相关制度，完善中小学尤其是农村中小学教师的医疗、养老、失业保险和住房公积金等社会保障制度，并努力将农村教师的医疗、养老、失业保险、住房公积金和政策性津贴纳入政府财政预算。

（三）完善学校教师管理的各项规章制度

学校是教师最主要的工作和生活场所，教师合法权益的保障和维护，最先直接地体现在学校的管理机制、规章制度、文化建设等是否与教师权益相一致上，因此，完善学校教师管理的各项规章制度至关重要。首先，学校要完善民主管理的相关制度。学校领导应该牢固树立“依法治校，依法行政”的民主与法制意识，建立健全校务公开制度、教职工代表大会制度等，做到办学有法可依、有章可循，把校务公开工作纳入规范有序的运行轨道；应充分尊重教师参与学校民主管理的

---

① “全国中小学教师专业发展状况调查”项目组等. 中国中小学教师专业发展状况调查与政策分析报告[J]. 教育研究，2011（3）：3-12.

权利，学校的发展规划、管理制度、教改方案、评聘方案、分配方案、干部任免等，都应该公开透明，保障教师的知情权。凡与学校发展、教师利益密切相关的规章制度的制定，都应在广泛征求教师意见的基础上，通过教师民主讨论认同后付诸实施。一些事关学校全局的、涉及广大教师利益的事项，应交由教职工代表大会讨论，表决通过后才能执行。

学校应完善教师的绩效考核制度，应根据本地区和本学校的具体情况，采取“分类考核，区别对待”的办法制定相应的绩效考核指标，根据教职工不同岗位的特点，在考核内容上各有所侧重。例如，对教师的绩效考核，应主要放在教师履行岗位职责、完成学校规定的教育教学任务方面，侧重考核教师工作的努力程度、学生进步幅度和团队协作情况等；对管理人员的绩效考核，应主要侧重目标达成、部门协调和服务质量等方面；对教辅人员和工勤人员等的绩效考核，应主要侧重岗位职责完成度、服务教学和服务育人等方面。在绩效工资制度实施过程中，学校要坚持以人为本的价值取向，尊重教师的主体地位，维护教师的合法权利，既考虑到教育教学规律和教师职业特点，又充分调动教师的积极性和创造性。

（四）强化对教师特别是农村教师的培训提高

教师的进修与培训质量决定教师的素质，教师素质决定教育教学的质量。一所学校要想不断提高教育教学质量，必须重视教师的继续教育工作，开展对教师的培训或为教师提供进修与培训机会。因此，教育主管部门和学校要特别重视教师的培训工作，保障教师参加进修或者其他方式培训的权利，特别是要着眼于教师的全员培训，不能仅培养几位学科带头人和骨干教师。由于农村广大教师的培训面临较多困难，学校应该从实际情况出发，积极开展校本培训和其他各种形式的培训，努力做到教师参加继续教育不离岗，从而也能减轻他们的经济负担。

教师培训的重点、难点和关键在农村，教师培训工作应当向农村教师倾斜，给农村教师创造更多参加培训学习的机会。农村中小学教师的培训除了“送出去”（即安排农村教师定期到城市进行培训）和“请进来”（即邀请一些专家、中学优秀教师送教下乡）之外，还应根据教师职业生涯的周期特性，针对教师所处阶段为其提供不同内容、不同形式的培训服务；应充分发挥高校的地域辐射作用，为专业发展不足的农村教师开设相关课程或开发适合农村地区教师专业发展的培训项目。农村中小学教师的培训还应重视发挥远程网络培训的作用。

（五）优化教师权益申诉机制和社会监督机制

教师维权的主要途径有申诉、行政复议及行政诉讼。《中华人民共和国教师法》第三十九条规定："教师对学校或者其他教育机构侵犯其合法权益的，或者对学校或者其他教育机构作出的处理不服的，可以向教育行政部门提出申诉，教育行政部门应当在接到申诉的三十日内，作出处理。"但地方教育行政机关中并未设置类似于"法规科"的机构，导致教师常常"投诉无门"。此外，按照教师法的规定，教师若要提出申诉，须向教育行政部门或者同级政府的上一级政府进行申诉，但这些受理申诉的机构都与学校有一定的关系，这在制度上就导致教师申诉时处于弱势地位，处理教师申诉案件的结果在独立性、公平性和公正性上缺乏信誉和保障。[①]受理教师申诉意见的，很可能是校长本人或者上级教育行政部门，这就加大了教师的申诉难度；如果教育行政部门对申诉不予理睬或者消极对待，申诉制度就成为一种摆设。[②]

因此，教育部门应当加强维权组织建设，在全国和省区市、市、县（市、区）教师协会内部成立教师维权委员会，专门负责维护教师的各种职业权益。一方面，应按照公开、公平、公正的原则建立一些与教师申诉制度相配套的制度，如在教师申诉制度中建立送达与告知制度、说明理由制度、回避制度、听证制度等；另一方面，可以在学校建立教师申诉委员会，如可以依托学校教育工会、教职工代表大会建立教师申诉委员会。该委员会直接听取争议双方的意见和理由，进行必要的调查工作，然后根据多数人的意见形成处理结果，经学校管理机构批准后可以作为正式的申诉处理结果。[③]也就是说，尽量使教育纠纷在校内化解，校内化解不了的，可向上级教育行政管理部门提出申诉。与此同时，教育主管部门要加强对政府依法行政和学校依法治校情况的监督与检查，在对中小学教师权益的保障与监督中，强化监察机关的监察职能、审计机关的审计职能、督导机关的教育督导职能，加大对各类教师管理中的侵权、渎职、违法情况的惩处力度。

---

① 曾祥棋. 论教师权利及其救济途径[J]. 福建广播电视大学学报，2012（2）：34-37，68.

② 范琐哲. 教师权益保护的现实困境与理性诉求[J]. 新西部（下半月），2009（7）：40，80.

③ 于静. 论教育教学权的法律保障[J]. 山西青年管理干部学院学报，2013（1）：57-60.

第三节 义务教育阶段校外培训机构的问题与对策

近年来，我国校外培训机构发展迅猛，虽然在一定程度上满足了部分中小学生对学习、特长、兴趣的个性化需求，但一些培训机构开展以“应试”为导向的培训，影响了学校正常的教育教学秩序，增加了学生和家长的负担，已引起社会各界的普遍批评，主要表现在三个方面：首先，“全民参与”校外培训，给学生的家庭带来了沉重的经济负担，进而加剧了教育不公；其次，校外培训给学生带来了沉重不堪的学业负担；最后，校外培训机构“野蛮生长”，对全日制学校的教学秩序造成了冲击。①为整顿校外培训的乱象，教育部办公厅等四部门于2018年2月联合印发了《关于切实减轻中小学生课外负担开展校外培训机构专项治理行动的通知》，计划分三个阶段对六类突出问题进行专项治理。专项治理工作启动后，各地高度重视，31个省区市及新疆生产建设兵团均向社会公布了校外培训机构专项治理工作方案，且成效显著。②然而，冰冻三尺，非一日之寒，治理校外培训机构，也不可能一蹴而就，正如教育部有关领导所说，必须坚持标本兼治，系统治理。

一、义务教育阶段校外培训机构存在的主要问题

为了解义务教育校外培训机构存在的问题与偏差，笔者对南宁市的两所小学、两所初中和三所培训学校的学生及家长进行了问卷调查。其中，向学生发放问卷600份（除初三毕业班外，小学1—6年级各70份，初中1—2年级各90份），回收593份，其中有效问卷为576份；向家长发放问卷160份（随机发放），回收156份，其中有效问卷为153份。问卷内容主要包括学生参加校外培训的情况、学生及家长对校外培训的认知与评价等。与此同时，笔者还对部分校外培训机构

① 黄晓婷. 病态的繁荣——校外培训行业现状透视[N]. 中国青年报，2018-04-23.

② 董城等. 全国各地开展校外培训机构专项治理成效显著[N]. 光明日报，2018-06-08 .

进行了实地考察，访谈了培训机构的负责人及部分任课老师、上课学生及其家长，对培训机构的教学环境、课程实施、服务质量以及学生与家长对培训机构的意见和建议等进行了较深入的了解。通过对调研数据的统计分析和访谈结果的归类整理，笔者发现，迅速发展的校外培训确实对学校教育具有一定的补充和推动作用，但其数量上的过多、质量上的不高和服务环境的较差，是不容忽视的严重问题。

（一）培训机构数量和科目繁多造成学生及家长无所适从

中小学生参加校外培训已成为非常普遍的现象。从对 576 份有效学生问卷的统计发现，“参加过或正在参加校外培训”的学生占 88.7%。学生及其家长普遍认为，参加校外培训，既有助于丰富知识、增长才艺，也有助于提高成绩和掌握学习方法。正如有研究指出的，学生参加校外培训可以体验不同类型的学习方式。统计结果还显示，63.6%的学生是“自愿参加”校外培训的，31.7%的学生是由于父母的意愿而参加的，另有 2.9%和 1.8%的学生则分别受同学的影响和老师的要求。由此可见，学生及其家长对校外培训的需求比较旺盛，校外培训发展的潜力较大，在很大程度上，校外培训的迅速发展，正是适应这种客观存在的需要。

校外培训机构的总量已十分充足，甚至达到饱和状态。在南宁市，几乎每一所中小学周边都有 4—8 家教育培训机构，各种名目的培训班、兴趣班、辅导班令人眼花缭乱、应接不暇。例如，某个以文化类和器乐类为主的培训学校，其开设的科目就有 27 个，大约有 80 个班级。其中，有的按年龄或年级分班，即同一科目按不同年龄分别设班或同一年级设不同的班别；有的按基础或级别分班，即同一科目按不同的学习基础分别设班或同一级别设不同的班别，如绘画分为启蒙班、基础班、提高班、创作班等。校外培训机构开列的科目、分设的班级多而杂，几乎涵盖了学校教育的各个方面，深入学生学习领域的各个环节，“这种过细划分的方式表面上是给了消费者更多选择的自由，按需消费，但是也正是这种自由让家长失去了自由”①。

客观地说，学生并不需要那么多的培训机构，也不需要报那么多的兴趣班、辅导班、补习班。实际上，补习“之所以存在是因为生产者把它提供出来了，并建议学生好好利用它的效用；或因为消费者发现这种产品有供给，然后才决定好好利

① 程平源．中国教育问题调查[M]．北京：清华大学出版社，2013：33.

用它。但是如果这种产品根本没有供给的话，他们有可能根本就不需要它”[①]。即便学生对补习有需要，但能否按照自己的选择如愿以偿呢？答案未必是肯定的。据笔者了解，在一些培训机构，当一些科目或者班级未达到规定的学生数时，通常会采取转班、合班、混班、退班等办法处理，这样往往导致某些学生不能按照自己的意愿参加培训学习，选择的自主性也就大打折扣。

（二）培训机构教学质量和师资素质未能达到学生及家长的要求

作为校内教育的补充，校外培训潜在的价值就是要提高学生的文化素质和各种能力，促进学生的全面发展，这也是家长送孩子参加校外培训的动机和目的之一。因此，在选择什么样的校外培训机构这个问题上，学生需要考虑兴趣需要，家长则需要考虑家庭的经济条件，更需要考虑校外培训机构的教学质量和师资水平。通过对“您选择校外培训机构主要考虑的因素是什么（可选三项）”的归类统计，笔者发现在“教学环境、师资力量、教学质量、硬件设施、服务质量、收费标准、诚信度、办学资质”等候选项中，无论是学生还是家长，考虑的三个主要因素分别是教学质量、师资力量和教学环境，其中“教学质量”所占比重高达80%以上，说明学生及家长对校外培训机构的教学质量要求是很高的。

那么校外培训机构的教学质量又如何呢？对教学质量的评价，可以从多维度分析，一般来说，包括教师的自我评价、同行的相互评价、专家学者的诊断评价、学生及家长的反馈评价等。鉴于校外培训机构的特殊性，在此，笔者侧重从学生和家长的反馈评价来考量校外培训机构的教学质量。统计结果表明，学生对校外培训机构教学质量的评价还是比较高的，有32.7%的学生表示很满意，40.5%的学生表示比较满意，20.5%的学生表示一般，另有4.1%和2.2%的学生分别表示不满意和很不满意；而家长对校外培训机构教学质量的评价则相对较低，只有9.3%的家长表示很满意，48.5%的家长表示比较满意，32.7%的家长认为教学质量一般，9.5%的家长对教学质量不满意。由此可见，认为校外培训机构教学质量一般的家长接近1/3，对教学质量不满意的家长接近10%，这说明校外培训机构的教学质量离家长的要求尚有相当的差距。之所以家长对教学质量的要求比孩子要高，是因为家长是出钱购买教育服务的，而且他们对孩子的学业与发展寄予厚望。

---

① 马克·贝磊等. 教育补习与私人教育成本[M]. 杨慧娟等译. 北京：北京师范大学出版社，2008：110.

师资素质是决定教学质量的关键，家长和学生对教学质量的要求，在某种意义上就是对师资素质的要求。校外培训机构的师资素质存在三方面的突出问题：一是专业程度不高。校外培训机构的教师，除了少部分为专职教师外，大部分为兼职教师。以南宁市某中等规模的综合性培训学校为例，该校共有 40 名注册教师，其中行政人员有 4 名，专职教师有 10 名，兼职教师有 26 名，兼职教师占 65.0%。兼职教师中有的是在校教师，有的是退休教师，还有些是刚毕业或在校的大学生。总体上看，校外培训机构的教师专业水平是参差不齐的，有些兼职教师并非师范专业毕业的，教学基本功不扎实，教学经验较贫乏。二是进修机会不多。出于成本和效益的考虑，加上教师数量有限，校外培训机构很少对教师进行系统培训，也没有建立起在职培养机制。教师普遍反映想参加进修学习，但由于时间、经费等的限制，很少有机会参加。三是跳槽现象频繁。校外培训机构的教师由于工资待遇低，生理需求得不到满足；工作压力大，安全需求不够；远离亲朋好友，归属和爱的需求匮乏；社会地位低，尊重需求贫乏；职业成就感低，自我实现需求不畅[①]，跳槽现象较普遍，队伍稳定性差。正如某位家长说的，“开学刚上两次课，孩子刚认识了老师，就又换新老师了”。学生和家长的这些意见甚至抱怨，反映出校外培训机构的师资素质存在较大问题，且有待解决。

（三）培训机构环境条件和服务水平不能满足学生和家长的期望

校外培训机构的环境条件包括教学设施、接待场所、活动场地、环境卫生等。环境条件是校外培训机构教育教学的基础保障和实力体现，也是学生及家长选择就读必然要考虑的因素。笔者通过实地考察发现，南宁市校外培训机构的环境条件与学生及家长对其的良好期望是有距离的。除了部分品牌学校和连锁机构的环境条件较好外，大多数培训学校的教学和办公场所都较为简陋，甚至有的是租赁的某单位的办公室或私人住宅，虽然进行了改造，但并未完全适合教学所用；有的场地狭窄，通风采光不佳，尤其是散落在居民区的家庭作坊式的“教学机构”，还存在消防、交通、食品卫生等方面的安全隐患。在环境条件不佳的场所参加培训学习，不仅会影响学生的学习热情和学习效果，而且会影响学生的身心健康，从而无形中增加了家长的担忧。从家长对校外培训机构环境条件的评价来看，表

---

① 连翠娥. 校外教育中教师的需求初探[J]. 中国校外培训，2014（2）：1-9.

示“很满意”的仅占 10.7%，表示“比较满意”的占 50%，表示“一般”或“不满意”的占 39.3%。有家长说，她孩子就读的某培训学校靠近街道和集贸市场，外面的喇叭声、叫卖声不绝于耳，学生上课备受干扰；另有家长反映，她孩子上培训课的地方在某居民区的偏僻一隅，晚上路灯昏暗，加上车来车往，安全都得不到充分保障。这些情况说明，校外培训机构的环境条件总体上是不尽如人意的。

服务水平不仅关系到学生和家长对校外培训机构的选择，也关系到学生的学习态度、学习成效乃至学生及家长的生活境遇。家长花钱购买的不仅包括教学服务，还包括其他服务，如感受到热情和温暖，体会到善待和尊重。然而，许多校外培训机构在服务意识、服务方式、服务能力等方面存在不足，具体表现在三方面：一是服务意识较差，如学生报名交费后，便不再主动与家长沟通联系了，不及时反馈学生存在的问题等；二是服务规范不强，如教材及教学内容安排得较随意、教学效果评价与反馈可有可无等；三是诚信程度不高，如招生广告夸大事实、教学时数缺斤短两、某些承诺不能兑现等。存在的这些问题与不足，很难让学生及家长感到满意和舒心。调查结果表明，对校外培训机构的服务水平，有 36.0%的家长认为“较差”，认为“较好”的仅占 12.0%，另有 52.0%的家长认为“一般”。由此可见，提升校外培训机构的服务水平，还需下较大功夫。

二、义务教育阶段校外培训机构问题的原因分析

我国中小学校外培训乱象表现在培训内容、培训形式及培训师资等方面，其形成的根源主要在于现行教育体制带来的校内教育的缺失和滞后，以及整个教育体制机制与学习型社会建设的不相适应。[①]上述所描述的校外培训机构存在的种种问题，可谓是校外培训市场与政府管理职能、教育发展体制、民众学习需求等不相适应的表现形态，而其产生原因是比较复杂的，大致有以下几个方面。

（一）教育主管部门对校外培训市场监管的统合力和持久力不足

长期以来，我国各级政府部门对校外培训市场实行过诸多管理措施，包括先后出台了《中华人民共和国教育法》《中华人民共和国民办教育促进法》及其实

① 徐莉. 中小学校外培训乱象及其体制根源探寻[J]. 教育科学，2015（4）：51-57.

施条例、各种有关校外培训教育的管理文件等，但问题依然存在，究其原因，主要是监管主体不明确、监管机制不完善、监管措施不到位等导致的。比如，上述法律法规对校外培训机构的管理主体、审批程序、收费标准、质量规格、设施条件等没有做明确统一的规定及具体可行的要求。由于对校外培训机构的管理涉及工商、教育、文化、物价等多个部门，存在多头管理的现象，教育主管部门有时想管也管不来，或者说力不从心，无从下手。譬如，在工商部门注册的"教育咨询公司"，其营业执照中有"教育咨询"等功能，因此，教育局、工商局、民政局、财政局、交通局、卫生局等都可以是它的上级主管部门，但实际上负责的应该是教育主管部门，但教育主管部门的职权比较有限，很难统一协调其他部门的工作，这就容易出现监管上的漏洞和"真空"。另外，校外培训市场存在的问题不单纯是培训机构的问题，它还与考试招生制度、学校教学质量、家庭教育观念等有着千丝万缕的关联，并不是单方面、一次性就能轻松解决的。针对这种复杂的、长期积累的问题，需要有一个逐步消化解决的过程，需要管理部门有决心、有耐心地反复抓、长期盯。然而，由于教育主管部门的任务繁多，各种工作需要平衡推进，对校外培训机构的监管难免出现顾此失彼、"见好就收"的现象。然而，各种培训机构受利益的驱动，常常会钻管理的漏洞或空档，明知故犯者有之，"死灰复燃者"也有之。例如，桂林市 2018 年上半年开展了可谓"史上最严"的校外培训机构整治活动，公布了市区校外培训机构黑白名单。但据学生家长反映，一些已停办的培训机构仍在悄悄办学，违规现象时有发生，"禁而不止"。这就需要有关部门加大对校外培训机构的监管力度，为违规违法的校外培训机构戴上"紧箍咒"。但从目前情况来看，教育主管部门在"打持久战"方面的准备仍然不足，长效性的动态管理机制尚未建立起来。

（二）校外培训机构偏重经济利益而忽视自身的责任和建设

校外培训机构不是正规的学校，而是提供教育产品和服务的企业，它们需要在学生所缴费用除去抵偿教育劳务的一切费用之后的剩余费用中获得利润，这是一种典型的市场行为。[①]作为市场中的经营者，校外培训机构遵循市场运作规律，

① 孙慧明. 中小学课外辅导机构师资状况调查研究——以河南省开封市为例[D]. 河南大学硕士学位论文，2013.

在提供教育培训服务过程中获得一定的经济利益，完全无可厚非。但校外培训行业不同于其他行业，因为它从事的是教书育人的工作，向社会提供的是“教育服务”这个特殊的产品，“既然参与了育人，就肩负着高于其他行业的社会责任。作为商业机构，营利固然可以，但教育培训机构绝不能自我降格为追求利润最大化的纯营利组织”①。然而，一些校外培训机构由于法律意识和自律意识淡薄，常常忘记了它们应当承担的社会责任，一味追求经济利益成为它们兴学办班的动机和目的。比如，有的不遵守行业规则和市场秩序，甚至采取恶性竞争手段，如过度宣传、弄虚作假等；有的为了节省成本，配备的教师数量不足、质量不高，应有的设施和服务也未能提供。因此，如何引导和促使校外培训机构在有关法规和政策的框架下加强自身的建设和管理，在追求资本的“寻利性”的同时，坚守教育的“公益性”，在扩大影响、增加生源的同时，切实提高与改善自身的资质和条件，不忘举办教育培训的初心，实心实意地为学生及家长提供教育服务，不仅是广大学生和家长的期盼，也是校外培训机构持续健康发展的基础和前提。

（三）学生及家长对校外培训存在价值高估和盲从心理

学生参加校外培训的原因非常复杂，一般受到个人、家庭、社会等三个方面的共同影响，既有个人兴趣的驱使、自我提高的要求，更有来自家庭、学校和社会的压力，其中，来自家庭方面的外在强制力是最主要的因素。②期望孩子“出人头地”“成名成家”几乎是所有家长的共同心愿，而花钱送孩子到校外培训机构积累更多的人力资本、增加更强的竞争实力，则是大多数家长的消费取向和投资意图，这点从家长送孩子参加校外文化辅导班可见一斑。笔者调查发现，在参加校外文化辅导班的学生中，选择语文、数学和英语的，分别占 41.3%、31.7%和19.0%，这既与中小学生学习成绩主要看数学、英语、语文三科成绩的事实相一致，也与家长对孩子学习的高期盼、严要求相一致。正所谓“学科类辅导班最重要的目标是‘提优补差’，让在学校生产出优秀分数的学生生产出更优秀的分数，让在学校生产不出优秀分数的学生能够追上去”③。值得注意的是，“为了帮助孩子

---

① 黄浩. 治理校外培训，重拳继续出击[N]. 中国教师报，2018-05-09.

② 袁倩，肖伟颜. 中小学生参加校外教育培训原因的调查研究[J]. 当代教育理论与实践，2016（6）：20-22.

③ 程平源. 中国教育问题调查[M]. 北京：清华大学出版社，2013：44.

们顺利进入更高的学习阶段或最好的学校就读，很多家长都舍得对这类的课程进行大笔的投资。然而，它是不是起作用，它是如何来影响教育系统的质量与公平的，这个问题是需要我们好好思考的”[①]。

当前，在校外培训服务中，大部分学生及家长的消费心态和行为存在一定程度上的非理性倾向，如期望过高、怕输与焦虑、盲目攀比等各种不良心态，缺乏对校外培训机构的科学分析与理性认识。[②]许多家长对孩子的教育期望过高，不仅给孩子在学校的学习加压，还千方百计地将孩子送到校外机构补习，总希望自己的孩子比别人学得更多、成绩更好。随着孩子年级的升高和考试压力的加大，这种愿望越发强烈，以致很多家长对校外培训产生模糊的认识，常常忽视了校外培训的真正意义和价值。有的家长只要看到其他家长送孩子到校外辅导班，就着急起来，就会跟风而动，而不管自己的孩子优秀与否、需要与否。这种盲目性的校外培训需求和从众化的校外培训行为，在一定程度上助长了校外培训机构急功近利，甚至弄虚作假的不良之风。

三、进一步加强校外培训机构治理工作的措施及建议

校外培训机构存在的种种问题是多方面因素导致的结果，因而对其治理也需要多管齐下，综合施策。根据国外校外培训机构治理的经验，完全禁止校外培训往往是无效的，关键是在切实提高学校教育质量的同时，加强教师自律和校外培训机构的行业监管。[③]本书认为，从理顺校外培训供需关系以及推进校外培训机构健康发展的角度来看，治理校外培训机构重点要做好以下三个方面的工作。

（一）建立和完善校外培训市场的统一性和长效性监管机制

2018 年 8 月，《国务院办公厅关于规范校外培训机构发展的意见》提出，要以建立健全校外培训机构监管机制为着力点，努力构建校外培训机构规范有序发展的长效机制，切实解决人民群众反映强烈的中小学生课外负担过重问题，形成校内外协同育人的良好局面。这标志着规范校外培训机构发展进入了标本兼治的

① 马克·贝磊等. 教育补习与私人教育成本[M]. 杨慧娟等译. 北京：北京师范大学出版社，2008：93.

② 孙阿茹娜. 中小学生家长校外教育消费行为的分析与矫治[J]. 基础教育研究，2015（3）：77-79.

③ 代蕊华，仰丙灿. 国外校外培训机构治理：现状、经验、问题及其启示[J]. 教师教育研究，2017（5）：101-108.

新阶段。为了切实建立起对校外培训机构的整体化、长效性监管，政府和教育主管部门需要重点抓好各项机制建设。

1. 强化教育主管部门对校外培训机构的统管职能

校外培训机构从事的是教育教学活动，对其进行管理是教育主管部门义不容辞的责任。国家应赋予教育主管部门对校外培训机构的统一管理权，同时要求各相关部门全力配合教育部门的工作。2018 年，由教育部联合民政部、人力资源社会保障部和国家工商行政管理总局对校外培训机构开展的专项治理行动，就较好地体现了教育部门牵头、相关部门助力的“协同作战”。因此，要明确规定中小学生校外培训服务归教育部门统一管理，严禁其他部门审批的非学历教育培训机构从事中小学生校外文化教育服务，严格依法规范面向中小学生的有偿家教服务行为，建立切实有效的管理制度与监督机制。[①]对于以营利为目的、提供私人产品的民间校外培训机构，政府应该发挥教育政策对校外培训实践的调控、引导和干预作用，因为校外培训面对的消费者是广大未成年人，产生的问题不单纯是商业问题，更是教育问题[②]，因此，有必要“把校外教育机构纳入国家和地方教育行政部门的日常管理范畴体系，加强对校外教育的事中事后监管。帮助校外教育机构树立正确的办学方向，端正教育思想，落实立德树人根本任务。加强对校外教育机构办学行为的监督与监管，完善教育内容审查机制”[③]。在发挥教育行政部门主体管理作用的同时，要建立起教育部门与其他相关部门的协调联运机制，如教育部门会同司法、工商、税务、物价等部门，严格管理、坚决查处和严厉打击那些无证办学、恶性竞争、乱收学费、偷税漏税的行为，以及故意夸大校外培训作用、误导广大家长非理性消费的广告宣传行为，为广大中小学生及家长营造一个积极健康的校外培训环境和氛围，切实维护学生、家长等的合法权益。

2. 建立校外培训机构的准入标准和质量标准

所谓校外培训机构的准入标准就是国家依照相关法律法规和政策，合理设置包括举办者资格、培训机构设置标准、教师资格、申办程序、办学范围等在内的

---

① 崔国富. 中小学生校外教育服务乱象的综合治理探究[J]. 内蒙古师范大学学报（教育科学版），2015（8）：11-14.

② 罗娟. 21 世纪校外教育政策的经济学分析[J]. 中国校外教育，2015（12）：1-2.

③ 范国睿. 走出培训误区 回归教育本真[N]. 中国教育报，2018-07-10.

标准，并就具体实施做出细化规定[①]，以使校外培训机构的审批和设置都有明确的法律依据和制度保障，也便于对校外培训机构的培训行为进行有效的监督和管理。上海市教育科学研究院民办教育研究所所长董圣足提出，应抓紧研究制定教育文化类培训机构的设置标准，明确各级各类培训机构的准入条件，对中小学校外培训机构的设立实施严格的前置审查制度。[②]除了应建立准入标准外，还应建立相应的教学质量标准。有学者提出，教育主管部门可按照校外培训机构的特点，如注册资金、场所大小、教师资源、硬件设施等对校外培训机构进行等级分类，对各级培训机构的教学质量发布权威认定，并将权威认定结果通过教育主管部门网站、报纸、电视等进行公布，要求校外培训机构设立自我教学质量服务中心，确保培训质量。[③]本书认为，准入标准和质量标准有助于引导培训机构的优胜劣汰，一方面，让达到国家规定标准的校外培训机构进入市场，依法经营，规范服务，良性运行；另一方面，对无证经营、弄虚作假、质量低劣的培训机构，予以坚决打击，从严处罚，让其“无地自容”。

3. 发挥新媒体对校外培训机构的监督与评价作用

所谓新媒体就是利用数字技术、网络技术、移动技术，通过互联网、无线通信网、卫星等渠道以及电脑、手机、数字电视机等终端，向用户提供信息和娱乐服务的传播形态和媒体形态。利用新媒体特别是网络平台，能够对校外培训机构的运营环节、过程等进行全程监督和健康引导，促使校外培训机构自觉遵守相关法律规定，增加透明度，从而形成事先警醒、过程控制、事后改进的良性循环，真正让校外培训机构在大众舆论的监督下树立优质教育的办学理念，进而提高校外培训机构的总体水平。[④]有学者提出，教育行政部门应利用大数据和互联网技术，探索建立培训机构办学信息强制公开和信用分级制度，构建严密的消费者（受教育者）利益保障机制。[⑤]在此，本书建议地方政府和教育主管部门可以与信息技术

① 李清刚. 民办中小学监管的问题与改进——以广州市为例[J]. 当代教育论坛，2015（1）：26-31.

② 董圣足. 既解当务之急　更谋长久之计——三地校外培训机构专项治理工作启示[N]. 中国教育报，2018-04-10.

③ 刘鹏. 西安市中小学校外培训机构政府监管问题研究[D]. 西北大学硕士学位论文，2017.

④ 严兰. 中小学校外辅导机构的现状及问题研究——娄底市娄星区校外辅导机构的取样调查[D]. 湖南师范大学硕士学位论文，2016.

⑤ 董圣足. 既解当务之急　更谋长久之计——三地校外培训机构专项治理工作启示[N]. 中国教育报，2018-04-10.

部门联合建立校外培训机构网络平台，并要求所有校外培训机构在该平台注册，实现课程、收费、消费者投诉等的网络化，同时要求参加培训的学生必须通过该平台进行报名、交费、查询信息、反馈意见等。这样既能为培训的供求双方提供公开、透明的交易平台，又有利于管理部门收集行业信息和监控培训运行。值得一提的是，校外培训机构的服务对象大都是中小学生，他们对校外培训机构的办学质量和办学行为最有发言权，让他们参与对培训机构的监督和评价十分必要。有关部门可以组织报名培训的中小学生借助该平台对校外培训机构的办学条件、教学质量、管理水平等进行客观判断和公正评价，使之成为对校外培训机构的办学行为进行监督的有效手段之一。

（二）引导培训机构树立“教育”理念并搞好硬件和软件建设

校外培训机构作为学校教育部门的有益补充，在为学生提供个性化、多样化教育服务方面具有存在的合理性，因而，对校外培训机构进行治理，一方面是为了规范校外培训机构的行为，杜绝违法违规行为和市场乱象，切实减轻学生课外负担；另一方面是为了统筹规划和积极引导校外培训机构的健康发展，使校外教育与学校教育一并构筑完整的教育生态，最终真正促进中小学生的健康成长。为此，治理校外培训机构，既要解决“谁来管”“管什么”“怎么管”等问题，也要引导和帮助校外培训机构解决“怎么改善”“怎么发展”“发展什么”等问题。

1. 引导校外培训机构树立“教育”理念

校外培训机构名义上是培训机构，从事的是培训活动，但由于其面对的是中小学生、是未成年人，与面向成年人的各种培训是有区别的，与各种商业性的、营利性的服务活动更是截然不同的，它们在满足孩子及家长多元化需求的同时，还需要承担起相应的社会教育责任。因此，各级管理部门应引导校外培训机构走出“培训”的误区，回归“教育”的本真，走专业化、个性化、特色化的发展道路，真正使校外教育成为学校教育的有益补充[①]；要把国家立德树人、素质教育、教育公平的政策要求传递给这些机构，使它们在正确的方向下探索和创造自身发展的空间；要组织这些校外机构及其从业人员学习和了解现代教育发展的趋势和人民群众的真实需求，更要传递政府和社会对它们发展的合理期望

---

① 范国睿. 走出培训误区 回归教育本真[N]. 中国教育报，2018-07-10.

及要求；要用如何促进学生全面发展、特长发展和个性发展的要求，来指导这些校外机构的实践行动。[①]

2. 引导校外培训机构搞好硬件条件建设

硬件条件建设包括两大方面：一是办学设施的完善，包括教室、课桌椅、教学设备、图书资料等的配备、充实、更新和升级，努力为学生创设标准化、现代化的学习环境，特别是教学设备的质量和功能，要适应课程与教学的需要，要满足学生及家长的要求；二是师资队伍的优化，包括教师数量的充足、结构的优化、质量的保障等。各地主管部门和校外培训机构，应通过提高薪资福利待遇，优化绩效考评，加强业务培训等多种方式方法，加强培训机构从教人员的师道师德师风建设，全面提高教师质量，建立起一支相对稳定、素质较高、作风过硬、值得学生及家长信赖的师资队伍。

3. 引导校外培训机构加强软件条件建设

软件条件建设主要包括两大方面：一是要提高课程与教学品质。在课程上，应根据不同年龄或年级的学生，合理设置课程，开发新课程；在教学上，要尽量采用小班教学，注重课堂教学的互动性、趣味性、启发性、灵活性。二是要提高管理与服务水平。在管理上，要加强教学的常规管理和质量管理，要对教学过程进行必要的检查、控制、分析和评估，要重视教学档案、教学信息的管理；在服务上，要做好对学生与家长的咨询、报名、缴费等服务，做好对学生上课、调课、补课、成绩跟踪等服务，做好学生及家长的活动、休息、饮食、出行、通信等服务。

（三）指导学生和家长理性选择校外培训机构及培训科目

校外培训机构的存在与“校内”（即中小学）有着密切关系，甚至可以说，正是校内存在的或多或少的缺陷才给了校外培训机构生存和发展的空间。因此，广大中小学首先要抓好“校内”教学，严禁教师“非零起点”教学，而是认真完成课程任务，提高课堂教学质量和学生学习效率，做好课后服务，开展素质教育，让学生在学校学得丰富、学得扎实。与此同时，难免有些学生出于各种愿望和目的去参加校外培训学习，其中不乏受知识、视野、能力等的局限和从众心理等的

① 王素斌，朱益明. 论校外培训机构的综合治理[J]. 基础教育，2018（2）：49-54.

影响而盲目、随意地选择校外培训的，因此，学校及教师给予他们相应的指导和帮助，也是十分必要和有益的。

1. 指导学生及家长到资质好、正规的校外培训机构学习

目前，各种校外培训机构的水平参差不齐，师资力量也强弱不等，甚至存在以次充好、无证经营的现象。因此，学校及教师要注意引导学生及家长不要单方面听信培训机构的广告或别人的介绍，要实地考察拟选择的教育培训机构的办公条件、教学设施、师资情况，以及核实这些机构的办学许可、营业执照等。必要时，可对相关教育培训机构的办学历史、业务水平、信誉声誉等进行访谈调查。在报名交费时，要注意索取相关凭证、签订教学合同，以免权利受到侵害。

2. 指导学生及家长适度地有选择性地参加校外培训

一般来说，“学生是否选择校外教育，取决于其父母的经济实力与文化眼光，父母的经济实力与文化眼光（还有社会资源等）限制着孩子是否接受校外教育以及接受什么样的校外教育”[①]。因此，一些家庭经济条件较好的、对孩子期望较高的家长，常常会不遗余力地给孩子报各种各样的辅导班、兴趣班。这种“贪多求全”的做法往往让孩子疲惫不堪，其结果就是学习成绩并没有提高多少，兴趣特长也未见长进。因此，学校及教师应指导学生及家长，要在学生学好学校各门课程的基础上，结合其学习特点尤其是薄弱环节，有的放矢地选择学科辅导班，在每个学习阶段选一两个即可；而在文体、科技等的培训上，则应根据学生的兴趣、志愿、潜能等，选择适合的项目类型，种类也不宜过多。

3. 指导学生及家长正确处理校外培训与学校教育的关系

校外培训和学校教育在中小学生的成长和发展中具有不同的功能和作用，在教育主体、内容、方式、方法上各有优势，可以取长补短、互补互促。从中小学生的年龄特征和身心特点来看，系统而全面的学校教育应是学生学习和生活的主体和根本，尽管学校教育也存在某些缺陷和弊端，但它对学生知识、素质和能力的培养远非校外培训能替代的。学生应首先学好学校的课程内容，完成教师布置的学习任务。至于校外培训，它只是学校教育的补充和延续，其功能不过是拾遗补阙和

① 刘丽超. 关于中小学课外辅导对学生学业成绩影响的研究——兼论校外补习对学校教育选拔功能实现的影响[D]. 首都师范大学硕士学位论文，2012.

拓展延伸，更何况“不是学生参加了校外辅导就一定能提高学业成绩。学生个性特征、求学动机、学习强度、辅导机构教师的教学能力、教学内容、教学方法等因素，都有可能影响学生成绩的提高”[①]。如果学生及家长热衷于校外培训而忽视学校教育，甚至超负荷的校外培训导致校内学习成绩下降，那实在是本末倒置，得不偿失。因此，学校及教师要通过家长课堂、家长学校、家校互动等引导家长转变心态，树立正确的教育观和人才观，理性选择和消费校外培训服务，减少对校外培训的依赖，把更多的时间和精力投入到学校教育和学习中来。

① Bray M. The shadow education system: Private tutoring and its implication for planners[R]. International Institute for Educational Planning. Paris, 2000: 16.

参考文献

鲍传友. 教育公平与政府责任[M]. 北京：北京师范大学出版社，2011.

本书课题组. 区域教育改革与发展战略目标研究——广西 2020 的实证[M]. 北京：教育科学出版社，2013.

曹婷. 欠发达地区农村义务教育公用经费“校财局管”模式优化研究——以江西省为例[D]. 江西师范大学硕士学位论文，2012.

陈国良. 教育财政国际比较[M]. 北京：高等教育出版社，2000.

陈静漪. 中国义务教育经费保障机制研究——机制设计理论视角[D]. 东北师范大学博士学位论文，2009.

陈静漪，袁桂林. 农村中小学布局调整与资源优化配置的个案研究[J]. 教育学术月刊，2008（7）：74-76，79.

陈玲玲. 乡村义务教育学生教育获得感的问题与对策研究[D]. 广西师范大学硕士学位论文，2019.

陈永明. 教育经费的国际比较[M]. 天津：天津教育出版社，2006.

陈忠联. 教育经费筹集的新思路[M]. 北京：北京大学出版社，1997.

成丽格. 义务教育均衡发展与薄弱学校建设——基于义务教育均衡发展备忘录的思考[D]. 华中师范大学硕士学位论文，2012.

程斯辉，王传毅. 农村中小学布局调整中需处理好的几对关系[J]. 教育发展研究，2010（2）：1-4.

崔东植，邬志辉. 韩国农村小规模学校合并政策评析[J]. 教育发展研究，2010（10）：58-63.

褚宏启. 中国教育管理评论（第 2 卷）[M]. 北京：教育科学出版社，2004.

杜吉松. 农村义务教育财政投入体制研究——以贵州省关岭县为例[D]. 西南大学硕士学位论文，2007.

杜屏，赵汝英. 美国农村小规模学校政策变化分析[J]. 教育发展研究，2010（3）：66-69.

杜育红. 教育发展不平衡研究[M]. 北京：北京师范大学出版社，2000.

段敏芳. 加大少数民族地区义务教育扶持力度——湖北省某少数民族自治县义务教育调查报告[J]. 教育与经济，2006（1）：7-10.

范国睿. 学校管理的理论与实务[M]. 上海：华东师范大学出版社，2003.

范梅青. 优质均衡：义务教育均衡发展的更高追求[J]. 教育测量与评价（理论版），2011（8）：60-61.

范先佐. 筹资兴教——教育投资体制改革的理论与实践问题研究[M]. 武汉：华中师范大学出版社，1999.

范先佐. 农村学校布局调整与教育的均衡发展[J]. 教育发展研究，2008（7）：55-60.

范先佐. 教育经济学新编[M]. 北京：人民教育出版社，2010.
范先佐，郭清扬. 我国农村中小学布局调整的成效、问题及对策——基于中西部地区 6 省区的调查与分析[J]. 教育研究，2009（1）：31-38.
冯建军. 优质均衡：义务教育均衡发展的新目标[J]. 教育发展研究，2011（6）：1-5.
冯学军. 中国义务教育财政投入不均衡问题研究[D]. 辽宁大学博士学位论文，2013.
付卫东. 公共财政体制下农村义务教育经费保障机制研究——以湖北省为例[D]. 华中师范大学硕士学位论文，2009.
傅松涛，赵建玲. 美国城乡教育机会均等与“农村教育成就项目”[J]. 外国教育研究，2006（3）：35-39.
高枫. 广西教育发展报告（2009）[M]. 桂林：广西师范大学出版社，2010.
高建华. 民族地区公共政策有效执行研究：以广西龙胜各族自治县政策执行为例[M]. 北京：中国社会科学出版社，2010.
高如峰. 中国农村义务教育财政体制研究[M]. 北京：人民教育出版社，2005.
高贤美，李曼. 义务教育均衡发展主要问题归因及对策[J]. 现代教育科学，2014（8）：5-7，48.
葛敬义. 实现规模办学 提高办学效益——关于农村一般小学布局调整和学校建设问题的思考[J]. 教育理论与实践，1992（5）：4-6.
顾明远，石中英. 国家中长期教育改革和发展纲要（2010—2020）解读[M]. 北京：北京师范大学出版社，2010.
郭璇. 少数民族地区义务教育阶段标准化学校建设的问题研究——来自新疆尼勒克县的个案研究[D]. 东北师范大学硕士学位论文，2006.
何晓苑. 乡镇义务教育教师资源配置的问题与对策研究[D]. 广西师范大学硕士学位论文，2015.
和学新. 班级规模与学校规模对学校教育成效的影响——关于我国中小学布局调整问题的思考[J]. 教育发展研究，2001（1）：18-22.
贺春兰. 义务教育谁买单[M]. 苏州：苏州大学出版社，2003.
胡平平，张守祥. 农村义务教育投入保障机制及管理体制问题研究[M]. 北京：科学出版社，2007.
胡彦杰. 中部农村义务教育经费筹措问题研究（1986—2005）——以河南省 XX 县为例[D]. 华东师范大学硕士学位论文，2005.
黄昏. 我国义务教育均衡发展的历史及走向分析——基于教育政策的视角[D]. 沈阳师范大学硕士学位论文，2012.
黄健英. 民族地区农村经济发展研究[M]. 北京：中央民族大学出版社，2006.
江依妮. 中国式财政分权下的农村义务教育投入研究[D]. 南开大学博士学位论文，2010.
教育发展与政策研究中心. 发达国家教育改革的动向和趋势[M]. 北京：人民教育出版社，1987.
靳希斌. 教育经济学（第三版）[M]. 北京：人民教育出版社，2009.
旷乾. 窥视均衡——广西义务教育资源配置状况的实证研究[J]. 广西民族大学学报（哲学社会科学版），2009（4）：99-104.
雷顺妮. 民族地区义务教育财政均衡：政策与效果——以湖北恩施州为例[D]. 中南民族大学硕士学位论文，2012.
雷万鹏. 中国农村教育焦点问题实证研究[M]. 武汉：华中科技大学出版社，2007.
雷万鹏等. 中部地区义务教育投入塌陷问题研究[J]. 教育与经济，2014（6）：3-9.

理查德·A. 金等. 教育财政——效率、公平与绩效[M]. 曹淑江等译. 北京：中国人民大学出版社，2010.

李海宁，古炳玮. 关于广西石山区义务教育经费保障的调查与思考[J]. 经济研究参考，2010（17）：14-18.

李虹. "乡村振兴战略"背景下乡村学校教育促进乡村文化发展研究[D]. 广西师范大学硕士学位论文，2019.

李瑞锋等. 中国农村义务教育投入：现状及政策建议[M]. 北京：中国农村出版社，2009.

李勇，苏惠. 新农村教育服务[M]. 北京：中国社会出版社，2006.

李贞. 公平义务教育与中国财政体制改革研究[M]. 北京：经济科学出版社，2009.

李忠斌. 民族教育投资与民族地区经济增长研究[D]. 华中师范大学博士学位论文，2007.

李祖超等. 湖北省义务教育经费投入地区差异分析[J]. 华中农业大学学报（社会科学版），2006（2）：99-104.

厉以宁. 教育经济学[M]. 北京：北京出版社，1984.

廖楚晖. 教育财政学[M]. 北京：北京大学出版社，2006.

刘道兴. 教育投入的革命[M]. 北京：社会科学文献出版社，2011.

刘惠林. 中国农村教育财政体制[M]. 北京：社会科学文献出版社，2012.

刘荣. 民族地区义务教育公用经费投入问题研究——基于广西壮族自治区的调查[D]. 广西师范大学硕士学位论文，2015.

刘蓉等. 城乡结合部学校布局调整与资源配置研究——以湖南省株洲县为例[J]. 中国教育学刊，2010（4）：21-23.

刘小强等. 学龄人口变动对教育均衡发展的影响[J]. 教育与经济，2011（3）：10-15.

刘秀峰. 十年来我国义务教育均衡发展理念的六大转向[J]. 现代教育管理，2013（11）：26-29.

刘有宝. 政府部门预算管理[M]. 北京：中国财政经济出版社.，2006.

柳海民，杨兆山. 我国义务教育均衡发展问题研究[M]. 长春：东北师范大学出版社，2006.

柳劲松. 民族地区财政支出与义务教育供给的动态关联研究——基于 1979—2006 年数据的 VAR 分析[J]. 教育与经济，2009（3）：57-60.

马佳宏. 教育新视野：教育与经济关系的多维研究[M]. 桂林：广西师范大学出版社，2002.

马佳宏. 义务教育学校内涵发展：时代需要与方略构想[J]. 教育与经济，2018（6）：3-8.

马佳宏，刘荣. 义务教育教师权益保障的问题与对策——基于广西壮族自治区的调查[J]. 广西师范大学学报（哲学社会科学版），2014（2）：140-148.

马佳宏，覃菁. 基于供需偏差分析的校外培训机构治理探寻[J]. 现代教育管理，2018（11）：39-44.

马佳宏，王贤. 农村中小学布局调整研究的现状分析[J]. 学术论坛，2009（12）：185-190.

马佳宏，熊虎，孟晓枭. 义务教育学校"大班额"的危害、成因与对策——基于广西的分析与思考[J]. 广西师范大学学报（哲学社会科学版），2016（4）：1-8.

马佳宏，尹春杰. 民族地区义务教育公用经费的问题与对策——基于广西的实证分析[J]. 当代教育与文化，2017（2）：78-84.

马佳宏，尹春杰. 民族地区义务教育发展的成就、困难与趋势——兼论公用经费的合理配置[J]. 教育经济评论，2020（1）：33-49.

孟骁枭. 广西与湖北义务教育公用经费投入比较分析[D]. 广西师范大学硕士学位论文，2017.
聂亮. 民族地区义务教育财政管理体制研究——以黔南布依族苗族自治州为例[D]. 中南民族大学硕士学位论文，2011.
聂元元. 我国农村义务教育投入体制研究——以河南省Y市为例[D]. 中央民族大学硕士学位论文，2011.
钱源伟. 基础教育改革研究[M]. 上海：上海科技教育出版社，2001.
瞿瑛. 义务教育均衡发展政策问题研究：教育公平的视角[M]. 杭州：浙江大学出版社，2009.
曲恒昌，曾晓东. 西方教育经济学研究[M]. 北京：北京师范大学出版社，2000.
曲绍卫，李廷洲. 当前我国农村义务教育公用经费增长态势分析[J]. 教育与经济，2012（2）：27-29.
阮成武. 我国义务教育均衡发展政策的演进逻辑与未来走向[J]. 教育研究，2013（7）：37-45.
沈有禄，郑晓华. 县域义务教育均衡发展：理想与现实——来自广西武鸣县的报告[J]. 教育学术月刊，2013（5）：11-16.
睢国余，麻勇爱. 中国教育经费合理配置研究[M]. 北京：北京大学出版社. 2009.
孙平生. 教育经费管理改革的探索与创新[M]. 北京：语文出版社. 2011.
孙霄兵，孟庆瑜. 教育的公正与利益——中外教育经济政策研究[M]. 上海：华东师范大学出版社，2004.
覃娟玲. 基于供给侧改革的县域义务教育优质均衡发展推进研究——以广西岑溪市为例[D]. 广西师范大学硕士学位论文，2018.
覃伟合. 迈向内涵发展——“两基”后时代视野下的广西义务教育学校常规管理[M]. 桂林：广西师范大学出版社，2013.
谭崇台. 发展经济学概论[M]. 武汉：武汉大学出版社，2003.
唐晓芸. 基于义务教育学校文化建设的公用经费使用问题探究——以广西为例[D]. 广西师范大学硕士学位论文，2017.
王春懿，马佳宏. 民族地区义务教育发展问题研究的现状及对策[J]. 甘肃教育，2019（6）：22-23.
王红. 中国教育经费发展历程与未来展望[M]. 上海：上海科技教育出版社，2016.
王建容，夏志强. 我国省际间义务教育均衡发展状况的实证研究——基于生均经费的分析[J]. 教育研究与实验，2010（5）：34-39.
王晋堂. 教育：从均衡走向公平[M]. 北京：北京师范大学出版社，2008.
王蓉. 中国教育财政政策咨询报告：2005—2010[M]. 北京：教育科学出版社，2011.
王朔. 县域基础教育均衡发展的社会制约性研究——基于渝东南X县的考察[D]. 西南大学硕士学位论文，2013.
王晓华，王喜春. 民族地区人力资源可持续发展论[M]. 北京：民族出版社，2007.
王星霞. 义务教育发展政策变迁：制度分析与政策创新[J]. 河南大学学报（社会科学版），2017（2）：109-117.
韦莉. 义务教育学校的标准化建设问题研究——基于玉林市玉州区城乡学校的调查[D]. 广西师范大学硕士学位论文，2016.
魏向赤. 税费改革对农村义务教育影响的个案调查与经济学分析——兼论建立健全公共财政体制[M]. 北京：教育科学出版社，2006.

文喆. 促进基础教育均衡发展[J]. 教育科学研究，2002（6）：1.
邬志辉. 现代教育管理专题[M]. 北京：中央广播电视大学出版社，2004.
邬志辉. 农村义务教育经费保障新机制[M]. 北京：北京大学出版社，2008.
吴德刚. 中国义务教育研究[M]. 北京：教育科学出版社，2010.
吴敬琏等. 供给侧改革：经济转型重塑中国布局[M]. 北京：中国文史出版社，2016.
吴晓. 民族地区义务教育财政支出绩效评价研究——以广西壮族自治区H县为例[D]. 中南民族大学硕士学位论文，2012.
徐洁蓉. 义务教育公用经费管理的现状与问题分析——以G市Z区为例[D]. 广西师范大学硕士学位论文，2018.
徐玲等. 西部民族地区农村义务教育经费运行状况调查报告[J]. 民族教育研究，2008（5）：44-49.
许正中. 机关运行经费管理与创新[M]. 北京：国家行政学院出版社，2013.
薛海平，王蓉. 我国义务教育公平研究——教育生产函数的视角[J]. 教育与经济，2009（3）：1-9.
杨秀芹. 教育资源利用效率与教育制度安排——一种新制度经济学分析的视角[M]. 武汉：华中师范大学出版社，2009.
杨兆山，金金. 建设“标准化学校”搭建义务教育均衡发展的操作平台[J]. 东北师大学报，2005（5）：36-41.
杨兆山，张海波. 标准化学校：教育均衡发展视角下农村义务教育的发展路径[J]. 东北师大学报（哲学社会科学版），2008（1）：24-29.
叶玉华. 教育均衡化的国际比较与政策研究[J]. 教育研究，2003（11）：34-38.
于发友. 公平：义务教育均衡发展的价值旨归[J]. 当代教育科学，2005（7）：23-25.
于发友. 通向教育理想之路：县域义务教育均衡发展研究[M]. 济南：山东人民出版社，2008.
于建福. 教育均衡发展：一种有待普遍确立的教育理念[J]. 教育研究，2002（2）：10-13.
余少华. 标准化学校建设的若干策略探讨[J]. 教育导刊，2008（9）：19-21.
袁贵仁. 中国教育[M]. 北京：北京师范大学出版社，2013.
袁连生. 我国政府教育经费投入不足的原因与对策[J]. 北京师范大学学报（社会科学版），2009（2）：5-11.
袁旭. 广西义务教育均衡性现状与对策[J]. 广西教育，2008（34）：9-10.
翟博. 教育均衡发展：理论、指标及测算方法[J]. 教育研究，2006（3）：16-28.
翟博. 教育均衡论——中国基础教育均衡发展实证分析[M]. 北京：人民教育出版社，2008.
翟博. 树立科学的教育均衡发展观[J]. 教育研究，2008（1）：3-9.
翟博. 基础教育均衡发展理论与实践——中国基础教育均衡发展研究报告[M]. 北京：教育科学出版社，2013.
张曾莲. 高等教育经费监管研究[M]. 北京：经济管理出版社. 2016.
张济正等. 教育行政学通论[M]. 上海：华东师范大学出版社，1992.
张珏，张振助. 中国义务教育公平推进实证研究[M]. 北京：教育科学出版社，2011.
张婷玉. 城乡统筹发展下义务教育公用经费的配置与使用问题研究——以成都市为例[D]. 广西师范大学硕士学位论文，2016.
张小萍. 完善教育经费投入体制机制的建议[J]. 中国财政，2010（13）：54-55.

张学敏，贺能坤. 边境民族地区义务教育经费投入调查报告[J]. 教育与经济，2005（4）：12-15.
赵小锁. 民族地区司法制度中的少数民族权益保障[M]. 北京：中央民族大学出版. 2009.
中华人民共和国教育部国际合作与交流司. 世界 62 个国家教育概况[M]. 北京：首都师范大学出版社，2001.
周谷平，戴嘉敏. 全民优质教育均衡发展的区域探索——基于宁波市江东区的实践[M]. 济南：山东教育出版社，2009.
朱家存. 教育均衡发展政策研究[M]. 北京：中国社会科学出版社，2003.
Black J. Oxford Dictionary of Economics[M]. Oxford: Oxford University Press, 1997.
Carter C A. The urban-rural income gap in China: Implications for global food markets[J]. American Journal of Agricultural Economics, 1997, 79(5): 1410-1418.
Hough J R. Educational Policy: An International Survey[M]. New York : St. Martin's Press, 1984.
Kato M. Organization of education in Japan[J]. International Review of Education, 1968, 14(1): 85-91.
Knowles M, Kramsch C. Context and culture in language teaching[J]. Modern Language Journal, 1993, 79(4): 565.
Krashen S D. Second Language Acquisition[M]. Oxford : Oxford University Press, 1999.
Lundesgaard J. The Holmström-Milgrom model: A simplified and illustrated version[J]. Scandinavian Journal of Management, 2001, 17(3): 287-303.
Moe T. School Vouchers and the American Public [M]. Washington:Brooking Institution Press, 2001.
Oakland W H. Theory of public goods[J]. Handbook of Public Economics, 1987, 2(1): 485-535.
Ramirez A. The shifting sands of school finance[J]. Educational Leadership, 2003, 60(4): 54-57.
Tsang M C. Financial reform of basic education in China[J]. Economics of Education Review, 1996, 15(4): 423-444.

后　记

本书是国家社会科学基金2013年度教育学一般项目“民族地区义务教育公用经费合理配置的机制与策略研究——以广西为例”（课题批准号：BFA130033）的研究成果。经过课题负责人及课题组成员五年多的努力，现呈现出来的是浸透了大家心血和汗水，凝结了大家思想和智慧的作品，看到这犹如农民经过夜以继日、辛勤耕耘才收获的硕果，欣喜和欣慰是无法言表的，感动和感谢也是难以形容的。

本书选取以公用经费合理配置为中心的民族地区义务教育资源合理配置问题进行研究，这本身就是一项极其复杂、极具挑战的工作，一来教育资源配置问题涉及经济、政策、文化、人口、地理等众多因素，可谓“牵一发而动全身”；二来民族地区教育问题不仅与其自身发展的历史、基础、环境、条件等直接关联，也与其他地区、整个国家乃至当今世界教育发展的态势不可分割；三来教育是面向未来的事业，教育资源配置是具有前瞻性、多变性的问题，试图对其配置做合理与否的分析、解释、判断和推论是件困难重重的事情。在研究过程中，我们力求努力做到理论构思与实践验证相结合，定性分析与定量分析相结合，但由于主客观条件的不足和限制，常常是力不从心的。在众多领导和专家的指导帮助下，在广大亲友同事的支持配合下，我们终于完成了课题任务，撰写了本书，这既是一个“必须的交待”，也希望能够“不负众望”。

本书是集体智慧的结晶。作为项目主持人，马佳宏负责整个研究过程的组织与开展，以及书稿的框架设计与分工统筹。各部分初稿撰写人如下：绪论、第一章（马佳宏）；第二章（马佳宏、尹春杰）；第三章（马佳宏、唐澜、李虹、王春懿）；第四章（杨斯媛、黄叶敏、李雪、韦芳利）；第五章（郑婉临、马亮勇、张俊）；第六章（马佳宏、徐洁蓉、覃娟玲）；第七章（马佳宏、熊虎、刘荣、覃菁）。此外，马慧敏、崔潇帆、窦晨旭、赵婷婷、张婷玉、唐晓芸、张诗雨、刘越、侯静雯、周佳樑、董钊等研究生先后参与了对广西各地特别是桂林市各县

（市、区）的义务教育发展与资源配置情况的调研工作；尹春杰、洪柳、张人崧参与了统稿工作；最后，全书由马佳宏修改定稿。

在课题研究过程中，广西师范大学副校长兼教育学部部长孙杰远教授，西南大学西南民族教育与心理研究中心张诗亚教授，中央民族大学教育科学学院院长苏德毕力格教授，华中师范大学教育学院范先佐教授，北京师范大学教育经济研究所所长杜育红教授，西南大学西南民族教育与心理研究中心主任张学敏教授，广西师范大学教育学部副部长杨茂庆教授，广西师范大学教育学部王枬教授、高金岭教授、谢登斌教授、蒋士会教授、陈振中教授等，给予了我们方向性的指导和引领性的帮助；广西师范大学社会科学研究处孙红副处长、邓金凤副处长，广西师范大学教育学部科研秘书陈意老师等，在管理工作中尽职尽责，给予了我们大力支持和悉心服务；广西教育科学研究所原所长覃壮才教授、桂林市教育局副局长陈念进、桂林市七星区教育局副局长冯嘉丽、桂林市雁山区教育局局长刘大庆等，以及广西各市县诸多学校的校长和老师，在我们的调研过程中，给予了积极配合和无私协助。在此表示衷心的感谢！

在书稿撰写中，我们参考和引用了国内外学者的相关研究成果，在此对这些文献资料的原有作者与编者表示诚挚的感谢！

科学出版社黄雪雯编辑及其他工作人员为本书的出版付出了辛勤的劳动，在此也深表敬意和感谢！

由于时间与条件、学识与能力等的局限，有些问题的研究还欠深入，书中难免有不足之处，恳请学者和读者批评指正。

教育事业的发展永无止境，我们的研究也永远在路上。

马佳宏

2019 年 8 月于桂林